新 視 野
中華經典文庫

新 視 野
中華經典文庫

左傳

名譽主編 饒宗頤

導讀及譯注 單周堯 許子濱

中華書局

新視野中華經典文庫

左傳

□

導讀及譯注

單周堯　許子濱

□

出版

中華書局（香港）有限公司

香港北角英皇道 499 號北角工業大廈一樓 B

電話：（852）2137 2338　傳真：（852）2713 8202

電子郵件：info@chunghwabook.com.hk

網址：http：//www.chunghwabook.com.hk

□

發行

香港聯合書刊物流有限公司

香港新界大埔汀麗路 36 號

中華商務印刷大廈 3 字樓

電話：（852）2150 2100　傳真：（852）2407 3062

電子郵件：info@suplogistics.com.hk

□

印刷

深圳中華商務安全印務股份有限公司

深圳市龍崗區平湖鎮萬福工業區

□

版次

2015 年 7 月初版

2019 年 6 月第 2 次印刷

□

規格

32 開（205 mm × 143 mm）

□

ISBN：978-988-8340-74-3

出版説明

為什麼要閱讀經典？道理其實很簡單——經典正正是人類智慧的源泉、心靈的故鄉。也正是因此，在社會快速發展、急劇轉型，因而也容易令人躁動不安的年代，人們也就更需要接近經典、閱讀經典、品味經典。

邁入二十一世紀，隨着中國在世界上的地位不斷提高，影響不斷擴大，國際社會也愈來愈關注中國，並希望更多地了解中國、了解中國文化。另外，受全球化浪潮的衝擊，各國、各地區、各民族之間文化的交流、碰撞、融和，也都會空前地引人注目，這其中，中國文化無疑扮演着十分重要的角色。相應地，對於中國經典的閱讀自然也就有不斷擴大的潛在市場，值得重視及開發。

於是也就有了這套立足港臺、面向海外的「新視野中華經典文庫」的編寫與出版。希望通過本文庫的出版，繼續搭建古代經典與現代生活的橋樑，引領讀者摩挲經典，感受經典的魅力，進而提升自身品位，塑造美好人生。

本文庫收錄中國歷代經典名著近六十種，涵蓋哲學、文學、歷史、醫學、宗教等各個領域。編寫原則大致如下：

（一）精選原則。所選著作一定是相關領域最有影響、最具代表性、最值得閱讀的經典作品，包括中國第一部哲學元典、被尊為「群經之首」的《周易》，儒家代表作《論語》、《孟子》，道家代表作《老子》、《莊子》，最早、最有代表性的兵書《孫子兵法》，最早、最系統完整的醫學典籍《黃帝內經》，大乘佛教和禪宗最重要的經典《金剛經》、《心經》、《六祖壇經》，中國第一部詩歌總集《詩經》，第一部紀傳體通史《史記》，第一部編年體通史《資治通鑒》，中國最古老的地理學著作《山海經》，中國古代最著名的遊記《徐霞客遊記》，等等，每一部都是了解中國思想文化不可不知、不可不讀的經典名著。而對於篇幅較大、內容較多的作品，則會精選其中最值得閱讀的篇章。使每一本都能保持適中的篇幅、適中的定價，讓普羅大眾都能買得起、讀得起。

（二）尤重導讀的功能。導讀包括對每一部經典的總體導讀、對所選篇章的分篇（節）導讀，以及對名段、金句的賞析與點評。導讀除介紹相關作品的作者、主要內容等基本情況外，尤強調取用廣闊的「新視野」，將這些經典放在全球範圍內、結合當下社會生活，深入挖掘其內容與思想的普世價值，及對現代社會、現實生活的深刻啟示與借鑒意義。通過這些富有新意的解讀與賞析，真正拉近古代經典與當代社會和當下生活的距離。

（三）通俗易讀的原則。簡明的注釋，直白的譯文，加上深入淺出的導讀與賞析，希望幫助更多的普通讀者讀懂經典，讀懂古人的思想，並能引發更多的思考，獲取更多的知識及更多的生活啟示。

（四）方便實用的原則。關注當下、貼近現實的導讀與賞析，相信有助於讀者「古為今用」、自我提升；卷尾附錄「名句索引」，更有助讀者檢索、重溫及隨時引用。

（五）立體互動，無限延伸。配合文庫的出版，開設專題網站，增加朗讀功能，將文庫進一步延展為有聲讀物，同時增強讀者、作者、出版者之間不受時空限制的自由隨性的交流互動，在使經典閱讀更具立體感、時代感之餘，亦能通過讀編互動，推動經典閱讀的深化與提升。

這些原則可以說都是從讀者的角度考慮並努力貫徹的，希望這一良苦用心最終亦能夠得到讀者的認可、進而達致經典普及的目的。

「弘揚中華文化」是中華書局的創局宗旨，二〇一二年又正值創局一百週年，「承百年基業，傳中華文明」，本局理當更加有所作為。本文庫的出版，既是對百年華誕的紀念與獻禮，也是在弘揚華夏文明之路上「傳承與開創」的標誌之一。

需要特別提到的是，國學大師饒宗頤先生慨然應允擔任本套文庫的名譽主編，除表明先生對本局出版工作的一貫支持外，更顯示先生對倡導經典閱讀、關心文化傳承的一片至誠。在此，我們要向饒公表示由衷的敬佩及誠摯的感謝。

倡導經典閱讀，普及經典文化，永遠都有做不完的工作。期待本文庫的出版，能夠帶給讀者不一樣的感覺。

中華書局編輯部

二〇一二年六月

目錄

《左傳》導讀

單周堯　許子濱

一、《春秋》名義

就現存文獻而言，最早記載《春秋》的撰著緣起及其名稱的是《孟子．離婁下》。孟子（前三七二—前二八九）曰：

> 王者之跡熄而《詩》亡，《詩》亡然後《春秋》作，晉之「乘」，楚之「檮杌」，魯之「春秋」，一也。其事則齊桓、晉文，其文則史，孔子曰：「其義則丘竊取之矣。」[1]

跟晉國的「乘」、楚國的「檮杌」一樣，「春秋」原是魯國史書的名稱。「春秋」又是編年體史書的通名，各國史書均可通稱「春秋」，故有所謂「百國『春秋』」（見《隋書》所載《墨子》佚文），不特魯史為然。因其敘事體例為「以事繫日，以日繫月，以月繫時，以時繫年」，而一年四季之中，古人尤其重視春秋兩季，故錯舉「春秋」作為此類編年體史書的通名。《孟子》提及的兩種「春秋」，分別指孔子（前五五二—前四七九）所修的《春秋》與魯史「春秋」。現存的《春秋》，是孔子所修。此書以魯史「春秋」為底本，參酌百國「春秋」修訂而成，而其「書法」則寄寓了孔子的「微言大義」，在褒貶中呈現了聖人的思想和見解。

《左傳》昭公二年載晉韓宣子聘魯，見「魯春秋」，說：「周禮盡在魯矣。吾乃今知周公之德與周之所以王也。」韓宣子所見「魯春秋」，蓋從周公敘起，具載宗周盛世朝覲會同征伐之事，所以韓宣子才會這樣說。《左傳》所載《春秋》經文的記事起訖，由魯隱公元年（周平王四十九年，前七二二年）到哀公十六年孔丘卒（周敬王四十一年，前四七九年），經歷十二代魯君，共計二百四十四年（《公羊傳》及《穀梁傳》則終於哀公十四年西狩獲麟[2]，共計二百四十二年）。很可能是孔子之弟子為記其卒年，故取「魯春秋」補記獲麟後事[3]。

二、《左傳》的作者及其成書年代

唐初孔穎達（五七四—六四八）《春秋・序・疏》引南北朝學者沈文阿（五〇三—五六三）曰：

《嚴氏春秋》引《觀周篇》云：「孔子將修《春秋》，與左丘明乘，如周，觀書於周史，歸而修《春秋》之《經》，丘明為之《傳》，共為表裏。」[4]

《嚴氏春秋》為西漢公羊家學者嚴彭祖所著。嚴彭祖是董仲舒（前一七九—前一〇四）的三傳弟子，時代略早於司馬遷（前一四五—前八六）。《觀周篇》當為周秦之際或漢初之書（今本《孔子家語．觀周篇》無嚴氏所引之文）。如果上述文獻可靠，那麼，它就是最早提到《左傳》作者的記載。《觀周篇》所言，可注意的有以下幾點：一、孔子將修《春秋》，與左丘明同乘如周，觀書於周室太史；二、歸魯之後，孔子修《春秋經》，而左丘明作《左氏傳》，二書為同時之作；三、前稱「左丘明」，是全舉其姓名，後言「丘明」，是單舉其名，即左為姓而丘明為名；四、《春秋》與《左傳》關係密切，如衣之內（裏）外（表），共為一體。

此外，司馬遷《史記．十二諸侯年表》也說：

是以孔子明王道，干七十餘君，莫能用，故西觀周室，論史記舊聞，興於魯而次《春秋》，上記隱，下至哀之獲麟，約其文辭，去其煩重，以制義法。王道備，人事浹。七十子之徒，口受其傳指，為有所刺譏褒諱挹損之文辭，不可以書見也。魯君子左丘明，懼弟子人人異端，各安其意，失其真，故因孔子史記，具論其語，成《左氏春秋》。[5]

《漢書》也認為是左丘明論輯《春秋》本事而作《傳》，《司馬遷傳．贊》云：

及孔子因魯史記而作《春秋》，而左丘明論輯其本事，以為之傳，又纂異同為《國語》。[6]

《漢書．藝文志》載有《左氏傳》三十卷，下面寫着作者「左丘明，魯太史」[7]，並且在《春秋》家小序中說：

仲尼思存前聖之業，乃稱曰：「夏禮吾能言之，杞不足徵也；殷禮吾能言之，宋不足徵也。文獻不足故也，足則吾能徵之矣。」以魯周公之國，禮文備物，史官有法，故與左丘明觀其史記，據行事，仍人道，因興以立功，就敗以成罰，假日月以定曆數，藉朝聘以正禮樂。有所褒諱貶損，不可書見，口授弟子，弟子退而異言。丘明恐弟子各安其意，以失其真，故論本事而作《傳》，明夫子不以空言說《經》也。[8]

西晉杜預（二二二—二八四）《春秋左氏經傳集解．序》云：

左丘明受《經》於仲尼，以為《經》者不刊之書也。故《傳》或先《經》以始事，或後《經》以終義，或依《經》以辯理，或錯《經》以合異，隨義而發。[9]

由此可見，《左傳》原稱「左氏春秋」或「左氏傳」。自漢至晉，學者皆認為《左傳》的作者是魯君子左丘明，而左丘明為魯太史，故能遍閱國史策書。左丘明親炙孔子而作傳，《春秋》與《左傳》具有經傳的關係，殆無可疑。「左丘明」一名，見於《論語》，《論語・公冶長》云：

子曰：「巧言令色足恭，左丘明恥之，丘亦恥之；匿怨而友其人，左丘明恥之，丘亦恥之。」

這位好惡與聖人同的「左丘明」與《左傳》的作者為同一人。只是孔子與左丘明的關係，究竟是朋友，還是師徒，恐怕不易確定。

《左傳》記事，並非與《春秋》相終始。《左傳》的最後一則記事繫於哀公二十七年（周定王元年，前四六八年）。《傳》文末尾，還敘及「悼之四年」之事。魯悼公四年（周定王六年，前四六三年），上距哀公二十七年已有五年。《傳》記悼公謚號，則記事之時又當在悼公死後，悼公死於周考王十二年（前四二九年）。不僅如此，《傳》文稱趙無恤為襄子（「襄」為謚號），而趙襄子又後悼公四年而死（即死於前四二五年）。近代國學大師章太炎（一八六八—一九三六）假定《左傳》作者左丘明與孔子弟子子夏（卜商）同年，同比孔子小四十四歲，即約生於前五〇八年。依此假設推算，孔子卒時（前四七九年），左丘明二十九歲，又假定他死於趙襄子之後，則至少有八十三歲（前五〇八—前四二五）。章說固然只是一種推測。[10]《左傳》敍及「悼之四年」後事，可能是作者壽考，更可能是後人續書。

從左丘明作《左傳》之後，到西漢晚期立於學官前，《左傳》一直在民間流傳，數百年間，其傳授源流班班可考。綜合西漢劉向（前七七—前六）《別錄》、《漢書·儒林傳》及唐初陸德明（五五六—六二七）《經典釋文序錄》所述，《左傳》的傳授源流大略如下：

左丘明作《傳》以授曾申，申傳衞人吳起（前四四〇—前三八一），起傳其子期，期傳楚人鐸椒，椒傳趙人虞卿，卿傳同郡荀卿（名況）（前三四〇—前二四五），況傳武威張蒼（前二五六—前一五二），蒼傳洛陽賈誼（前二〇〇—前一六八），誼傳至其孫嘉，嘉傳趙人貫公，貫公傳其少子長卿，長卿傳京兆尹張敞及侍御史張禹，禹傳尹更始，更始傳其子咸及翟方進、胡常，常授黎陽賈護，護授蒼梧陳欽。劉向、劉歆（前五三？—二三）父子發現孔子壁中古文《左氏傳》，又從尹咸及翟方進受《左氏》。由是言《左氏》者，本之賈護、劉歆[11]。

應該說，《左傳》雖為左丘明所作，但在流傳的過程中，不免摻雜了後人的緣飾附益。這是讀《左傳》者不可不加注意的地方。

三、《左傳》解釋《春秋》的方式

前引《觀周篇》曾說《春秋經》與《左傳》「共為表裏」。東漢桓譚（？—五六）《新論》也說：「《左氏傳》於經，猶衣之表裏，相持而成。經而無傳，使聖人閉門思之，十年不能知也。」清楚說明《春秋經》與《左氏傳》互為依存。《春秋》記事極為簡略，如隱公十一年《經》曰：「冬十有一月壬辰（十五日），公薨。」諸侯之死曰薨。經文只用「公薨」兩字記錄魯隱公之死，不言薨於何處，亦不書葬。《左傳》則詳敍隱公薨的原委經過。魯國大夫羽父原請隱公允許他殺桓公（隱公異母弟），並要求事成後擔任執政之卿。隱公不同意，並表明桓公年少，自己代為攝政，如今桓公已長大，即將授以君位。羽父畏懼，反過來向桓公譖毀隱公並請求殺死他。羽父使賊在魯國大夫蔿（粵：委；普：wěi）氏家中刺殺隱公，立桓公為君。《左傳》曰：「不書葬，不成喪也。」說明桓公不以人君之禮葬隱公，故《春秋》不書葬。要是沒有《左傳》，只看《春秋》，便無法得知「公薨」的真相。

上述《史記》及《漢書》之引文，均談及左丘明修纂《左傳》的體例，即論輯《春秋》本事而作《傳》。《左傳》以敍事為傳體，藉事明義，與《公羊傳》、《穀梁傳》設為問答、專在說義者不同。《左傳》這種解經方式，稱為「以史傳經」。[12]《春秋》所記，固然重於褒貶，不重於史實，但其褒貶之義又未嘗不建基於史實。因此，若脫離史實，便無法推尋經文。如桓公元年《經》曰：「三月，公會鄭伯於垂，鄭伯以璧假許田。」《左傳》曰：「三月，鄭伯以璧假許田，為周公、祊（粵：烹／崩；普：bēng）故也。」表面看來，經文的意思是說：魯桓公和鄭莊公在垂會盟，鄭莊公以璧借許田。針對經文「鄭伯以璧假許田」，《左傳》點明鄭莊公把璧玉送給魯桓公，是為了請求祭祀周公和以祊田交換許田的緣故。周成王賜周公許田，作為魯君朝見周王時的朝宿之邑。周宣王賜母弟鄭桓公祊田，作為助天子祭泰山時的湯沐之邑。魯的許田與鄭的祊田，都是周天子所賜。只是到了春秋初期，周德既衰，魯侯不朝於周，天子亦不巡守，二邑皆無所用。許近鄭而祊近魯，魯、鄭兩國君主遂因地勢之便，私下交換二邑。由於許大而祊小，故鄭莊公加璧玉作為抵償。礙於諸侯不得擅自交換天子之田，經文於是隱諱其事，說鄭莊公以璧借許田。經文這樣寫，隱瞞了兩國私易天子所賜之地的事實，何止是「斷爛朝報」（王安石語[13]），實有誤導讀者之嫌。要不是《左傳》敍寫此事的來龍去脈，讀者只覺費解，無由得知內情，自然也無法確知經文所蘊含的大義。觀乎上舉兩個事例，可知《春秋》經義必須依據《左傳》的敍事加以闡釋發明，《觀周篇》及桓譚將《春秋》、《左傳》的關係比喻為衣服的表裏，是十分恰當的。《春秋》固然離不開《左傳》，《左傳》也離不開《春秋》。如成公十七年《經》曰：「夏，公會尹子、單子、晉侯、齊侯、宋公、衞侯、曹伯、邾人伐鄭。」《左傳》曰：「公會尹武公、單襄公及諸侯伐鄭，自戲童至于曲洧。」《傳》文僅說「諸侯」，如果沒有《經》文所記的「晉侯」及以下諸人，我們也不知道《傳》文實指的內容。[14]

《左傳》傳經的方式，除上述的「以史傳經」外，還有比之更顯明直接的「以義傳經」。而《左傳》「以義傳經」的方式，大抵可分為下列四種：一、以解釋書法的方式傳經；二、以補《春秋》的方式傳《春秋》；三、以判詞「禮也」、「非禮也」傳《春秋》；四、以「君子曰」的論斷方式傳《春秋》。[15]今各舉一例說明如下：一、以解釋書法的方式傳經：如隱公三年，《經》曰：「夏四月辛卯（二十四日），君氏卒。」《左傳》曰：「夏，君氏卒——聲子也。不赴于諸侯，不反哭于寢，不祔于姑，故不曰『薨』。不稱夫人，故不言葬，不書姓。為公故，曰『君氏』。」聲子為魯惠公繼室，生隱公。《經》文於其死後，不書「夫人子氏薨」，僅云「君氏卒」。《左傳》所言，正為解釋《春秋》書法的原意。依《左傳》之意，國君之妻死後，若以夫人之禮治喪，即死後立刻訃告於同盟諸侯、既葬反哭於寢、卒哭後其主祔於祖姑，三禮俱備，則書曰「夫人某氏薨」，又書曰「葬我小君某氏」。聲子卒，經文僅書「君氏卒」，表示不以夫人之禮葬之，故不用「薨」字，又不云「夫人」，不言「葬」，也不書「姓」。聲子，母家姓子。不書「子氏」而改書「君氏」，是因為聲子為隱公之母，依國君稱「君」而夫人稱「小君」之例，故稱「君氏」（猶言「小君氏」）。二、以補《春秋》的方式傳《春秋》：如隱公元年《左傳》曰：「夏四月，費伯帥師城郎。不書，非公命也。」「不書」，指孔子所修《春秋》不記錄此事。費伯為魯大夫。由於在郎地築城出於費伯本人的主意，而不是奉行隱公之命，故《經》不書其事。《左傳》補記此事，並解釋《經》文缺略的原因。三、以判詞「禮也」、「非禮也」傳《春秋》：如隱公元年十二月《經》曰：「秋七月，天王使宰咺（粵：犬；普：xuǎn）來歸惠公、仲子之賵（粵：諷；普：fèng）。」《左傳》曰「子氏未薨」，又申說曰「豫凶事，非禮也」。歸賵指饋贈助喪之物。「子氏」即仲子。此時猶在生，未死而贈以助喪之物，也就是預先送贈凶事之物，是不合禮的。依經文之例，天子之卿大夫不書名，而此稱「宰咺」，帶有貶抑之意。四、以「君子曰」的論斷方式傳《春秋》：《左傳》「君子曰」（有「君子曰」、「君子謂」、「君子是以」、「君子以……為……」、「君子以為」等多種形式）中的「君子」，有的指「孔子」，有的指「時君子」，有的是作者自稱。其中有解經語，如桓公二年《經》曰：正月「戊申，宋督弒其君與夷及其大夫孔父。」《左傳》曰：「君子以督為有無君之心，而後動於惡，故先書弒其君。」以事實論，華督固然是先殺孔父再弒殤公。但揆諸本心，孔父為顧命大臣而華督殺之，心中早已無君。故經文先寫弒君，次敍殺大夫。《左傳》所釋《春秋》書法而被杜預統稱為「五情」者，亦出於「君子曰」。成公十四年《經》曰：「秋，叔孫僑如如齊逆女。」又記：「九月，僑如以夫人婦姜氏至自齊。」《左傳》曰：「秋，宣伯如齊逆女。稱族（稱其族名『叔孫』），尊君命也。」又曰：「九月，僑如以夫人婦姜氏至自齊。舍族（不稱其族名，即只言『僑如』，不言『叔孫僑如』），尊夫人也。故君子曰：『《春秋》之稱，微而顯，志而晦，婉而成章，盡而不污，懲惡而勸善，非聖人，誰能修之。』」此「五情」可分三層看：「微而顯，志而晦」，主要指字面的效果；「婉而成章，盡而不污」，主要指書寫的態度；「懲惡而勸善」，主要指其對社會的影響。三者互不排斥，如僖公二十八年《經》曰「天王狩于河陽」，可歸「志而晦」，亦可歸「婉而成章」及「懲惡而勸善」。[16]

基於《左傳》傳經的關係，古人徵引《傳》文，往往徑稱為本《經》。[17]如《戰國策．楚策四》記戰國時期趙相虞卿（本身是《左傳》傳人）對春申君說：「臣聞之《春秋》：『於安思危，危則慮安』。」引文見《左傳》襄公十一年。[18]司馬遷徵引《左傳》，也往往就稱之為「《春秋》」。[19]

總上所述，《春秋》與《左傳》具有互相依存的關係，合觀兩書，自能事義兼備、相得益彰。

四、《左傳》中的思想

《左傳》一書，敘事議論，歸本於禮。蓋春秋末年，政衰禮廢，《左傳》作者感於世變，故述事論人，一準諸禮。書中包含了非常豐富的典章制度和禮樂文化，如實地記錄了各種禮典，包括冠、昏、喪、祭、饗、射、朝、聘，其中聘禮尤備，還有豐富的軍禮。除敘述禮儀外，《左傳》還記錄了大量的春秋賢人君子論禮的精義。[20]

德和禮是《左傳》作者臧否人物、評議成敗的依據。在《左傳》作者看來，德和禮是人立身處世的根本，也是國家的基石，與人的生死、國家的興亡攸關。實踐德、禮，是奉行天道的不二之途。有禮，即順天，能保有福祿；無禮，即逆天，難免於禍難。這正是《左傳》作者的一貫主張。

《左傳》的倫理思想和政治思想，圍繞德、禮這個核心，還提出了忠、信、敬、讓、仁、義、智、勇等道德概念。[21]這些概念，不少可與先秦儒家思想參照比較、相互發明。

五、《左傳》的文學性

《左傳》文章，垂範千古，其敍事技法，工侔造化，最為後人稱美，被奉為圭臬，桐城文派所標舉的古文義法，即根源於《左傳》。作為史書，《左傳》主要以歷史事實作為依據，只有在不可能做到完全實錄的私語、心理及其他細節上，才加插虛構和想象成分，以保持敍事的完整性。如《左傳》記晉靈公派鉏麑去刺殺趙盾，鉏麑清晨前往，趙盾寢室的門已經打開，趙盾穿好朝服準備上朝，由於尚早，坐着閉目養神。鉏麑感歎說，趙盾不忘恭敬，實為百姓之主，因此不忍殺之，但又不能棄君之命；兩難之下，便把頭撞向趙盾庭中的槐樹而死。鉏麑死前的自言自語，誰能聽到？應是《左傳》作者潛心揣摩當時情景而代人擬言的結果，鉏麑不一定說過這樣一番話。又如《左傳》寫秦晉崤之戰，對戰爭的具體過程寫得很簡略，但對戰爭前後的一些場景，卻寫得活靈活現：蹇叔哭師、揮淚送子，幼童王孫滿的預言，鄭商人弦高犒勞秦軍，文嬴請求晉襄公釋放三帥，秦穆公素服郊次、向三帥謝罪，先軫不顧而唾，等等精彩場面，從不同角度、全方面演繹了這場戰爭。《左傳》作者在安排情節上有很深厚的功力，他以小說家的用筆，來寫史家的著作，非常引人入勝。由此可見，《左傳》確具有故事、情節、人物、刻畫技巧等小說元素。不過，《左傳》畢竟是史書，它的主要任務是記錄歷史，雖然具有一定的文學性，但並不像後世的小說那樣屬有意創作。

六、《左傳》的現代意義

《左傳》據事直書，以史傳經，得史學之真；書中闡明經義，含有豐富的道德倫理思想，得哲學之善；其敘事寫人，精妙絕倫，引人入勝，得文學之美。《左傳》兼真善美而有之，其現代意義不容置疑，值得我們珍視和細讀。

茲以《左傳》言辭為例，說明其所具現代價值和意義。現代漢語（尤其是粵語）中的熟語，大多源來有自，其中有許多可徵實於《左傳》。時至今日，這些熟語仍在中國人的口上筆下廣泛流傳，指導着人們的道德思想和言行舉止，只是人們習焉不察罷了。細讀《左傳》，可以加深我們對熟語的理解，掌握其所處的歷史語境，在欣賞敍事之真、言辭之美的同時，更可以藉此觀察人性的善惡，從而汲取傳統智慧，立德行善。茲略舉今日仍然習用而源於《左傳》的熟語如下：

「多行不義必自斃」（隱公元年）
「信不由中」（隱公三年）
「眾叛親離」（隱公四年）
「大義滅親」（隱公四年）
「怙惡不悛」（隱公六年）
「城下之盟」（桓公十二年）
「人盡可夫」（桓公十五年）
「一鼓作氣」（莊公十年）
「風馬牛不相及」（僖公四年）

「一之謂甚，其可再乎」（僖公五年）
「假途滅虢」（僖公五年）
「輔車相依，脣亡齒寒」（僖公五年）
「欲加之罪，其無辭乎」（僖公十年）
「玉帛相見」（僖公十五年）
「（行將）就木」（僖公二十三年）
「退避三舍」（僖公二十三年）
「有恃無恐」（僖公二十六年）
「知難而退」（僖公二十八年）
「食言」（語出《尚書·湯誓》，僖公二十八年）
「東道主」（僖公三十年）
「厲兵秣馬」（僖公三十三年）
「先聲奪人」（文公七年、宣公十二年、昭公二十一年）
「畏首畏尾」（文公十七年）
「鋌而走險」（文公十七年）
「人誰無過，過而能改，善莫大焉」（宣公二年）

「各自為政」（宣公二年）
「問鼎中原」（宣公三年）
「食指動」、「染指」（宣公四年）
「狼子野心」（宣公四年）
「知難而退」（宣公十二年）
「剛愎自用」（宣公十二年）
「困獸鬥」（宣公十二年、定公四年）、
「篳路藍縷」（宣公十二年、昭公十二年）
「鞭長莫及」（宣公十五年）
「爾虞我詐」（宣公十五年）
「餘勇可賈」（成公二年）
「攝官承乏」（成公二年）
「從善如流」（成公八年、昭公十三年）
「病入膏肓」（成公十年）
「痛心疾首」（成公十三年）
「無有鬥心」（成公十六年、定公四年）

「居安思危」（逸《書》，襄公十一年）
「有備無患」（襄公十一年）
「馬首是瞻」（襄公十四年）
「三不朽」（襄公二十四年）
「舉棋不定」（襄公二十五年）
「言之無文，行而不遠」（襄公二十五年）
「班荊道故」、「楚材晉用」（襄公二十六年）
「上下其手」（襄公二十六年）
「自檜以下」、「歎為觀止」（襄公二十九年）
「賓至如歸」（襄公三十一年）
「包藏禍心」（昭公元年）
「尾大不掉」（昭公十一年）
「數典忘祖」（昭公十五年）
「尤人而效之」（定公六年）
「執牛耳」（定公八年、哀公十七年）
「三折肱知為良醫」（定公十三年）

「富而不驕」（定公十三年）

「視民如土芥」（哀公元年）

「樹德莫如滋，去疾莫如盡」（哀公元年）[22]

上文所列，尚未包括一些根據《左傳》敘事而創造出來的熟語。如春秋時期，常見嬴姓的秦與姬姓的晉通婚，故後人便稱姻親作「秦晉之好」。此外，今語中有一些表達生活體驗和傳統智慧的諺語，與《左傳》古語契合無間，如今人說「欺山莫欺水」，水性柔弱，容易使人溺斃。《左傳》亦云：「水懦弱，民狎而翫之（引者按：此為後世「狎玩」一詞所本），則多死焉。」（昭公二十年）說出不能因水柔弱而戲弄它的道理。

上舉熟語，古今用法，或同或異。就其適用範圍而言，如「內子」原為卿大夫正室之稱，除《左傳》外，還習見於《禮記》。香港粵語沿襲這種稱謂，但沒有等級之分。再如「玉帛相見」，語出僖公十五年。玉帛原指圭璋和束帛，執玉帛相見，表示以禮相待。香港粵語說男女二人「玉帛相見」，指他們以禮相待，諱言赤裸相見的事實，體現中華文化含蓄委婉的特點。就其褒貶義而言，「食指動」和「染指」兩詞，同出《左傳》宣公四年所記鄭靈公食大夫黿而公子宋染指於鼎之事。食指，即位於拇指與中指之間的第二指。「食指動」或食指大動，預示將有口福，古今同義。「染指」原來不過是指伸指蘸物，品嚐食品，後人賦予它整個故事的含意，使之帶有份取非份利益的貶義色彩。香港粵語則保存宋代以後的比喻義，用它來指稱參與做某種事情，不含貶義。又，「甚囂塵上」原指晉、楚對決時楚王登車窺探敵情所見，僅表示兵士喧嘩、塵土飛揚，後人用此比喻傳聞流行或議論喧騰。香港粵語仍保留其中性用法。又如「人盡可夫」，原意是指人人皆可為丈夫，而父親有骨肉關係，只有一人，兩者不能相比。香港粵語則用為貶義，指婦人不守婦道，放蕩淫亂。由此可見，《左傳》語匯豐富，後人可以按照社會生活所需，賦予這些語匯新的內涵。

總上所述，《左傳》兼真善美而有之，是傳統文化的寶庫。從古為今用的角度來說，我們可以通過閱讀《左傳》，汲取其敍事和言辭中所包含的文化養份，既可使文辭優美，也能令精神富足，其現代價值有待讀者去實現。

七、編著説明

本書為《新視野中華經典文庫》（以下簡稱「《文庫》」）所收錄經典名著之一，編著目的依循《文庫》的一貫宗旨，即通過對《左傳》的導讀、選編、注釋和翻譯，引領讀者學會閱讀及欣賞《左傳》，感受其魅力，「旨在為古代經典與現代生活架起一座溝通的橋樑」。

篇章選取及篇題擬定，以劉利、紀淩雲譯注的《左傳》（北京：中華書局，二〇〇七年）為底本，共三十八篇，而若干篇章則較原本為長。至於每篇題解、注釋、譯文，皆經重新編寫。

每篇題解長短不一，側重點亦有所不同，主要從下列四方面着墨：（一）從歷史的角度，撮寫篇章內容大要及交代與之相關的事件，凸顯《左傳》所呈現的敍事之「真」；（二）從辭章學的角度，析論篇章的佈局謀篇和修辭技巧等特點，凸顯《左傳》所呈現的文學之「美」；（三）從哲學的角度，探討篇章所包含的思想和觀點，凸顯《左傳》所呈現的哲學之「善」；（四）從溝通古今的角度，擷取篇章中值得我們細心體會、借鏡和反思的地方，凸顯《左傳》所具有的現代意義。辭章學部分主要參考洪順隆《左傳論評選析新編》（臺北：中國文化大學出版部，一九八二年）、張高評研究《左傳》系列如《左傳之文韜》（高雄：麗文文化，一九九四），還有相關單篇論文等等，文繁不能盡錄。

《左傳》原文及標點，主要採用楊伯峻《春秋左傳注》（北京：中華書局，一九九〇年）（以下簡稱「楊《注》」），間亦參酌選用其他新注本，如趙生群《春秋左傳新注》（西安：陝西人民出版社，二〇〇八年）、陳戍國《春秋左傳校注》（長沙：岳麓書社，二〇〇六年）、李夢生《左傳譯注》（上海：上海古籍出版社，二〇一三年）（以下簡稱「李《注》」）等。注釋方面，除古代注本及楊《注》外，還參考包括上列三種在內的新注，其他參考資料至為繁富，有《左傳》辭典，如陳克炯《左傳詳解詞典》（鄭州：中州古籍出版社，二〇〇四年）等，有文字考訂札記，如趙生群《〈左傳〉疑義新證》（北京：人民文學出版社，二○一三年）等，此外，各種涵蓋廣泛的札記論著如吳小如《讀書叢札》（北京：北京大學出版社，一九八七年）、許嘉璐《古語趣談》（北京：中華書局，二○一三年）及單篇論文，亦在取資之列。所出注釋，或薈萃群言，擇善而從，或出於筆者的一得之見。篇中難字，皆附加粵音和普通話注音，粵音若有兩讀，則並列出來，讀者可自行選擇。譯文部分，主要參考沈玉成《左傳譯文》（北京：中華書局，一九八七年）及李《注》，並參以己意，力求明白曉暢。

由於體例所限，除〈導讀〉部分，全書各處題解、注釋、譯文，所採古今學者之說，一概不加注明。謹此向上述諸位先生及未具名的其他學者一併致謝。

注釋

1 焦循撰、沈文倬點校：《孟子正義》（北京：中華書局，一九八七年），頁五七二—五七四。2 魯哀公十四年「西狩獲麟」一事，《左傳》、《公羊傳》、《穀梁傳》均有記載。據說麟是一種非牛非馬非鹿、頭上長有一個肉角的動物，是一種祥瑞的獸類，有王者則至，無王者則不至。春秋之時，禮崩樂壞，而麟竟於魯哀公十四年出現，孔子慨嘆不已，傷周道之不興，感嘉瑞之無應，於是《春秋》絕筆於「獲麟」一句。3《公羊傳》、《穀梁傳》皆於襄公二十一年（前五五二年）十一月記「庚子，孔子生」。二傳所載《春秋》經文皆終於哀公十四年（前四八一年）西狩獲麟，而《左傳》所載經文，則終於哀公十六年（前四七九年）「夏四月己丑，孔子卒」。自獲麟至孔子卒之間的經文，杜預認為是「弟子欲記聖師之卒，故採魯史記以續夫子之經，而終於此。丘明因隨而作傳，終於哀公。從此以下無復經矣。」（《十三經注疏・左傳注疏》（臺北：藝文印書館，一九八九年），頁一〇四一）4《十三經注疏・左傳注疏》，頁一一。5《史記》（北京：中華書局，一九七二年），頁五〇九—五一〇。6《漢書》（北京：中華書局，一九七五年），頁二七三七。7《漢書》，頁一七一三。8《漢書》，頁一七一五。9《十三經注疏・左傳注疏》，頁一一。10詳參屈守元：《經學常談》（成都：巴蜀書社，一九九二年），頁三五—三六。11陸德明撰、吳承仕疏：《經典釋文序錄疏證》（臺北：新文豐出版公司，一九七五年），頁九二b—九五b。12詳參張高評：〈章太炎《春秋左傳讀敍錄》述評——論劉逢祿「《左氏》不傳《春秋》」說〉，《經學研究集刊》，第六期，二〇〇九年，頁一—二二。13蘇轍：《春秋集解・自序》引。14楊伯峻：〈淺談《左傳》〉，《楊伯峻治學論稿》（長沙：岳麓書社，一九九二年），頁五八。15詳參徐復觀：《中國經學史的基礎・左氏「以史傳經」的重大意義與成就》，《徐復觀論經學史二種》（上海：世紀出版集團　上海書店出版社，二〇〇六年），頁一九六—二〇〇。16詳參單周堯：〈錢鍾書《管錐篇》杜預《春秋序》札記管窺〉，《左傳學論集》（臺北：文史哲出版社，二〇〇〇年），頁一〇五。17王利器：〈古書引經傳、經說稱為本經考〉，《曉傳書齋文史論集》（香港：香港中文大學出版社，一九八九年），頁二；楊伯峻：《春秋左傳注》（北京：中華書局，一九九〇年），〈前言〉，頁三六。

18 今本《左傳》襄公十一年引《書》云：「居安思危」，無「危則慮安」，與虞卿所言稍異。

19 金德建：《司馬遷所見書考》（上海：上海人民出版社，一九六三年），頁一〇五。

20 詳參饒宗頤：〈《春秋左傳》中之「禮經」及重要禮論〉，陳其泰、郭偉川、周少川編：《二十世紀中國禮學研究論集》（北京：學苑出版社，一九九八年），頁四六二—四七三。

21 舉例如《左傳》襄公十一年記魏絳論樂云：「夫樂以安德，義以處之，禮以行之，信以守之，仁以厲之，而後可以殿邦國、同福祿、來遠人，所謂樂也。」

22 後世熟語（主要是四字格成語）對《左傳》原文所作改造，大抵有下列各端：（一）縮略原文：如將「數典而忘其祖」縮略為「數典忘祖」，將「居肓之上，膏之下」縮略為「病入膏肓」，將「我無爾詐，爾無我虞」縮略為「爾虞我詐」等；（二）改易原文字詞：如改「人盡夫也」為「人盡可夫」，改「何恃而不恐」為「有恃無恐」，改「剛愎不仁，未肯用命」為「剛愎自用」等；（三）總稱其數：將「大上有立德，其次有立功，其次有立言」統稱為「三不朽」。

一　鄭伯克段于鄢

隱公元年（前七二二年）

本篇記述春秋初期發生在鄭國的一樁重大事件。《春秋》經文記載：「鄭伯克段于鄢。」只用了六個字，寫得非常簡略，連鄭伯指鄭國哪一個國君、段是何人都沒有清楚交代。只有讀了《左傳》，才知道鄭伯指的是鄭莊公，段是鄭莊公同母之弟叔段。《傳》文對鄭莊公戰勝叔段一事着墨不多，只着力鋪寫事件的前因後果，從中表現出鄭國國君母子兄弟之間的爾虞我詐、互相傾軋，招致戰亂。文中刻畫了鄭莊公的老謀深算，其弟共叔段的貪婪驕縱及其母姜氏的偏心溺愛。《傳》文詳細交代了事件的遠因和近因。莊公與段兄弟鬩牆、兵戎相見，導源於莊公出生時難產而遭姜氏厭惡。姜氏偏愛幼子段，一直想廢長立幼，因此種下禍根。莊公即位後，姜氏為段苛索封地，不斷助長段之貪念，終成禍亂。段恃母寵，驕縱無所顧忌，甚至萌生篡奪謀反之心。

《傳》文記敍段居京城後的種種部署。由命西鄙北鄙兩屬到收二鄙為己邑，漸次蓄積力量，侵併土地，壯大自己的勢力，一直擴充到廩延。最後糾集民眾，修治兵器，以母為內應，興兵作亂。面對母弟予取予攜、步步進逼的不義行為，莊公怕招非議，一味容忍退讓，不予制止，聽任段貪肆無度，等着看他自食惡果。《傳》文寫莊公回應母弟的舉動，至為簡略，只由莊公答姜氏請制及其分別與祭仲和公子呂（子都）三段對話構成。莊公答姜氏云：「制，巖邑也，虢叔死焉。佗邑唯命。」莊公知姜氏愛段，借東虢君死於制邑之事，表示制是凶地，不適合用來封段。如此回應，既可以表示親愛其弟，又可婉拒姜氏的請求。當然，莊公也可能是顧慮段會恃險叛變，後患無窮，所以才故意這樣說。祭仲和公子呂眼見段之勢日熾，危機日深，焦急之極，故三諫極慌張。反觀莊公三答二人的規勸，均極淡然，從「姜氏欲之，焉辟害」到「多行不義必自斃，子姑待之」，再到「無庸，將自及」、「不義不暱，厚將崩」，三言兩語，足見其人城府之深。一「待」兩「將」預示叔段必將自招其敗，而「斃」、「自及」、「崩」依次點明層遞漸進的大小惡果。「姜氏欲之，焉辟害？」表示為趨避非議，無奈應承。「多行不義必自斃」，顯見對母弟的不義懷恨在心，認定段必將跌跤失敗。「子姑待之」，在表明等待段自食惡果的同時，也透露自己早有防備，故能冷靜應對。只此四字，便知莊公表面上不慌不忙，似處於被動，實則看透全局，對事態發展有十足的把握，坐觀段自取其敗。段以母為內應，約定襲鄭之期。莊公卻「聞其期」（聽到他們襲鄭的日期），顯是平日窺探緊密，毫不鬆懈，故能得知。「可矣」二字可圈可點，說明時機成熟。莊公一直如許隱忍，至此才反被動為主動，足見他成竹在胸，靜待時機剷滅己弟，其陰狠可知。《傳》文刻畫莊公的老謀深算，狀寫其母其弟的無知昏憒，窮形盡態，對比鮮明。

《傳》文插入一段解說《春秋》書法的文字，說：「段不弟，故不言弟；如二君，故曰克；稱鄭伯，譏失教也；謂之鄭志。不言出奔，難之也。」說明經文不依常例稱母弟為弟而僅稱段，是因為段沒有盡弟的本分。兩個勢均力敵的國家打仗，一方戰勝另一方，才會用「克」字。這裏使用「克」字，是表明鄭莊公一味容忍，坐視段壯大勢力，如同另一個國君。兄弟相鬥，儼如敵國，「克段」表示莊公戰勝段。稱「鄭伯」而不言「鄭人」，顯示鄭莊公處理段一事不當，否則當言「鄭人」，表示鄭國舉國之人皆欲伐段。稱「鄭伯」而不稱鄭莊公，是為了譏諷莊公有失教導其弟的本分，故意縱容，養成其惡。「謂之鄭志」，文例同「謂之宋志」（襄公元年），都是探討某人或某些人的本心或意志。「謂之鄭志」當連上讀，整句作「稱鄭伯，譏失教也，謂之鄭志」。「鄭志」可直解為「鄭伯之本志」（有說是鄭人之志，如竹添光鴻）。鄭莊公不肯早為之所，沒有及時制止叔段的不義行為，那就是「失教」。推究鄭莊公的本心，從母所欲，只為遠嫌避譏，心想段不足懼，故有意縱容，讓他自食惡果。鄭伯此志，違背為人兄長的本分。段戰敗後，實出奔共，經文不說他出奔，是因為鄭莊公志在於殺，根據他的本意，段實難以出奔。《春秋》重於誅心，而不重於記載事實。段也就這樣一直流亡在外，十一年後（即魯隱公十一年〔前七一二年〕），鄭莊公還說：「寡人有弟，不能和協，而使餬其口於四方。」至於姜氏，先是被流放到城潁，莊公誓言不至死後不復相見。其實，莊公孝心未泯，故在得到潁考叔的啟導和獻策後，遂與姜氏在大隧中相見，母子和好如初。

鄭莊公與叔段兄弟相殘，究竟是誰的錯？後人對此議論紛紛。呂祖謙《東萊博議》認為錯在鄭莊公，他說：「釣者負魚，魚何負於釣？獵者負獸，獸何負於獵？莊公負叔段，叔段何負於莊公？且為鉤餌以誘魚者，釣也。為陷阱以誘獸者，獵也。不責釣者而責魚之吞餌，不責獵者而責獸之投阱，天下寧有是耶？」呂氏以漁者和獵者比莊公，以魚和獸喻叔段，漁者用餌引魚上鉤，獵者佈陷阱誘獸走入，罪過理應就在漁者與獵者身上。如其說，則莊公從封段始，便蓄意誘使其弟作反，養成其惡而加誅。失教，罪小；養惡以殺之，其罪至大。呂氏設喻雖然生動新巧，但立論卻似是而非，有違事實。須知禍亂的根源在於姜氏與叔段合謀，苛索封地，覬覦君位。這種主動謀取非分東西的做法，顯然與被引誘的游魚走獸不類。儘管呂氏此喻有欠穩妥，立論亦可商榷，但足以誘發我們深思對立雙方所應負的責任。

初[1]，鄭武公娶于申[2]，曰武姜[3]。生莊公及共叔段[4]。莊公寤生[5]，驚姜氏，故名曰「寤生」，遂惡之[6]。愛共叔段，欲立之[7]，亟請于武公[8]，公弗許[9]。

注釋

1**初**：時間副詞，即當初，表示追敍前事。這裏指追敍「鄭伯克段于鄢」之前發生的事。2**鄭武公**：鄭，諸侯國名，姬姓，在今河南新鄭。武公，鄭國第二代國君，名掘突，第一代國君鄭桓公的兒子。「武」是謚號，「公」是五等諸侯的通稱。**娶于申**：娶申國國君之女為妻。申，諸侯國名，在今河南南陽，姜姓，周封伯夷之後於申，魯莊公之時為楚所滅。3**武姜**：鄭武公夫人，以丈夫謚號（武）加娘家姓（姜）為名。4**共叔段**：莊公同母弟。共（粵：公；普：gōng），本為諸侯國名，後為衞邑，在今河南輝縣。叔為兄弟排行（伯、仲、叔、季），段是名。據《史記・十二諸侯年表》，段比莊公小三歲，故稱叔段。叔段後來出奔共國，故稱共叔段。5**寤**（粵：誤；普：wù）**生**：「寤」通「牾」，是逆的意思。寤生，即逆生，出生時腳先出，難產。6**遂**：相當於「就」、「接着就」，強調時間緊接。下文「遂寘姜氏於城潁」、「遂為母子如初」中的「遂」，用法相同。**惡**（粵：wu3；普：wù）：厭惡。7**立之**：立之為太子。8**亟**（粵：冀；普：qì）：屢次。9**弗許**：與「不許之」同義。

譯文

起初，鄭武公娶申國女為妻，叫武姜，生了莊公和共叔段。莊公出生時腳先頭而出，使姜氏受到驚嚇，所以取名「寤生」，並因而就厭惡他。姜氏喜歡共叔段，要立他為太子，屢次向武公請求，武公沒有答應。

及莊公即位，為之請制[1]。公曰：「制，巖邑也[2]，虢叔死焉[3]。佗邑唯命[4]。」請京[5]，使居之，謂之京城大叔[6]。

注釋

1 **為**（粵：胃；普：wèi）**之請制**：制，地名，在今河南滎（粵：形；普：xíng）陽汜（粵：柿；普：sì）水，本為東虢（粵：gwik1；普：guó）國的領地。後來，東虢被鄭武公所滅，制便歸鄭國所有。2 **巖邑**：巖，巉巖，制邑四面山勢巉巖，故曰巖邑，為險要之地。邑，人所聚居的地方，大小不定。3 **虢叔**：東虢末代國君。4 **佗**：同「他」。**唯命**：是「唯命是聽」的省略。5 **京**：鄭邑，在今河南滎陽東南。據《史記·鄭世家》，鄭莊公元年（前七四三年），封段於京。6 **大**（粵：泰；普：tài）：同「太」。叔段為莊公年紀最大的弟弟，故稱「太叔」。

譯文

等到莊公即位，姜氏為共叔段請求以制作為封邑。莊公說：「制地勢險要，虢叔死在那裏。其他地方唯命是從。」姜氏改而請求京邑，莊公就讓共叔段住在那裏，稱為京城太叔。

祭仲曰[1]：「都，城過百雉[2]，國之害也。先王之制，大都，不過參國之

一[3]，中，五之一，小，九之一。今京不度[4]，非制[5]也，君將不堪[6]。」公曰：「姜氏欲之，焉辟害[7]？」對曰：「姜氏何厭之有[8]！不如早為之所，無使滋蔓[9]。蔓，難圖也[10]。蔓草猶不可除[11]，況君之寵弟乎[12]？」公曰：「多行不義，必自斃[13]，子姑待之！」

注釋

1 祭（粵：債；普：zhài）仲：鄭國大夫。祭為其食邑，在今河南中牟祭亭，以邑為氏，仲為其名。2 都城過百雉：都指都邑，城指城牆。雉為量詞，長三丈高一丈為一雉，過百雉指城牆長度超過三百丈。3 參（粵：三；普：sān）國之一：參，同三；國，國都。國都的三分之一。根據古制，侯伯之國，城牆為三百雉，三分之一即百雉。4 不度：不合法度。5 非制：違背舊制。6 不堪：猶言受不了。7 焉辟（粵：避；普：bì）害：焉，疑問代詞，哪裏。辟，借為「避」，躲避。意即哪裏可以避過禍害。8 何厭之有：猶言「有何厭」，意即怎會滿足。厭，滿足，今或作「饜」。9「不如」二句：所，處所。早為之所，意即及早處置。無，通「毋」，不要。滋蔓，同義連綿詞，滋長蔓延。這裏指擴展壯大自己的勢力。10 圖：圖謀，謀劃。這裏指想辦法對付。11 蔓草：蔓延的野草。猶：尚且，還。12 寵：指共叔段得到其母的寵愛。13「必自斃」二句：斃，踣，猶言跌跤倒下。《說文》：「獘，頓仆也。」本指犬仆，故從犬，引申為凡仆之稱，又引申為死。斃為「獘」的異體，經書皆作此字。姑：姑且。之：代詞，指共叔段自己跌跤、失敗一事。

譯文

祭仲對莊公說：「凡是都邑，城牆長度超過三百丈，就會成為國家的禍害。先王規定的制度：大的都邑，不超過國都的三分之一；中等的，不超過五分之一；小的，不超過九分之一。現在京邑不合規定，這不是應有的制度，國君您會受不了的。」莊公說：「姜氏要這地方，又哪裏能避免禍害呢？」祭仲回答說：「姜氏怎會滿足！不如早點處置他，不要讓他擴充壯大自己的勢力。一旦滋長蔓延，就難以對付了。蔓延的野草尚且不能除掉，何況是您那受（母親）寵愛的弟弟呢？」莊公說：「多做不義的事，必然自己跌跤。你姑且等着吧。」

既而大叔命西鄙北鄙貳於己[1]。公子呂曰[2]：「國不堪貳，君將若之何？欲與大叔，臣請事之；若弗與，則請除之。無生民心。」公曰：「無庸，將自及。」[3]

注釋

1 既而：不久。鄙：邊邑。西鄙、北鄙：指鄭國西部與北部邊境一帶的地方。貳於己：貳，兩屬，臣屬於二主。即既屬於莊公，又屬於自己。2 公子呂：鄭國大夫，宗室成員，字子封。[3]無庸：庸，通「用」。無庸，即不用，指用不着除之。自及：自及於禍。

譯文

不久，太叔命令西部和北部邊境同時聽命於自己。公子呂說：「國家受不了兩屬的情況，您將怎樣處理它？如果您想要把鄭國讓給太叔，就請您允許我侍奉他；如果不給，那就請除掉他，不要使人民生二心。」莊公說：「用不着，他會自及於禍。」

大叔又收貳以為己邑[1]，至於廩延[2]。子封[3]曰：「可矣。厚將得眾[4]。」公曰：「不義，不暱[5]。厚將崩[6]。」

注釋

[1]貳：指兩屬的地方。此句言太叔段把本來兩屬之地收為己有。[2]至：到。廩（粵：凜；普：lǐn）延：鄭國邑名，在今河南延津北而稍東。[3]子封：即公子呂。[4]厚：雄厚。厚，《說文》：「山陵之厚也。」這裏用其引申義。[5]不義不暱（粵：溺；普：nì）：暱，通「黏」，即黏。不義，指所為不義。不暱，指民眾不會黏附。不義不暱為緊縮句，指若段所為不義，則民眾不會黏附。[6]厚將崩：所為不義，則民眾不會黏附；不

黏附而堆積成高山，就會崩塌。厚，這裏用其本義。崩，《說文》：「山壞也。」這裏用其本義，指山塌。

譯文

太叔不久又將兩屬的地方收為己有，並擴展到廩延。公子呂說：「可以下手了。勢力雄厚，將會得到民眾親附。」莊公說：「所為不義，民眾不會黏附，不黏附而堆積成高山，就會崩潰。」

大叔完聚[1]，繕甲兵[2]，具卒乘[3]，將襲鄭[4]。夫人將啟之[5]。公聞其期[6]，曰：「可矣！」命子封帥車二百乘以伐京[7]。京叛大叔段。段入于鄢[8]。五月辛丑[9]，大叔出奔共[10]。

注釋

1 完：修葺（粵：緝；普：qì）。這裏指加固城郭。聚：指聚集糧草、人民。2 繕甲兵：修補鎧（粵：海；普：kǎi）甲和兵器。3 具：準備。卒：步兵。乘（粵：盛；普：shèng）：車兵。4 襲：偷襲。5 夫人：指武姜。啟之：指開城門做內應。6 期：指共叔段襲鄭的日期。7 帥：率領。車二百乘：戰車二百乘。乘，一車四馬為乘，因而用作軍隊的量計單位。春秋軍制，車一乘有甲士（穿着盔甲的兵士）三人，步卒七十二人，二百乘共有甲士六百，步卒一萬四千四百人。一說車一乘有甲士十人，步卒亦十人。二百乘共有甲士二千人，步卒亦二千人。8 諸：「之於」的合音字。9 **五月辛丑**：古人以干支紀日，五月辛丑即隱公元年五月二十三日。10 **出奔**：指逃到外國避難。

譯文

太叔加固城郭，積聚糧草，整治鎧甲和兵器，準備好步兵和車乘，將要偷襲鄭國都城。姜氏準備做內應打開城門。莊公聽到太叔起兵的日期，說：「可以了。」就命令公子呂率領兩百輛戰車攻打京城。京城的人反叛太叔段。太叔段逃到鄢地。莊公又追到鄢地攻打他。五月二十三日，太叔又逃到共地。

書曰[1]：「鄭伯克段于鄢[2]。」段不弟[3]，故不言弟[4]；如二君，故曰克[5]；稱鄭伯，譏失教也；謂之鄭志[6]。不言出奔，難之也。

注釋

1 書：這裏指《春秋》經文的記述。2 鄭伯：「伯」為春秋五等諸侯爵稱（公、侯、伯、子、男）之一，鄭屬伯爵，故稱「鄭伯」，這裏指鄭莊公，前七四三—前七〇一年在位。克：戰勝。鄢（粵：煙；普：yān）：鄭國地名，在今河南鄢陵境內。3 不弟：不守做弟弟的本份。弟，這裏用作動詞。4 太叔段為鄭莊公同母之弟，《春秋》一般行文，應於「段」前加「弟」字，這裏不言「弟」，是要顯出太叔段不守弟弟的本份。5 兩個勢均力敵的國家打仗，一方戰勝另一方，才會用「克」字。6 **鄭志**：鄭莊公的本意，指鄭莊公從母所欲，沒有及時制止叔段的不義行為，只為遠嫌避讒，心想段不足懼，故有意縱容，讓他叛亂作反，然後加以誅除。

譯文

《春秋》記載說：「鄭伯克段于鄢。」太叔段不守做弟弟的本份，所以不寫「弟」字；兄弟相爭，如同兩個國君，所以稱之為「克」；不說「鄭人伐段」而說「鄭伯克段」，是譏刺鄭莊公沒教導好弟弟，指出事情的發展是莊公蓄意安排。不寫「出奔」，是因為莊公志在於殺，根據他的本意，叔段實難以出奔。

遂寘姜氏於城潁[1]，而誓之曰：「不及黃泉，無相見也[2]。」既而悔之[3]。

注釋

1 **寘**（粵：智；普：zhì）：同「置」，棄置。這裏有放逐的意思。**城潁**：鄭國邑名，在今河南臨潁西北。2 **「不及」二句**：黃泉，地下之泉。指人死後埋葬的地方，借代死亡。表示不死不相見。3 **之**：指置姜氏於城潁並發誓之事。

譯文

莊公接着就把姜氏棄置在城潁，並對她發誓說：「不到黃泉，永不相見。」不久又對此感到後悔。

穎考叔為穎谷封人[1]，聞之，有獻於公[2]。公賜之食。食舍肉[3]。公問之。對曰：「小人有母，皆嘗小人之食矣，未嘗君之羹[4]。請以遺之[5]。」公曰：「爾有母遺，繄我獨無[6]！」穎考叔曰：「敢問何謂也[7]？」公語之故[8]，且告之悔。對曰：「君何患焉[9]？若闕地及泉，隧而相見[10]，其誰曰不然[11]？」公從之。公入而賦[12]：「大隧之中，其樂也融融[13]。」姜出而賦：「大隧之外，其樂也洩洩[14]。」遂為母子如初。

注釋

1 穎考叔：鄭國大夫。穎谷：鄭國邊邑，在今河南登封西南。封人：鎮守邊疆地方的長官。封，疆界。2 獻：恭敬地送給。這裏用作名詞，指進獻的東西。3 舍：借為「捨」，放置。食舍肉，指食時將肉另置一邊。4 羹：本指肉汁，這裏指帶汁的肉食。5 遺（粵：胃；普：wèi）：通「饋」，贈與、送給。6 繄（粵：衣；普：yī）：句首語氣詞。7 敢：表謙副詞，有「大膽」、「冒昧」的意思。何謂：即「謂何」，疑問句中代詞賓語前置。下文「何患」結構相同。8 語（粵：預；普：yù）：告訴。9 君何患焉：

焉，同「乎」，語氣詞，表示疑問語氣。10「若闕地」二句：闕，借為「掘」，挖。隧，這裏用作動詞，挖掘隧道。11 其誰曰不然：有誰以此為不然？其，語氣詞，表示反問語氣。然，指示代詞，那樣，代指黃泉相見。12 入：指走進隧道，與下面的「出」互文見義。賦：賦詩。13 其：指示代詞，那。融融：形容和睦快樂的樣子。14 洩洩（粵：曳；普：yì）：形容和樂舒暢。

譯文

穎考叔當時在穎谷做封人，聽聞這件事，就找機會獻給莊公一些東西。莊公賞賜食物給他吃。吃的時候，他把肉放在一邊不吃。莊公問他為甚麼，他說：「小人有母親，已嘗遍小人奉養的食物，但還沒有嘗過國君的肉食。請讓我帶回去給她。」莊公說：「你有母親可以送，我卻偏偏沒有！」穎考叔說：「我冒昧地問一下這是甚麼意思？」莊公就對他說明原因，並且告訴他自己已後悔。穎考叔回答說：「國君在這件事情上憂慮甚麼？如果掘地見到泉水，在隧道中相見，誰會說您違背誓言呢？」莊公聽從了穎考叔的話。莊公進入隧道，賦詩說：「大隧之中，樂也融融。」姜氏走出隧道，賦詩說：「大隧之外，真和樂舒暢。」就恢復了以往的母子關係。

君子曰[1]：穎考叔，純孝也[2]。愛其母，施及莊公[3]。《詩》曰：「孝子不匱，

永錫爾類[4]。」其是之謂乎[5]？

注釋

1君子：《左傳》中慣用的發表評論的方式，或為《左傳》作者的議論，或為作者引用前賢或時人的言論。2純：純正篤厚。或說純為大。3施（粵：二；普：yì）：延及，擴展。4「孝子」二句：出自《詩經·大雅·既醉》。匱（粵：跪；普：kuì），盡。長，久。錫，通「賜」，給與。類，善，指孝德。5其是之謂乎：其，語氣詞，表示估量。是，此。

譯文

君子說：潁考叔真是純孝，愛他自己的母親，並擴大到莊公身上。《詩》說：「孝子的孝沒有窮盡，永遠將你的孝德賜予他人。」大概說的是這種情況吧。

二　周鄭交質　隱公三年（前七二〇年）

鄭莊公是周平王的卿士，執掌王朝政權。由於鄭莊公打了連場勝仗，恃功攬權，勢力越來越大，逐漸不把周王放在眼內。周平王不願鄭莊公專權，想分政於虢公，鄭莊公由是心生怨恨。周平王不敢得罪鄭莊公，於是就與他交換人質，作為抵押品。平王之子王子狐被送到鄭國作人質，而鄭莊公的太子公子忽則被送到雒（即洛）邑作人質，是為「周、鄭交質」。平王崩，桓王繼位，將政權託付虢公。鄭國大夫祭足率師先後奪取了周王畿內溫地的麥子與成周洛邑的小米。從此周天子與鄭伯結下了仇恨，是為「周、鄭交惡」。周、鄭既交質，又交惡，天子威嚴頓失，鄭伯顯見不臣。「君子」評論周、鄭交質說：「信不由中，質無益也。」點明全篇旨趣，慨歎周、鄭信不由衷，雖交換兒子作人質，也於事無益。然後帶出若能彼此相知相諒，以禮約束，雖不用人質，也當能相合無間。文章進而排比「澗谿沼沚之毛」等四句，及「可薦于鬼神，可羞于王公」兩句，巧設微辭諷刺周、鄭失信，避實（從正面直說或描寫）取虛（從側面間接表述），虛實相生，申明只要出於誠信，即便微物，亦可薦於鬼神，奉獻王公，何況彼此建立互信，依禮行事，哪裏用得着人質？收結說明《風》、《雅》篇什所言，止在誠信而已。

《左傳》着意於凸顯信用的重要性，其敍事、議論往往是為了說明「信」作為國家或個人成敗存亡的關鍵所在。據《左傳》，春秋時人採用了交換人質與訂立盟約兩種方式來確保人們守信。正如上引「君子」所言，要是「信不由中」，交換人質也沒有用，周、鄭即使交換了人質，卻缺乏互信，最終還不是交惡收場。孔子的學生子貢曾闡明訂盟的原則和意義說：「盟，所以周信也，故心以制之，玉帛以奉之，言以結之，神以要之。」訂盟旨在保證信用，相對於玉帛、誓辭、鬼神而言，人心才能發揮真正的制約功能。《左傳》所記春秋時人失信背義之事，可謂不勝枚舉。如魯成公十二年（前五七九年，即晉厲公二年、楚共王十二年），晉、楚大夫訂盟，其誓辭云：「凡晉、楚無相加戎，好惡同之，同恤菑（引者按：菑同災）危，備救凶患。若有害楚，則晉伐之；在晉，楚亦如之。交贄往來，道路無壅；謀其不協，而討不庭。有渝此盟，明神殛之，俾隊其師，無克胙國。」信誓旦旦，何等堅定、莊嚴！豈料過了三年，楚人就背棄盟約。楚人準備北侵晉與鄭、衞。楚公子子囊反對說：「新與晉盟而背之，無乃不可乎？」楚子反卻說：「敵利則進，何盟之有？」子反之言引來已退休的申叔時的批評。申叔時說：「子反必不免。信以守禮，禮以庇身，信、禮之亡，欲免，得乎？」有信用，禮義才得以保持，而人的生存全靠禮義來維繫。換句話說，沒有信用，也就不能免於禍難而生存下去。不久，子反在第二年發生的晉、楚鄢陵之戰中戰敗被殺，應驗了申叔時的預言。人以至國家都要信守承諾，晉文公就說過「信，國之寶也，民之所庇也」（僖公二十五年）。總之，要是「信不由中」，缺乏內心的制約，不管交換了多少人質、締結了多少盟約，都只是形同虛設，毫無意義。《左傳》議論及此，可謂彰彰明矣。現代人以守信為訂立契約的內在精神，藉此維持國際與人際關係，做法雖較春秋時人完善，但只要締約者缺乏誠信，仍難免發生糾紛與戰爭。春秋時賢對「信」的體會，十分值得我們借鏡和反思。

鄭武公、莊公為平王卿士[1]。王貳于虢[2]，鄭伯怨王[3]。王曰：「無之。」故周、鄭交質[4]。王子狐為質於鄭，鄭公子忽為質於周。

注釋

1「鄭武公」句：鄭在西周末受封，與平王為近親。東周立國，主要靠鄭的幫助，故鄭武公、莊公相繼為平王卿士。卿士指王室執政大臣。2 貳于虢：虢，西虢國，故城在今河南陝縣境。貳于虢，指王不專任鄭伯，有時也把政權交予虢公。3 伯：鄭莊公。4 交質：押物取信。這裏指互相交換兒子作人質。

譯文

鄭國武公、莊公擔任周平王的卿士。平王有時也把政權交與虢公，鄭莊公由是怨恨平王。平王說：「沒有這回事。」因此，周、鄭交換人質。平王子王子狐在鄭國做人質，鄭莊公太子公子忽在成周做人質。

王崩，周人將畀虢公政[1]。四月，鄭祭足帥師取溫之麥[2]。秋，又取成周之禾[3]。周、鄭交惡。

注釋

1畀（粵：比；普：bì）：給與。2祭足：鄭國大夫，即《左傳》隱公元年所載之祭仲。溫：周王畿內小國，其地當在今河南溫縣。3成周：東都洛邑。周公經營洛邑，稱鎬京為宗周，稱洛邑為成周。禾：指稷類穀物，即今「小米」。

譯文

平王死後，周人想把執政權交給虢公。四月，鄭國祭足領兵強取王室所管溫地的麥子。秋，又割走了成周的禾稻。從此周王朝和鄭國彼此憎惡。

君子曰[1]：「信不由中[2]，質無益也。明恕而行[3]，要之以禮[4]，雖無有質，誰能間之[5]？苟有明信，澗、谿、沼、沚之毛[6]，蘋、蘩、薀、藻之菜[7]，筐、筥、

錡、釜之器[8]，潢、污、行潦之水[9]，可薦於鬼神，可羞於王公[10]，而況君子結二國之信，行之以禮，又焉用質？風有〈采蘩〉、〈采蘋〉[11]，雅有〈行葦〉、〈洞酌〉[12]，昭忠信[13]也。」

注釋

1 君子曰：《左傳》中的「君子曰」既有作者論斷之辭，也有作者援引時謂「君子者」之語。2 中：同「衷」。信不由中，意即誠信非出自衷心。3 明恕：明指彼此相知，恕指彼此相諒。4 要（粵：腰；普：yāo）：約束。5 間：離間。6 澗、谿：谿，同「溪」。澗、谿都是山溝水。沼、沚：沼是水池，沚是水中小洲。毛：地面所生植物的總稱，指草。7 蘋：蕨類植物，生於淺水中。蘩：白蒿，草本植物，嫩苗可食。薀（粵：溫；普：wēn）：水草。藻：水中藻類植物。8 筐、筥（粵：舉；普：jǔ）：都是竹器，筐為方形竹筐，筥為圓形竹筐，本用以盛飯，此用以盛蘋藻。錡（粵：奇；普：qí）、釜：都是金屬做的烹飪器具，有足者為錡，無足者為釜。9 潢（粵：黃；普：huáng）、污（粵：烏；普：wū）：都是積水，即不流動的水，大者曰潢，小者曰污。行潦（粵：魯；普：lǎo）：潦為雨水，行潦指流動的雨水。10「可薦」兩句互文見義。薦：進獻。羞：進獻。11〈采蘩〉、〈采蘋〉：兩詩均見《詩經．召南》。12〈行葦〉、〈洞（粵：炯；普：jiǒng）酌〉：兩詩均見《詩經．大雅》。13 昭忠信：昭，彰顯。忠，誠。

譯文

君子說：「誠信不是發自衷心，交換人質也沒有用。彼此相知相諒而後行事，並用禮來約束，即使沒有人質，又有誰能離間他們呢？如果能有明信，那麼，山溝、池沼裏的植物，蘋、蘩、薀、藻之類的野菜，筐、筥、錡、釜等器皿，低窪的止水和流動的雨水，都可以進獻給鬼神，也可以進獻給王公。何況君子建立了兩國的信任，依禮行事，又哪裏用得着人質呢？《國風》中有〈采蘩〉、〈采蘋〉，《大雅》中有〈行葦〉、〈泂酌〉，這些詩就是為了彰顯誠信的。」

三　石碏大義滅親

隱公三、四年（前七二〇——前七一九年）

《傳》文開篇追敘衞莊公娶諸妻之事，從齊莊姜轉出陳厲嬀，從厲嬀轉出其娣戴嬀，從戴嬀轉出桓公，然後以州吁（粵：虛；普：xū）綰結上文，再以「莊姜惡之」為石碏（粵：綽；普：què）諫諍作先導。石碏針對莊公寵愛州吁的一段諫辭，層次清晰，義理綿密。開首明言，為人父者，當以義方教子，不使其子入於邪道，驕、奢、淫、泆就是走上邪道的根由，而溺愛正是四者之所由生。「寵祿過也」與上文的「有寵」互相呼應，暗示寵愛州吁，必將使他入於邪道。石碏指出，如果打算立州吁為太子，就要盡快定下來，如果不定下來，只會釀成禍亂。接着石碏論證寵必致禍的道理，寵、驕、降、憾、眕頂針連屬，一氣呵成，以「鮮矣」二字猛然煞住，顯得剛勁有力。然後分敍「六逆」、「六順」，照應桓公（名完）為夫人娣子、莊姜以為己子與州吁為嬖人之子，一順一逆，正反對立，點明「去順效逆」的害處，指出為君者當去掉禍害收結。衞莊公不聽。石碏之子石厚與州吁交往，石碏禁止，不果。到衞桓公即位，石碏便告老。

衞桓公十六年（魯隱公四年），州吁果然作亂，弒君自立。

州吁即位之初，想借對外用兵，達致安內的目的，這暴露了其「好兵」的本性。州吁慫恿宋國攻打鄭國，並聯合陳、蔡兩國一起興兵伐鄭，圍攻鄭國國都，五天後才收兵。魯隱公問大夫眾仲：州吁會否成功？眾仲指出，只有有德者才能和民，像州吁這樣安於殘忍、倚仗武力，妄想以亂和民，必致眾叛親離，注定最後失敗。眾仲一句「必不免矣」，斷言州吁必不能免於災禍，為石碏以計誅州吁作鋪墊。

同年秋天，衞國再發動陳、蔡、宋、魯等國的軍隊，攻打鄭國。諸侯的軍隊打敗了鄭國的步兵，割取了那裏的穀子才回國。

州吁一再用兵，還是沒法達到和民的目的。石厚於是問計於石碏。石碏指出，當時陳桓公得到周天子寵信，可經陳桓公傳達州吁覲見周天子的請求。石碏這提議，是請君入甕，州吁和石厚上當了。石碏暗中請求陳君，在州吁和石厚朝見陳君時，除掉他們。陳國把兩人抓住，然後請衞國派人往陳國處置他們。衞國派右宰醜到濮（衞地）誅殺州吁，而石碏則派家宰獳羊肩到陳國誅殺石厚。《傳》文以石碏諫君和勸子發端，而以大義滅親終結。

儒家素來強調「親親相隱」，孔子就說過：「父為子隱，子為父隱，直在其中矣。」父子相隱，出於人之常情。所謂「直」，即指出於真誠的情感。「親親相隱」與「君子」說的「大義滅親」，着眼點有所不同，不相排斥。石碏面對關乎國家存亡的大是大非，不得不放下私情，誅滅弒君亂國的兒子，實為法理所當然。「君子」讚賞石碏的做法，貫徹了《春秋》要使「亂臣賊子懼」的撰作目的。

衛莊公娶于齊東宮得臣之妹[1]，曰莊姜[2]，美而無子，衛人所為賦〈碩人〉也[3]。又娶于陳[4]，曰厲嬀[5]，生孝伯，早死。其娣戴嬀[6]，生桓公[7]，莊姜以為己子。公子州吁，嬖人之子也[8]，有寵而好兵，公弗禁。莊姜惡之。石碏[9]諫曰：「臣聞愛子，教之以義方[10]，弗納於邪[11]，驕、奢、淫、泆[12]，所自邪也[13]。四者之來，寵祿過也[14]。將立州吁[15]，乃定之矣；若猶未也[16]，階之為禍[17]。夫寵而不驕，驕而能降[18]，降而不憾，憾而能眕者[19]，鮮矣[20]。且夫賤妨貴[21]，少陵長[22]，遠間親[23]，新間舊[24]，小加大[25]，淫破義[26]，所謂六逆也[27]。君義，臣行[28]，父慈，子孝，兄愛，弟敬，所謂六順也。去順效逆[29]，所以速禍也。君人者，將禍是務去[30]，而速之，無乃不可乎[31]？」弗聽。其子厚與州吁游，禁之，不可。桓公立，乃老[32]。

注釋

1 衛：諸侯國名，姬姓，在今河南淇縣、滑縣一帶。衛莊公：名揚，即位於周平王十四年（前七五七年），即春秋前三十五年。齊：諸侯國名，姜姓，疆域大致在今山東偏北大部分和河北西南部，國都在今山東臨淄一帶。東宮：本來是指太子居住的地方，故借指太子。得臣：齊莊公之太子。2 莊姜：衛莊公的夫人，莊是丈夫謚號，姜是娘家之姓。3 所為：介詞結構，放在動詞前，表示動作行為的對象。賦：創作。〈碩人〉：《詩經．衛風》中讚美莊姜的詩。詩文有云：「碩人其頎，衣錦褧衣。齊侯之子，衛侯之妻。東宮之妹，邢侯之姨，譚公維私。手如柔荑，膚如凝脂，領如蝤蠐，齒如瓠犀。螓首娥眉，巧笑倩兮，美目盼兮。」4 陳：諸侯國名，媯姓，在今河南開封以東、安徽亳縣以北。5 厲媯（粵：閨；普：guī）：衛莊公的夫人，厲為其謚號，媯是娘家之姓。6 娣（粵：弟；普：dì）：女弟，妹妹。戴媯：隨厲媯出嫁的妹妹，戴為其謚號，媯是娘家之姓。古人嫁女，每以姪娣從。7 桓公：名完。8 嬖（粵：譬／閉；普：bì）人：得寵幸的人。這裏指寵妾。9 石碏：衛大夫。10 義方：同義複合詞，義道，行事應該遵守的規範和道理，相對下文的「邪」而言。方，道理。11 納：使入。邪：邪道。12 驕：恃己淩物；奢：夸矜僭上；淫：嗜欲過度；泆（粵：日；普：yì）：放縱無度。13 所自邪也：猶言邪所自也，指由此四者，則必至於邪。所自，介詞結構，放在動詞前，表示動作行為的途徑。14 寵祿過也：寵幸太過。15 將：欲。16 若猶：「若」、「猶」同義，表示假設，指「如果」。17 階：階梯。這裏用作動詞，指導使之為禍亂。

18降：這裏指安於地位下降。19憾：恨。眕（粵：診；普：zhěn）：《說文》：「目有所恨而止也。」意謂有所恨而能抑止自己，即能自我克制，僅止於恨，而不採取進一步行動。20鮮（粵：癬；普：xiǎn）：借為尟，即少之意。21妨：妨害。賤妨貴：此以地位言，完為夫人娣子，貴；州吁為嬖人子，賤。22陵：借為夌，《說文》：「夌，越也。」少陵長：此以年齡言，完長，州吁少。23遠間親：此以親疏言，完親，州吁疏。24新間舊：此以歷史關係言。25加：欺侮。26淫破義：淫亂姦邪破壞道義。27逆：倒逆，指顛倒禮義的行為。28臣行（粵：幸；普：xíng）：履行臣道，盡臣之本份。29去順效逆：去，作及物動詞用，舊讀上聲。30禍是務去：務去禍的倒裝。務，全力以赴。31無乃：副詞，表示肯定的語氣，相當於「恐怕」。32老：告老退休。

譯文

衞莊公娶了齊國太子得臣的妹妹，名為莊姜。莊姜美貌而沒有孩子，衞人為她寫了〈碩人〉這首詩。衞莊公又取妻於陳國，名叫厲嬀，生了孝伯，孝伯很小就死了。厲嬀的妹妹戴嬀，生了桓公，莊姜把他當作自己的兒子。公子州吁，是莊公寵妾的兒子，受到莊公的寵愛而喜歡武事，莊公不加禁止。莊姜則討厭他。石碏勸諫莊公說：「我聽說愛孩子，應當用正道教導他，使他不要走上邪路。驕傲、奢侈、淫欲、放縱，是走上邪路的來由。這四種惡行之所以發生，是由於寵愛太過份的緣故。如果想立州吁為太子，那就定下來；如果還沒有定下來，這就會逐漸釀成禍亂。受寵而不驕傲，驕傲而能安於地位下降，安於地位下降而不怨恨，怨恨而能克制的人，是很少的。而且，卑賤的妨害尊貴的，年少的凌駕年長的，關係疏遠的取代親近的，新人取代舊人，弱小的欺侮強大的，淫亂姦邪破壞道義，這就是六逆。國君行事合乎義，臣下履行臣道，父親慈愛，兒子孝順，兄長友愛，弟弟恭敬，這就是六順。去掉順而效法逆，這就會使災禍很快到來。身為人君，應該致力於去掉禍害，現在卻加速它的到來，恐怕不可以吧？」莊公不聽。石碏的兒子石厚和州吁交往，石碏禁止，沒有用。衞桓公即位，石碏就告老退休。

四年，春，衞州吁弒桓公而立。公與宋公為會[1]，將尋宿之盟[2]，未及期，衞人來告亂。夏，公及宋公遇於清[3]。

注釋

1公：指魯隱公。宋公：指宋殤公。2尋：重溫。宿之盟：在魯隱公元年，魯國和宋國曾在宿這個地方會盟。宿，諸侯國名，風姓，在今山東東平東南。3遇：會面。諸侯未及會期而相見，就像相遇於道路，故稱。清：地名，衞邑，在今山東東阿南。

譯文

魯隱公四年春，衞國的州吁殺了衞桓公而自立為國君。魯隱公和宋殤公會面，打算重溫以前宿地盟會所建立的友好關係。還沒有到預定的日子，衞國人來報告發生叛亂。夏，未到會期，魯隱公和宋殤公便在清會面。

宋殤公之即位也，公子馮出奔鄭，鄭人欲納之[1]。及衞州吁立，將修先君之怨于鄭[2]，而求寵於諸侯，以和其民[3]。使告於宋曰：「君若伐鄭，以除君害[4]，君為主，敝邑[5]以賦與陳、蔡從[6]，則衞國之願也。」宋人許之。於是陳蔡方睦於衞[7]，故宋公、陳侯、蔡人、衞人伐鄭，圍其東門，五日而還。

注釋

1納之：用兵送（公子馮）回宋國。納，入。這裏是使動用法。2修先君之怨：報復前代國君結下的舊怨。鄭莊公、桓公以上各君與衞世有戰爭。3和其民：使其人民和協。4君害：指宋公子馮出奔在外，欲與宋殤公爭君位。害，禍害。5敝邑：對外國人謙稱己國。敝，謙稱自己一方的事物，猶言不美、不好等。6賦：兵賦，即戰爭的人力物力。蔡：諸侯國名，姬姓，周武王弟蔡叔度之後，在今河南上蔡西南。7於是：當是時。方：正。睦：親睦友好。

譯文

宋殤公即位的時候，公子馮逃亡到鄭國，鄭國人打算用兵送他回國。等到衞州吁自立為君，打算向鄭國報復前代國君結下的舊怨，藉此討好各國諸侯，並使其人民和協。他派人到宋國對宋殤公說：「國君如果攻打鄭國，以除掉國君的禍害（指公子馮），國君作為主人，敝國將提供人力物力，和陳國、蔡國一起隨國君出兵，作為您的從屬力量，這是衞國的願望。」宋國人答應了。這個時候陳國、蔡國正和衞國友好，所以宋公、陳侯、蔡人、衞人聯合攻打鄭國，包圍了鄭國國都的東門。五天後才退兵。

公問於眾仲曰[1]：「衞州吁其成乎？」對曰：「臣聞以德和民，不聞以亂[2]。以亂，猶治絲而棼之也[3]。夫州吁，阻兵而安忍[4]。阻兵，無眾；安忍，無親。眾叛、親離，難以濟矣[5]。夫兵，猶火也；弗戢[6]，將自焚也。夫州吁弒其君，而虐用其民，於是乎不務令德[7]，而欲以亂成，必不免矣。」

注釋

1 眾仲：魯國大夫。2 亂：指用兵伐鄭。3 棼（粵：焚；普：fén）：紛亂。4 阻兵：倚仗武力。阻，倚仗。安忍：安於殘忍。5 濟：成功。6 戢（粵：輯；普：jí）：止息。7 於是乎：連詞，表示前後兩項有因果關係，相當於「於是就」。

譯文

隱公向眾仲詢問說：「衛國的州吁會成功嗎？」眾仲回答說：「我聽說用德行安定百姓，沒有聽說用禍亂安定百姓的。用禍亂，就如同理絲的頭緒反而弄得更紛亂。州吁這個人，倚仗武力並且安於殘忍。倚仗武力，就失去大眾；安於殘忍，就失去親信。大眾背叛，親近離去，難於成功了。武事，就像火一樣，不加以制止，將會燒到自己。州吁殺了他的國君，又虐待勞役百姓，於是就不致力於建立美德，反而想通過禍亂取得成功，一定不免於禍難了。」

秋，諸侯復伐鄭。宋公使來乞師，公辭之。羽父請以師會之[1]，公弗許。固請而行[2]，故書曰[3]：「翬帥師。」疾之也[4]。諸侯之師敗鄭徒兵[5]，取其禾而還[6]。

注釋

1羽父：公子翬（粵：輝；普：huī）的字。魯國大夫。2固：堅決。3書：指《春秋經》的記載。4疾之：憎惡他不聽公命。5敗鄭徒兵：古時多為車戰，此言僅敗其徒兵（步兵），足見鄭國雖敗，但未受大創。6禾：本指穀（小米），後為百穀的通稱。

譯文

秋，諸侯再次攻打鄭國。宋殤公派人前來魯國請求救兵，魯隱公推辭了。羽父請求出兵會合，隱公不同意。羽父堅決請求後便前往，所以《春秋》記載說：「翬帥師。」這是表示憎惡他。諸侯的軍隊打敗了鄭國的步兵，割取了那裏的穀子後才回國。

州吁未能和其民，厚問定君於石子[1]。石子曰：「王覲為可[2]。」曰：「何以得覲？」曰：「陳桓公方有寵於王[3]。陳、衛方睦，若朝陳使請[4]，必可得也。」厚從州吁如陳。石碏使告于陳曰：「衛國褊小[5]，老夫耄矣[6]，無能為也。此二人者，實弒寡君[7]，敢即圖之[8]。」陳人執之，而請涖于衛[9]。九月，衛人使右宰醜涖殺州吁于濮[10]。石碏使其宰獳羊肩涖殺石厚于陳[11]。

君子曰：「石碏，純臣也[12]。惡州吁而厚與焉[13]。大義滅親，其是之謂乎[14]！」

注釋

1 定君：安定君位。石子：指石碏。2 覲（粵：gen6／謹；普：jìn）：諸侯朝見天子。王覲，即覲王的倒裝。3 陳桓公：此時陳桓公未卒，而稱其謚號，或是《左傳》作者偶誤。4 朝陳：朝見陳桓公。朝，諸侯相見。使請：求陳桓公向周天子請求。5 褊（粵：扁；普：biǎn）小：狹小。6 老夫：大夫七十歲以上自稱。耄（粵：冒；普：mào）：

年老。7寡君：臣子對他國人謙稱本國君主。8敢：敢請。即：就，就此機會。圖：謀劃，打主意。9涖（粵：利；普：lì）：蒞臨，前來。指陳人執州吁與石厚，而請衞人自來討殺二人。10右宰：衞國官名，或因以為氏。醜：人名。濮：陳國地名，在今安徽亳縣東南。11宰：家臣之長。獳（粵：neu^{6}；普：nòu）羊肩：石碏的家臣。12純臣：純正無私之臣。13與（粵：喻；普：yù）：這裏指一同被戮。14其：副詞，表示測度的語氣，相當於「大概」。

譯文

州吁沒能安定國民，於是石厚便向石碏請教安定君位的方法。石碏說：「朝見周天子，君位就可以安定了。」石厚問：「怎麼才能朝見周天子呢？」石碏答道：「陳桓公正受到周天子寵信，陳國和衞國的關係又和睦，如果去朝見陳桓公，讓他向周天子請求，一定能達到目的。」石厚跟隨州吁到陳國去。石碏派人告訴陳國君說：「衞國地方狹小，我年紀老邁，沒有甚麼作為了。來的那兩個人，正是殺害我們國君的兇手，敢請借此機會處置他們。」陳國人將州吁和石厚抓住，並到衞國請人來處置他們。這年九月，衞國派遣右宰醜到陳國的濮殺了州吁。石碏也派家臣獳羊肩到陳國殺了石厚。

君子說：「石碏真是一個純正無私的臣子。痛恨州吁，而石厚與州吁一同被戮。大義滅親，大概說的是這種情況吧！」

四　臧僖伯諫觀魚 隱公五年（前七一八年）

魯隱公將到邊地棠邑觀看捕魚，受到臧（粵：裝；普：zāng）僖伯勸阻。臧僖伯的諫辭，闡明古田獵之禮背後的重大意義。臧氏慷慨陳辭，開首便說：凡是物品不足以講習國家大事（即祭祀與兵戎），而它的材料又不能製作大事的器用（禮器與軍備），國君就不能有所舉動。然後就國君的名位立言，申明君主是將人民納入「軌物」的人：國君講習大事以揆正禮法叫做軌，選取材料以章明大事器用之物采叫做物。舉事不合禮法，浪用不關大事器用的物品，就是亂政。屢次施行亂政，便會招致敗亡。臧氏接着通論四時田狩，國君在農閒之時舉行大蒐禮，名稱依四季而別，有春蒐、夏苗、秋獮、冬狩。而大蒐禮無非是為了講習軍事和祭祀宗廟。在講習軍事方面，田獵和戰爭的方式基本相同，不僅用着同樣的裝備，同樣要排列陣勢，進攻時都要駕車追逐射擊，對目的物同樣要採取圍捕的方式，也都必須服從指揮，違命者依法處罰。有着這麼多的相同點，就很自然地藉田獵講習軍事。每三年舉行一次不借用田獵的純軍事檢閱和演習，外出整治隊伍，凱旋歸來則先行告廟，然後大宴群臣，論功行賞。大蒐之時，各級軍士都有一定的車服旌旗和鼓鐸鐲鐃，依照貴賤長幼序次排列。臧僖伯寥寥數語便把大蒐禮及軍事訓練的作用和盤托出，使人知曉田獵不光是為了獵取鳥獸，最重要的是示民以禮，是君主治國的重要手段。《左傳》僖公二十七年（前六三三年）記晉大夫子犯答晉文公可否用其民以霸時說：「民未知禮，未生其共。」晉文公「於是乎大蒐以示之以禮」。蒐於被廬後，晉人便聽從晉文公的指揮，促成其一戰而稱霸天下的大業。除了藉田獵講習軍事外，國君也要依時田獵以供祭祀所需的物資。田獵時射殺鳥獸，古有定法，鳥獸的肉要是不充作祭祀的俎實，而其皮革齒牙、骨角毛羽不用於製成供大事所用的器物，則國君不能射殺這種鳥獸。木材樵薪之類，菱芡魚蟹之屬，即一般山川物產，不足以講大事，與四時田獵之攸關國家大事者迥別，不過是皂隸賤者的職份，根本不是國君的份內之事。要言之，臧僖伯的諫辭指出大蒐禮有着體政治民的重大意義，是人君的職責。魯隱公此次捕魚，非為國家大事，為的只是賞玩娛樂，是不合禮的行為。隱公在臧僖伯的嚴厲規諫下，只好託辭觀漁是為了巡察邊境。《左傳》用「陳魚而觀之」來解釋《春秋經》文中的「矢魚」。矢魚即陳魚，而陳漁而觀之，就是說隱公使捕魚之人陳設捕魚的器備，而自己則從旁觀看，以為戲樂。《左傳》這樣闡發經文所包含的書法大義：觀漁已是非禮，跑到老遠的邊境去，其非禮尤甚。

在臧僖伯之辭裏，我們可以發現孔子「正名」說的源頭。春秋時期，社會混亂，陷入了失範的狀態。人人不安其位，不再承認既定的社會界限，自然也不再按照自己所屬地位的規範去做事。這些越軌的行為造成了社會的混亂。社會失範，凝聚群眾的因素也隨之消失，人與人之間的交往只能建基於利益關係。孔子為了重建社會秩序，主張為政者應以劃清社會界限為急務。此即「正名」思想要旨所在。「名」等同於地位，而廣義的「禮」則等同於規範。名之於禮，猶地位之於角色，實為一體兩面。根據現代社會學理論，個體在所處的社會體系（social system）中都有其地位（status），整個社會體系裏又包括了無數層次不同、大小有別的社會體系。個體在不同社會體系裏會有不同的地位，而每個地位都有與之相應的規範，包括應盡的義務與該享的權利。每個地位的規範的總和叫作角色（role）。角色是地位的動態表現，而地位是角色的靜態描述，二者一而二、二而一。孔子說的「君君，臣臣，父父，子子」，四組疊字詞，前面一字是靜態地位，後面一字為動態角色。君君說明居君位者，必須履行該地位的職份，同時也不可超越自己職份的範圍。

五年春，公將如棠觀魚者。[1]

注釋

1 公：指魯隱公。棠：亦作「唐」，邑名，在今山東魚臺東北，其地有觀魚臺址。棠處魯、宋兩國邊界。魚：通「漁」，捕魚。觀魚者：即觀看漁人捕魚。者，句末語助詞。

譯文

隱公五年春，魯隱公打算到棠邑去觀看捕魚。

臧僖伯諫曰[1]：「凡物不足以講大事[2]，其材不足以備器用[3]，則君不舉焉。君，將納民於軌、物者也[4]。故講事以度軌量[5]，謂之軌；取材以章物采[6]，謂之物；不軌不物[7]，謂之亂政。亂政亟行[8]，所以敗也[9]。故春蒐、夏苗、秋獮、冬狩[10]，皆於農隙以講事也[11]。三年而治兵，入而振旅[12]，歸而飲至[13]，以數軍實[14]。昭文章[15]，明貴賤，辨等列，順少長[16]，習威儀也。鳥獸之肉不登於俎[17]，皮革、齒牙、骨角、毛羽不登於器[18]，則公不射[19]，古之制也。若夫山林川澤之實，器用之資，皁隸之事[20]，官司之守，非君所及也。」

注釋

1 臧僖伯：魯國公子，即公子彄（粵：溝；普：kōu），字子臧，孝公之子，封於臧，後人以臧為氏，因僖伯為臧氏之祖，故僖伯之上追加「臧」，僖是謚號，伯是排行。2 物：這裏指下文所說的鳥獸之物。講：講習。大事：「國之大事，在祀與戎」（《左傳》成公十三年），指祭祀和軍事。3 材：材料。這裏指下文的皮革、齒牙、骨角、毛羽一類東西。器用：和下文的「器」都是指用於大事（祭祀和軍用）的物資。4 納：納入。軌、物：軌物同義，指法度或禮制。5 度（粵：鐸；普：duó）：動詞，揆正。軌量：軌量為同義連綿詞，指法度。6 章：明。物采：物采為同義連綿詞，即物色采章。7 不軌不物：舉事不合法度，使用不關大事器用的物采。8 亟：屢次。9 所以敗也：為敗亡的原因。10 蒐（粵：收／手；普：sōu）：「蒐」和下文的「苗」、「獮」（粵：癬；普：xiǎn）、「狩」，分別為夏正春夏秋冬四季狩獵的稱呼。11 農隙：農功空隙，即農閒之時。12 治兵、振旅：「治兵」與下文的「振旅」都是整治隊伍的意思，是古代的一種軍事演習活動。外出稱治兵，歸來稱振旅。13 飲至：凡國君出外朝覲、會盟、征伐，行時必告於宗廟，還時亦必告於宗廟。還時之告，於從者有慰勞，有功者獲得策勳或書勞，稱為飲至。14 數：計算，清點。軍實：這裏指軍中所有人員、器物及其所俘獲。15 昭：明。文章：文采鮮明，這裏指車服旌旗等器物上用以區分尊卑貴賤的紋飾。16 順少長：出則幼賤在前，入則尊老在前。17 登：升載。俎：祭祀時用以盛載牲肉的禮器。18「皮革齒牙骨角毛羽」前省略了定語「鳥獸之」。不登於器：不用於祭祀與軍備的器物。19射：指田獵射殺鳥獸，或指祭祀射牲。20皁（粵：皂；普：zào）隸：賤役。皁，同「皂」。

譯文

臧僖伯進諫說：「凡是鳥獸之物，如果不能用來講習祭祀和軍事，它的材料不能用來製造祭祀和軍事的物資，國君就不會對它有所舉動。國君是要把人民的行為納入法度和禮制之內的人。因此，用講習大事來揆正法度，就叫做『軌』，選取材料來彰顯器物的文采，就稱為『物』。舉事不合乎法度禮制，使用不關大事器用的物采，就叫做『亂政』。亂政屢現，就是國家敗亡的原因。因此，春蒐、夏苗、秋獮、冬狩，都是在農閒之時講習武事。每隔三年外出整治軍隊一次，進入國都再整治隊伍一次，回來祭告宗廟，策勳書勞，清點軍中所有人員、器物及其所俘獲。文采昭彰，貴賤分明，等級有別，少長有序，這都是講習威儀。如果鳥獸的肉不能升載於俎上，它們的皮革、齒牙、骨角、毛羽不能用於軍用的器物，國君就不去射它們，這是自古以來的制度。至於那些山林川澤中的物產，一般器物的材料，那都是賤役的事，官吏的職責，並非國君所應涉及的。」

公曰：「吾將略地焉。[1]」遂往，陳魚而觀之[2]。僖伯稱疾不從。

注釋　1略地：巡行視察邊境。棠處魯、宋交界，故云。2陳：陳設。

譯文　魯隱公說：「我是要去巡視邊境。」就前往棠邑，在那裏觀看陳設捕魚器具。臧僖伯託稱有病，沒有隨從前往。

書曰：「公矢魚於棠[1]。」非禮也[2]，且言遠地也[3]。

注釋　1矢：通「陳」，陳設。2非禮：不合於禮。3遠地：棠距魯都曲阜遙遠，故稱「遠地」。

譯文　《春秋》記載說：「魯隱公在棠邑陳設捕魚器具。」這是由於魯隱公此一舉動不合禮制，並且譏諷他跑到遠離國都的棠邑去。

五　曹劌論戰

莊公十年（前六八四年）

《傳》文寫齊、魯長勺之戰，以對話為主，輔以記事，由戰前準備到作戰經過，再到戰後分析，始終以曹劌論戰貫穿其中，主題突出，用筆精警。文章主題在於表現曹劌深謀遠慮、才能卓越。戰前的兩段對話，一是曹劌與鄉人的對話，以鄉人的不問國事，反襯曹劌熱心為國，拈出「遠謀」二字，確立全文眼目。二是曹劌與莊公的對話，以莊公襯托曹劌。齊強魯弱，魯憑甚麼應戰至為關鍵。此段記載由「何以戰」一問領起，三答三評，反覆遞進，先斷言小惠、小孚不足為出戰的倚靠，最後說出信實公正、盡心為民方為出戰的先決條件。寫戰爭，其中細節，一概從略，只就莊公與曹劌就擊鼓、追擊所作對話略作點染，而曹劌深具謀略已然表露無遺。「將鼓」、「將馳」，盡顯莊公的急躁冒進，與曹劌的嚴謹從容，對比鮮明。一再說出「未可」與「可矣」，簡括緊湊，決斷精明。決戰之時，千鈞一髮，故只道未可與可，而未遑解說，令人產生懸念，為莊公之問設下伏線。末尾照應上文，以點破未可與可之所以然作結。

從傳世及出土文獻所見，曹劌之劌，或作「沫」（《史記．刺客列傳》等）、「翽」（《呂氏春秋．貴信》等）、「蔑」（《上海博物館藏戰國楚竹書（四）．曹沫之陳》），蓋同音通假。《左傳》所記曹劌事跡，還見於莊公十三年（前六八一年）的諫莊公如齊觀社。

曹劌與莊公就應戰所憑的問答，相當巧妙。曹劌問靠甚麼應戰，莊公不說可出多少車乘徒兵，而是說自己施惠百姓、不誣神明，但都被曹劌否定。莊公最後說自己據實情斷案，這才得到曹劌的贊同。曹劌指出，據實情斷案是國君盡心為民的表現。《左傳》桓公六年記隨大夫季梁曰：「臣聞小之能敵大也，小道大淫。所謂道，忠於民而信於神也。上思利民，忠也；祝史正辭，信也。」小國所以能抵禦大國，在於小國得道而大國淫虐失道。跟曹劌所說的一樣，「忠」指竭誠盡心。國君能竭誠盡心為人民謀取福利，就能得人心，從而能得人死力、以小敵大。

十年春，齊師伐我[1]。公將戰[2]。曹劌請見[3]。其鄉人曰[4]：「肉食者謀之[5]，又何間焉[6]？」劌曰：「肉食者鄙[7]，未能遠謀。」乃入見，問：「何以戰？」公曰：「衣食所安[8]，弗敢專也[9]，必以分人。」對曰：「小惠未徧[10]，民弗從也。」公曰：「犧牲玉帛[11]，弗敢加也[12]，必以信。」對曰：「小信未孚[13]，神弗福也[14]。」公曰：「小大之獄[15]，雖不能察，必以情[16]。」對曰：「忠之屬也[17]，可以一戰。

戰，則請從。」

注釋

1 我：指魯國。2 公：指魯莊公。3 見：音「現」，覲見。4 鄉：基層行政區劃單位，其範圍在國都以外和郊以內。周制，一萬二千五百家為鄉。鄉人：同一鄉之人。5 肉食者：即食肉者，吃肉的人。大夫以上之人，每日必食肉，故稱做官有俸祿的人為肉食者。6 間（粵：諫；普：jiàn）：參與其中。7 鄙：鄙陋，指目光短淺。8 衣食所安：所安衣食的倒裝。9 專：專有，獨佔。10 小惠：小恩小惠。徧：同「遍」，這裏指遍及眾人。11 犧牲玉帛：祭祀物品。犧牲，祭禮所用的牛、羊、豕。玉，玉器，圭璋之類；帛，束帛，絲織物，皆用作祭品。12 加：《說文》：「語相譄加也。」指誇大虛報。13 信：誠信，指如實說出。孚：這裏指大信。14 福：動詞，保祐。15 獄：訴訟案件。16 情：情實，指事物的真實情況。17 忠：竭誠盡心。屬：類。

譯文

魯莊公十年春，齊國軍隊攻打魯國。魯莊公準備應戰，曹劌請求晉見。他同鄉的人說：「吃肉的人會謀劃這件事，你又何必參與其中呢？」曹劌說：「吃肉的人目光短淺，沒有深謀遠見。」於是他入宮覲見，問莊公：「您靠甚麼跟齊國打仗？」莊公答道：「暖衣飽食，我不敢獨自享用，一定分給眾人。」曹劌說：「這種小恩小惠沒有遍及眾人，他們不會跟隨您去打仗的。」莊公說：「祭祀所用犧牲玉帛，我不敢誇大虛報，禱告時一定如實說出。」曹劌答道：「小小的誠信，還不是大信，神靈不會保祐您。」莊公說：「大大小小的訴訟案件，雖然不能一一明察，但必定按照實情斷案。」曹劌說：「這是竭誠盡心為百姓辦事，可以憑這點跟齊國打仗。作戰時，請讓我跟隨您前去。」

公與之乘[1]。戰於長勺[2]。公將鼓之[3]，劌曰：「未可。」齊人三鼓。劌曰：「可矣。」齊師敗績[4]。公將馳之，劌曰：「未可。」下，視其轍[5]，登，軾而望之[6]，曰：「可矣。」遂逐齊師。

注釋

1乘（粵：承；普：chéng）：乘戰車。這裏指魯莊公與曹劌同乘一輛戰車。2長勺：魯國地名，在今山東曲阜東。3鼓：擊鼓進軍。4敗績：車覆曰敗績。這裏是用戰車倒翻表示齊師大敗。5轍：車轍，車輛駛過地面所留下的痕跡。6軾：車廂前面供乘者扶靠的橫木。這裏用作動詞，指靠着軾木遠望。

譯文

莊公和曹劌同乘一輛戰車，在長勺同齊軍交戰。莊公準備擊鼓進軍。曹劌說：「還不行。」齊軍擊了三通鼓。曹劌說：「可以擊鼓了。」齊軍大敗。莊公準備驅車追趕齊軍。曹劌說：「還不行。」曹劌下了車，察看齊軍的車轍，然後登上車，靠着車前橫木遠望齊軍，說：「可以追擊了」。就追擊齊軍。

既克[1]，公問其故。對曰：「夫戰，勇氣也。一鼓作氣[2]，再而衰[3]，三而竭[4]。彼竭我盈，故克之。夫大國，難測也，懼有伏焉[5]。吾視其轍亂，望其旗靡[6]，故逐之。」

注釋

1 克：勝。2 鼓：擂鼓。作氣：鼓足勇氣。3 再：第二次。4 竭：盡。5 伏：埋伏。6 靡（粵：尾；普：mǐ）：倒下。

譯文

戰勝之後，莊公問曹劌當中的原因。曹劌回答說：「打仗，靠的是勇氣。第一通擊鼓時士兵們鼓足了勇氣，第二通擊鼓時勇氣就有所衰退，第三通擊鼓時勇氣便耗盡了。敵人耗盡了勇氣，而我軍勇氣正旺盛，所以能得勝。大國（用兵作戰）難以捉摸，恐怕他們設兵埋伏。我看他們的車轍混亂，望見他們的旗幟已經倒下，（知道他們是真的潰敗），所以才追擊他們。」

六　齊桓公伐楚

僖公四年（前六五六年）

《傳》文敍寫齊、楚爭衡，以幾段辭令為主體，以簡短的記事為銜接的關節，展現齊桓公不用武力而以德綏諸侯的圖景。全文發端於齊桓公率領一眾諸侯國軍隊侵伐楚國與蔡國。蔡人潰敗，諸侯軍隊順勢伐楚，引出楚王使者與管仲的對答。管仲以「王祭不共」、「昭王不返」為出師之名，堂然皇然，雍容得體，盡顯尊天子以安天下的霸者風範。而楚使言對，亦不亢不卑，有理有力。其後齊桓公與楚屈完兩問兩答，機鋒詞采，精警百出。而此番辭令，足以平息干戈，促成召陵之盟，其威力可以想見。齊桓公兵臨楚國，只為展示軍力使其不敢陵暴中原，其進與退，均足以顯揚德義。

魯僖公七年，齊桓公率諸侯之師與鄭伯盟於寧母，管仲勸齊侯以禮與信會聚諸侯，可與此《傳》合看。

古人有云：「三寸不爛之舌，強於百萬之師。」（《史記・平原君虞卿列傳》）《傳》文所記春秋賢士的文辭，正有這種威力。襄公二十五年（前五四八年）《傳》文記載孔子說：「《志》有之：『言以足志，文以足言。』不言，誰知其志？言之無文，行而不遠。晉為伯，鄭入陳，非文辭不為功。慎辭也。」孔子極之重視文辭，認為晉文公成就霸業、鄭國攻入陳國，皆得力於文辭之助。《傳》文着力於記錄文辭，與孔子的主張密合無間。

四年春[1]，齊侯以諸侯之師侵蔡[2]。蔡潰[3]，遂伐楚。

注釋

1 四年：指魯僖公四年，即前六五六年。2 齊侯：指齊桓公。齊屬侯爵，故稱齊侯。諸侯之師：當時與齊國一起參加這次戰爭的有魯、宋、陳、衞、鄭、許、曹等國。蔡是楚的盟國，「侵蔡」是「伐楚」之前奏。3 潰：瓦解，逃散。

譯文

魯僖公四年春，齊桓公率領幾個諸侯的軍隊攻打蔡國，蔡軍潰敗，他們就接着攻打楚國。

楚子使與師言曰[1]：「君處北海[2]，寡人處南海，唯是風馬牛不相及也[3]，不

虞君之涉吾地也，何故？[4]」管仲對曰[5]：「昔召康公命我先君大公曰[6]：『五侯九伯[7]，女實征之[8]，以夾輔周室[9]。』賜我先君履：東至于海，西至于河，南至于穆陵，北至于無棣[10]。爾貢包茅不入[11]，王祭不共[12]，無以縮酒[13]，寡人是徵[14]；昭王南征不復[15]，寡人是問。」曰：「貢之不入，寡君之罪也，敢不共給[16]？昭王之不復，君其問諸水濱[17]。」師進，次于陘[18]。

注釋

1 楚子：指楚成王。楚，相對中原諸侯而言，屬南蠻，故被稱為子爵。2 處（粵：tsy^2；普：chǔ）：居住。北海：這裏指北方，下文的「南海」指南方。古人以為中國之四周皆海，故云。這裏所說的北海、南海非實指，猶言極北、極南，只是說齊、楚兩國相隔很遠。3 唯：句首語氣詞。風馬牛不相及：指牝（粵：pan^5；普：pìn）馬牡（粵：某；普：mǔ）牛互不相干。這句話字面的意思是，牛馬殊類，雖值發情，也互不相干。風，馬和牛在發情期互相引誘、追逐。楚王之意，是說楚、齊兩國地域相隔既遠，彼此又素無瓜葛，猶如牝馬牡牛之互不相及。4 虞：借為「慮」，料想。涉：蹚水而過。這裏指進入，委婉地指入侵。故：原因，是「虞」的賓語。5 管仲：齊國大夫。姓管，名夷吾，字仲。6 召（借為「邵」。粵：紹；普：shào）康公：周文王庶子，名奭（粵：式；普：shì），謚號康，食邑在召（今陝西鳳翔）。武王時封於北燕（今河南鄙城東），成王時為太保。命：命令。先君：已故的君主。大公：太公望，即姜尚，是齊國的始封君主，故尊稱為大公。7 五侯：公、侯、伯、子男五等爵位的諸侯。九伯：九州諸侯之長。五侯九伯泛指各國諸侯。8 女：通「汝」，你。實：句中語氣詞，表示命令或祈使。征：征伐，討伐。9 夾輔：左右輔助。10「東至」四句：海，指渤海和黃海。齊桓公之疆境其實不至於海。河，黃河。穆陵，疑即今湖北麻城北一百里與河南光山、新縣接界之穆陵關。無棣（粵：第；普：dì），齊國北部邊邑，當在今河北盧龍一帶。11 貢：貢物。包：裹束。茅：菁茅，楚國的特產。入：進貢。12 共：同「供」，供給、具備。13 縮酒：古代祭祀時的一種儀式。祭祀之時，先用包茅漉酒去滓，再把酒倒在包茅之上，酒糟留在茅中，酒汁慢慢滲透流下，像神歆饗一樣。14 寡人：寡德之人，古代君主自謙之稱。是：代詞，指包茅不入之事，是動詞「徵」的前置賓語。徵：徵問，追究。15 昭王：周成王之孫周昭王，名瑕。征：行，指巡行。復：返。相傳昭王晚年南巡渡濟漢水時，當地人民怨恨他腐敗，故意給他一隻用膠黏的船。結果船行到江心便沉沒了。「南征而不復」指的就是這件事。以上都是齊國用以攻打楚國的藉口。16 敢：表敬副詞，指豈敢。17 水濱：水邊。18 次：軍隊在一地臨時駐紮。陘（粵：形；普：xíng）：楚國地名，在今湖北應山北。

譯文

楚成王派使節到諸侯軍中對齊桓公說：「您住在北方，我住在南方，即使牡牛牝馬發情也互不相干。沒想到您踏到我的土地上，這是甚麼緣故？」管仲回答說：「從前召康公命令我們先君太公說：『五等諸侯，九州伯長，你都可以征討他們，以便輔佐王室。』召康公賜給我們先君可以征伐的範圍：東到海邊，西到黃河，南到穆陵，北到無棣。你們應當進貢的包茅沒有交納，使周天子的祭祀缺乏物資，不能漉酒請神，我因此特來問罪。周昭王南巡沒有回去，我特來責問這件事。」楚國使者回答說：「貢品沒有交納，是我國君主的過錯，豈敢不供給呢？至於昭王南巡沒有回去，還是請您到水邊去問一問吧。」諸侯軍隊繼續前進，駐紮在陘地。

夏，楚子使屈完如師[1]。師退，次于召陵[2]。

注釋

1屈完：楚國大夫。如：往。師：指進駐陘的諸侯國軍隊。2召陵：楚國地名，在今河南郾城東。

譯文

夏天，楚成王派遣屈完到諸侯軍駐地。諸侯軍隊後撤，駐紮於召陵。

齊侯陳諸侯之師[1]，與屈完乘而觀之[2]。齊侯曰：「豈不穀是為[3]？先君之好是繼。與不穀同好[4]，如何？」對曰：「君惠徼福於敝邑之社稷，辱收寡君，寡君之願也[5]。」齊侯曰：「以此眾戰[6]，誰能禦之？以此攻城，何城不克？」對曰：「君若以德綏諸侯[7]，誰敢不服？君若以力，楚國方城以為城，漢水以為池[8]，雖眾，無所用之。」

注釋

1陳：軍旅佈陣，陳本為大皞之墟的正字，俗假作陣列之「敶」（今作陣）。這裏用作動詞。2乘：共乘。3不穀：不善，是天子或國君對自己的一種謙稱，形容自己是「不善之人」，與自稱「寡人」、「孤」義近。穀，善。古人重視秋收，以有穀物收成為善，故穀有善義。4同好（粵：耗 ；普：hǎo）：共同友好。5「君惠徼福」三句：惠，表敬副詞，指對方這樣做是對我的恩惠。徼（粵：邀；普：yāo），求。敝邑，謙稱自己的國家。社稷，土神和穀神，後用來代指國家。辱，表敬副詞，指齊桓公因與楚君修好，而降低了身分。收，綏、安撫。6眾：指這些軍隊。7綏（粵：雖；普：suí）：安撫。8「君若以力」三句：方城，山名，今桐柏、大別諸山，楚統稱方城，為楚東北面的天然屏障。池，護城河。

譯文

齊桓公將諸侯軍隊排列成陣，與屈完同乘一輛戰車檢閱。齊桓公說：「這難道是為了我嗎？他們是為了繼續先君的友好關係才來到這裏。你們同我們建立友好關係，怎麼樣？」屈完回答說：「承蒙您惠臨敝國求福，安撫我們國君，這正是我們國君的願望。」齊桓公說：「率領這些軍隊作戰，誰能抵擋他們！用這些軍隊攻城，哪個城攻克不了？」屈完回答說：「如果您用仁德來安撫諸侯，哪個敢不順服？如果您使用武力，我們楚國有方城山作為城牆，有漢水作護城河，您的兵馬雖然眾多，恐怕也沒有用！」

屈完及諸侯盟[1]。

注釋

1 盟：訂立盟約。

譯文

屈完代表楚國與眾諸侯國訂立了盟約。

七　宮之奇諫假道

僖公二、五年（前六五八、前六五五年）

《傳》文記晉滅虢、虞的經過，以虞大夫宮之奇的進諫為敘述主體。虞公準備答應晉獻公假道（即借路）的要求，以為晉、虞同宗，必不相害。宮之奇洞知晉人的陰謀，力諫其君，指出虞、虢兩國密切相依，唇亡齒寒；復以桓、莊為喻，說明同族尚且加害，何況只是同姓之國。衡情論理，深切透闢。虞公自詡享祀豐潔，必得神助。宮之奇於是申明德是神依民附的唯一憑據，進而指出晉滅虞後，只要以德奉神，神仍將安享其祭。從虞公與宮之奇的對話可知，二人識見，迥然不同，一個無識愚昧，另一個知德遠謀，互為映襯，刻畫深致。虞公不聽宮之奇之諫，不僅答允晉使所請，且興師助晉伐虢，最終自取滅亡。後段《傳》文記卜偃答晉侯之問，藉童謠中的天文現象預言晉滅虢之期，浮誇生趣，若直接說出，則平淡乏味。

晉荀息請以屈產之乘與垂棘之壁[1]假道於虞[2]以伐虢。公曰[3]：「是吾寶也。」對曰：「若得道於虞，猶外府也。」公曰：「宮之奇存焉[4]。」對曰：「宮之奇之為人也，懦而不能強諫[5]。且少長於君[6]，君暱之；雖諫，將不聽。」乃使荀息假道於虞，曰：「冀為不道[7]，入自顛軨[8]，伐鄍三門[9]。冀之既病[10]，則亦唯君故[11]。今虢為不道，保於逆旅[12]，以侵敝邑之南鄙。敢請假道，以請罪于虢[13]。」虞公許之，且請先伐虢。宮之奇諫，不聽，遂起師。夏，晉里克、荀息帥師會虞師[14]，伐虢，滅下陽[15]。

注釋

1晉：諸侯國名，姬姓，在今山西西南部。荀息：晉大夫，息是其字，黯或為其名。屈：晉國邑名。產：動詞，出產。乘（粵：剩；普：shèng）：馬。垂棘：地名，盛產美玉。2假：借。3公：指晉獻公。4存：在。5懦：懦弱，怯懦。6少長於君：稍長於虞君。7冀：諸侯國名，在今山西河津東北。不道：無道，殘暴。8顛軨（粵：玲；普：líng）：地名，在今山西平陸東北。9鄍（粵：明；普：míng）：虞國邑名，在今山西平陸東北。三門：三面城門。10病：受損。11唯：因。言我伐冀，是為虞復讎擊敵，以此責其還報。12保：同「堡」，這裏用作動詞，指修築碉樓。逆旅：《說文》：「逆迎也。」逆旅，迎接旅客的房舍，即客舍。13請罪：問罪。14里克：晉國大夫。15下陽：

虢國邑名，在今山西平陸東北。

譯文

晉國的荀息請求用屈地出產的馬匹和垂棘出產的玉璧（作禮物），向虞國借路攻打虢國。晉獻公說：「這些都是我的寶貝啊。」荀息回答說：「如果向虞國借到了路，這些東西放在虞國，就好像放在我們自己的外庫一樣。」晉獻公說：「有宮之奇在那裏（，怕不行吧）。」荀息回答說：「宮之奇的為人，懦弱而不能堅決進諫，而且只是稍長於虞君，虞君與他親昵，即使進諫，虞君也不會聽從。」於是派荀息到虞國借路，說：「冀國無道，從顛軨入侵虞國，攻打鄍邑的三面城門。我們討伐冀國，冀國受到損傷，這也是為了國君的緣故。現在虢國無道，在客舍裏修築碉樓，來攻打我國的南部邊境。敢請貴國借路，以便前往虢國問罪。」虞公答應了，而且請求讓自己先去攻打虢國。宮之奇進諫，虞公不聽，於是起兵攻打虢國。夏，晉國的里克、荀息領兵和虞軍會合，攻打虢國，滅掉了下陽。

晉侯復假道於虞以伐虢。

譯文

晉獻公再次向虞國借路去攻打虢國。

宮之奇諫曰：「虢，虞之表也[1]；虢亡，虞必從之。晉不可啟，寇不可翫[2]。一之謂甚，其可再乎[3]？諺所謂『輔車相依，唇亡齒寒』者[4]，其虞、虢之謂也。」

注釋

1 表：相對裏而言，指外部屏障。2「晉不可」二句：啟，開。這裏指招惹。寇，敵寇，敵國的軍隊。翫，同「玩」，用玩耍、不認真態度對待，輕忽。3「一之」二句：甚，過份。其，豈。再，第二次。4 輔：車廂兩旁的夾板。大車載物，必用輔支持，故輔與車有相依的關係。一說，輔為頰輔，即面頰皮肉，車為牙車，即牙牀骨，面頰肉與牙牀骨互相依存。唇亡齒寒，謂嘴唇失去，門牙便會感到寒冷。

譯文

宮之奇進諫說：「虢國是虞國的外部屏障，虢國滅亡了，虞國必跟着滅亡。不可借路給晉國而開啟它的野心，對入侵別國的賊寇不可忽視。借路給晉國一次已很過份，怎麼可以再借路給它呢？俗話說的『輔車相依，唇亡齒寒』，這話說的正是虞國和虢國的情況。」

公曰：「晉，吾宗也[1]，豈害我哉？」對曰：「大伯、虞仲，大王之昭也[2]；大伯不從，是以不嗣[3]。虢仲、虢叔[4]，王季之穆也。為文王卿士，勳在王室，藏於盟府[5]。將虢是滅，何愛於虞？且虞能親於桓、莊乎，其愛之也[6]？桓、莊之族何罪，而以為戮，不唯偪乎[7]？親以寵偪，猶尚害之[8]，況以國乎？」

注釋

1 宗：同宗，晉、虞同為姬姓國。2「大伯」二句：大王，即太王，周朝的先王，名叫古公亶（粵：坦；普：dǎn）父。大伯、虞仲都是太王之子。大伯，即太（泰）伯，是長子；虞仲，是次子，虞始封之君。父子異昭穆，而祖孫同昭穆，周以后稷為始祖，后稷之子為昭，后稷之孫為穆，如是者，奇數之代為昭，偶數之代為穆，古公亶父為后稷之第十二代孫，故為穆，其子泰伯、虞仲、王季則第十三代孫，故為昭。3「大伯不從」二句：大伯不跟隨在側。嗣，繼位。4 虢仲、虢叔：王季，即季歷，虢仲、虢叔皆其子，分別是西虢與東虢國的始封君。季歷為后稷第十三代孫為昭，則虢仲、虢叔為穆。5 盟府：收藏策勳賞賜盟約的官府。6「且虞能」二句：桓，曲沃桓叔。莊，曲沃莊伯。莊伯為桓叔之子，晉獻公是莊伯之孫，是桓叔之曾孫，但晉獻公要殺盡桓叔、莊伯的其他後代。虞之與晉，則不過同為太伯之裔孫而已。7 不唯偪乎：唯，僅僅因為。偪，同「逼」，受寵親近而構成威脅。晉獻公行士蔿陰謀，盡殺群公子。8 猶尚：尚猶。

譯文

虞公說：「晉國是我的同宗，難道會害我嗎？」宮之奇回答說：「太伯和虞仲都是太王的兒子。太伯沒有跟隨在側，所以沒有嗣位。虢仲和虢叔都是王季的兒子，做過周文王的卿士，功勳記在王室，藏在盟府。晉國準備滅掉虢國，對虞國還能有甚麼愛惜？再說虞國跟晉國的關係，還比桓叔、莊伯更親近嗎？如果晉國愛惜親族國家的話，那麼桓、莊的後人有甚麼罪過，而晉獻公把他們都殺了，不就是因為桓、莊的後人對他構成了重大的威脅嗎？親近的人因為受寵而構成威脅，尚且要把他們殺掉，何況是一個國家呢？」

公曰：「吾享祀豐絜，神必據我[1]。」對曰：「臣聞之：『鬼神非人實親，惟德是依。』故《周書》曰[2]：『皇天無親，惟德是輔[3]。』又曰：『黍稷非馨，明德惟馨[4]。』又曰：『民不易物，惟德繄物[5]。』如是，則非德，民不和，神不享矣。神所馮依[6]，將在德矣。若晉取虞，而明德以薦馨香[7]，神其吐之乎[8]？」

注釋

1「吾享祀」二句：享祀，指祭祀。豐，豐盛。絜，通「潔」。據，依、從。2《周書》：逸《書》文，偽古文採入〈蔡仲之命〉。3「皇天」二句：皇天，上天。無親，沒有特別親近的人。輔，輔佐。4「黍稷」二句：逸《書》文，偽古文採入〈君陳〉。

黍稷，祭祀常用之穀物。馨，香。明德，光明之德。5「民不」二句：出自《周書・旅獒（粵：熬；普：áo）》，原作「人不易物，惟德其物」。易，改變、改換。繄（粵：衣；普：yī），對所述事實予以肯定、強調，相當於「是」。6 **馮依**：猶憑依，依附。7 **薦**：獻。8 **吐**：吐出，指不享用祭品。

譯文

虞公說：「我的祭品豐盛清潔，神靈必定依從我。」宮之奇說：「我聽說：『鬼神並不是親近哪一個人，而只是依據德行。』所以《周書》說：『上天沒有特別親近的人，只對有德行的人加以輔助。』還說：『（祭祀的）黍稷不香，只有美好的德行才香。』《周書》又說：『百姓不能改易祭品，只有德行才可以充當祭品。』這樣說來，國君沒有德行，人民就不和，神明也不會享用他的祭品。神明所依附的，在於人的德行。如果晉國奪取了虞國，而修明德行，向神靈奉獻芳香的祭品，難道神明會吐出來嗎？」

弗聽，許晉使。

譯文

虞公不聽從宮之奇的勸告，答應了晉國使者借路的請求。

宮之奇以其族行[1]，曰：「虞不臘矣[2]。在此行也，晉不更舉矣。」

注釋　1以：率領。行：這裏指離開虞國。2虞不臘矣：臘，祭名，在夏曆十月周曆十二月舉行，臘祭之月稱臘月。不臘，不能過臘月，猶今云「過不了年」。

譯文　宮之奇帶領他的族人離開虞國，說：「虞國等不到臘祭就要滅亡了。就在這一次，晉國用不着再次出兵了。」

八月甲午[1]，晉侯圍上陽[2]。問於卜偃曰[3]：「吾其濟乎[4]？」對曰：「克之。」公曰：「何時？」對曰：「童謠云：『丙之晨，龍尾伏辰[5]；均服振振[6]，取虢之旂[7]。鶉之賁賁，天策焞焞，火中成軍，虢公其奔[8]。』其九月、十月之交乎[9]？丙子旦，日在尾，月在策，鶉火中，必是時也。」

注釋　1八月甲午：晉用夏曆，魯用周曆。八月甲午，當魯十月十七日。2上陽：虢國國都，在今河南陝縣南。3卜偃：晉國卜筮之官郭偃。4濟：成功。5「丙之晨」二句：丙之晨，丙子日的早晨。龍尾，尾宿，為蒼龍七宿之第六宿，有九星，均屬天蠍座。伏，隱而不見。辰，日月相會。龍尾伏辰者，日行在尾宿，其光為日所奪，於是伏而不見。
6 均服：均，通袀（粵：軍；普：jūn）。袀服，戎服。古之戎服，上下級一致，均為黑色。振（粵：真；普：zhēn）振：氣勢很盛的樣子。7 旂：同「旗」。取旂即獲勝。8「鶉（粵：純；普：chún）之」四句：鶉，鶉火，柳宿異稱。柳宿為朱鳥七宿之第三宿，有八星，均屬長蛇座。賁（粵：奔；普：bēn）賁，形容柳宿星體之狀（如鶉奔跑）。天策，傅說星。焞（粵：吞；普：tūn）焞，星光黯淡，無光耀貌。中：指某星宿出現南方。火中，鶉火出現於南方。成軍，勒兵整旅（軍隊擺好陣勢）。其：將。9 夏曆九月、十月。

譯文

八月十七日，晉侯包圍了上陽。問卜偃說：「我能成功嗎？」卜偃回答說：「能夠攻取下來。」晉侯問：「甚麼時候？」卜偃回答說：「童謠說：『丙子的清早，龍尾星為日光所隱；軍服威武，氣勢旺盛奪取虢國的大旗。鶉火星如鶉奔跑，天策星沒有光耀，鶉火星在中的時候，可以進行軍事行動，虢公將要逃跑。』這日子恐怕在九月底十月初吧？丙子的清晨，日在龍尾星的位置，月在天策星的位置，鶉火星在當中，一定是這個時候。」

冬十二月丙子，朔[1]，晉滅虢。虢公醜奔京師[2]。師還，館于虞[3]，遂襲虞，

滅之。執虞公及其大夫井伯，以媵秦穆姬[4]。而修虞祀，且歸其職貢於王[5]。

注釋

1「冬」二句：此用周曆，晉用夏曆。周曆十二月，即夏曆十月。丙子朔，初一丙子日。2虢公醜：虢國國君，名醜。京師：東周的都城洛邑（今河南洛陽）。3館：住宿。4媵（粵：認；普：yìng）：以男女陪嫁曰媵。秦穆姬：晉獻公之女，秦穆公夫人。5貢賦：藩屬之國以時入貢。

譯文

冬十二月初一，晉國滅掉了虢國。虢公醜逃到京師。晉軍返國途中，在虞國小住，趁機襲擊了虞國，把它滅掉。晉軍抓住了虞公及其大夫井伯，把他們作為晉獻公女兒秦穆姬的陪嫁隨從，但沒有廢除虞國的祭祀，並且將虞國繳納的貢物獻給周天子。

故書曰：「晉人執虞公。」罪虞公，且言易也。

譯文

所以《春秋》記載說：「晉人執虞公。」這是歸罪於虞公，而且表明滅虞國進行得很容易。

八　晉國驪姬之亂

魯僖公四、五、六年（前六五六——前六五四年）

晉獻公繼武公而立，積極開拓疆域，國勢強盛。晉獻公初娶賈女，無子。私通其庶母齊姜，生秦穆夫人及太子申生。又娶二女於戎，大戎狐姬生重耳，小戎女生夷吾。晉獻公五年（即魯莊公二十三年〔前六七一年〕），伐驪（粵：籬；普：lí）戎，又娶驪戎之君的二女（驪姬及其娣）。驪姬生奚齊，其娣生卓子。驪姬得寵，被立為夫人，遂圖謀立奚齊為太子。晉獻公十一年（即魯莊公二十八年〔前六六六年〕），驪姬勾結獻公的外嬖梁五和東關嬖五，利用獻公急圖啟疆的雄心，勸說他派申生主曲沃、重耳與夷吾分主蒲、屈，將群公子趕到邊地去，只留奚齊和卓子在絳都，然後合力譖毀群公子而改立奚齊。

《傳》文以兩個「初」字領起，追敘前事，表示因果相循：一是追敘晉獻公立驪姬為夫人之事，用占卜所得繇（粵：就；普：zhòu）辭統攝全文，預示結果。繇辭講得很清楚，專寵則生變，而奪去公的牡羊（借指申生），只是獻公執迷不悟，終致申生被害。及至將立奚齊，《傳》

文特提一筆，寫驪姬與朝廷重臣預謀定計，朋比為奸，顯示禍亂已無可避免。驪姬施毒計，誣陷申生置毒於酒肉欲弒父自立。《傳》文記敘驗證酒肉毒性的經過，先地後犬，再到人（小臣），三次試驗，一氣連貫，讓人無法喘息。寫驪姬譖害申生，只消說「賊由大子」，便將賊害君父之罪重壓在申生頭上，已然斷案，證據確鑿，不得申辯。申生答或問，表明為免君父不樂，情願蒙受不白之冤，盡顯其深摯的孝思。申生留不忍，去不得，只有含冤自殺。驪姬譖害申生止用四字，誣陷二公子更止用「皆知之」三字，簡括明瞭，顯示其人部署周密，不待多言，便入人於罪，心腸何等歹毒。另一段《傳文》，追敘晉獻公命士蔿為二公子築城，士蔿辯說其草率完事之故，藉此帶出他預示給二公子築城，將成亂源，致使晉國陷於長期內亂。士蔿眼見重耳、夷吾當時已各有黨羽，各具勢力，若再加固城池，三年之後，動亂將起，何須謹慎築城？《傳》文其後記載晉獻公派人伐蒲、伐屈，前後呼應，正應驗了士蔿所言。

初，晉獻公欲以驪姬為夫人[1]，卜之[2]，不吉；筮之[3]，吉。公曰：「從筮。」卜人曰：「筮短龜長[4]，不如從長。且其繇曰[5]：『專之渝[6]，攘公之羭[7]。一薰一蕕[8]，十年尚猶有臭[9]。』必不可！」弗聽，立之。生奚齊，其娣生卓子。

注釋

1 驪姬：驪戎之女，晉獻公伐驪戎，娶其二女驪姬及其娣。2 卜：用火灼龜甲、獸骨（主要為牛胛骨和鹿頭骨），根據所呈現的象（裂紋）預測事情的吉凶。3 筮：用蓍草揲（粵：蝕；普：shé）數為卦，根據蓍策之數預測禍福。4 短長：指占卜相對靈驗與否，長為相對靈驗，短為相對不靈驗。古人認為動物靈於植物。一說，卜用象，筮用數，古人以先有象而後有數，故以為龜勝於筮。5 繇：記錄占卜結果的兆辭。6 專之：指專寵驪姬。渝：變。7 攘：奪去。羭（粵：余；普：yú）：牡羊。這裏暗指太子申生、重耳、夷吾等人。8 薰：香草。蕕（粵：由；普：yóu）：水邊草，莖似薰而臭。9 尚猶：同義虛詞連用。

譯文

當初，晉獻公想立驪姬為夫人，用龜甲占卜，結果不吉利；用蓍草占筮，結果吉利。晉獻公說：「跟從占筮的結果。」卜人說：「占筮不及，龜卜靈驗，不如跟從靈驗的。況且占卜的兆辭說：『專寵會生變亂，將要奪走您的公羊。香草和臭草放在一起，十年尚猶有臭味。』一定不可以（跟從占筮的結果）。」晉獻公不聽卜人的話，立驪姬為夫人，驪姬生了奚齊，她隨嫁的妹妹生了卓子。

及將立奚齊[1]，既與中大夫成謀[2]，姬謂大子曰[3]：「君夢齊姜[4]，必速祭之！」大子祭于曲沃[5]，歸胙于公[6]。公田，姬寘諸宮六日。公至，毒而獻之[7]。公祭之地[8]，地墳[9]；與犬，犬斃；與小臣[10]，小臣亦斃。姬泣曰：「賊由大子[11]。」大子奔新城[12]。公殺其傅杜原款[13]。

注釋

1 及：到了。2 中大夫：晉國重要官員，周室及諸侯國大夫有上、中、下之分。這裏指里克。成謀：定好計策。成，定。3 大子：太子，指申生。4 齊姜：申生之母，已去世。5 曲沃：晉國舊都，在山西聞喜東。曲沃為獻公祖廟所在，齊姜死後祔於祖姑，故其廟在曲沃。6 歸：通「饋」，饋贈。胙（粵：皂；普：zuò）：祭祀時供奉的肉。《說文》：「祭福肉也。」古人臣祭祀，必歸胙於君。這裏兼酒肉而言。7 毒：用作動詞，下毒，放毒藥。8 祭之地：將酒灑在地上。9 墳：用作動詞，指土隆起如墳。10 小臣：官名，國君近侍之臣，蓋指閹人。11 賊：禍害。這裏作名詞用，指陰謀害君。12 新城：指曲沃。13 傅：太子申生的保傅，負責教導太子。

譯文

到了將要立奚齊為太子的時候，驪姬早已和中大夫定下了計謀。驪姬對太子申生說：「國君夢見你已去世的母親齊姜，你一定要趕快去祭祀她。」太子到曲沃去祭祀，把祭祀時供奉的肉帶回來獻給獻公。晉獻公在外打獵，驪姬把祭祀的肉放在宮中六天。晉獻公打獵回來，驪姬在酒肉裏下了毒藥獻給晉獻公。晉獻公把酒灑在地上，地上的泥土突起像墳一樣；拿肉給狗吃，狗就死了；給宮中小臣吃，小臣也死了。驪姬哭着說：「陰謀害君之心發自太子。」太子逃到了新城。晉獻公殺了太子的保傅杜原款。

或謂大子[1]：「子辭[2]，君必辯焉[3]。」大子曰：「君非姬氏，居不安，食不飽。我辭，姬必有罪。君老矣，吾又不樂。」曰：「子其行乎？」大子曰：「君實不察其罪，被此名也以出[4]，人誰納我[5]？」十二月戊申[6]，縊于新城[7]。

注釋

1 或：代詞，泛指某人，表示「有人」的意思。2 辭：申辯，辯解。3 辯：通「辨」，判別。4 被（粵：披；普：pī）：用作動詞，「背負」之意。此名：指弒父的罪名。5 人誰：誰人。納：接納，收留。6 十二月戊申：當為次年十二月二十七日，即周曆二月二十七日。7 縊：上吊自殺。

譯文

有人對太子說：「您去辯解，國君一定能辨明是非。」太子說：「國君要是沒有了驪姬，會居處不安，飲食不飽。我去辯解，驪姬必定有罪。國君老了，失去驪姬，必定很傷心。國君傷心，我也會憂心不樂。」那人說：「那麼您要逃走嗎？」太子說：「國君還沒有查清驪姬的罪過，我背負着弒父的罪名出走，誰肯收留我呢？」十二月二十七日，太子申生在新城上吊自殺了。

姬遂譖二公子曰[1]：「皆知之[2]。」重耳奔蒲[3]，夷吾奔屈[4]。

注釋

1 譖（粵：浸；普：zèn）：誣陷，讒毀。2 **皆知之**：與聞其事。3 **重耳**：晉獻公之子，申生的異母弟，為大戎狐姬所生，後為晉文公。**蒲**：重耳的采邑，在今山西隰（粵：集；普：xí）縣西北。4 **夷吾**：晉獻公之子，申生的異母弟，為小戎女所生，後為晉惠公。**屈**：二屈，北屈、南屈，是夷吾的采邑，北屈在今山西吉縣東北，南屈當在其南。

譯文

驪姬接着又誣陷重耳和夷吾兩位公子說：「他們都知道申生的陰謀。」於是重耳逃到蒲城，夷吾逃到屈城。

初，晉侯使士蔿為二公子築蒲與屈[1]，不慎[2]，寘薪焉[3]。夷吾訴之[4]。公使

讓之[5]。士蔿稽首而對曰[6]：「臣聞之：『無喪而慼[7]，憂必讎焉[8]；無戎而城，讎必保焉。[9]』寇讎之保，又何慎焉？守官廢命[10]，不敬；固讎之保，不忠。失忠與敬，何以事君？《詩》云：『懷德惟寧，宗子惟城[11]。』君其修德而固宗子，何城如之[12]？三年將尋師焉[13]，焉用慎？」退而賦曰[14]：「狐裘尨茸[15]，一國三公，吾誰適從[16]？」

注釋

1 士蔿：晉國大夫。2 不慎：馬虎。慎，謹慎。3 寘薪焉：置薪柴於其中。4 訴：投訴。5 讓：譴責，責備。6 稽（粵：啟；普：qǐ）首：拜禮之一，為吉拜中最恭敬之禮，臣對君行之。跪而拱手，頭俯至於手，與心平，謂之拜手。既拜手而拱手下至於地，頭亦下至於地。7 慼（粵：戚；普：qī）：憂愁，悲傷。8 讎：用作動詞，應，相應。下文的「讎」字，指國內的仇敵。9 戎：戰事。保：守。10 守官：在職的官員。廢命：廢棄君命。廢，廢棄、不執行。11「懷德」二句：出自《詩經．大雅．板》。懷德，心存德行，不忘修德。宗子，群宗之子，蓋指重耳、夷吾，而非太子申生。懷德乃是安寧，宗子乃是城。12 何城如之：築城不如固宗子。13 尋師：用兵。尋，用。14 賦：疑是自作詩。15 狐裘：狐皮製成的衣服，是大夫之服。尨（粵：蒙；普：méng）茸：皮毛雜亂的樣子。16 適（粵：的；普：dí）：借作「嫡」，主，吾誰適從，以誰為主，專聽從之。

譯文

當初，晉獻公派大夫士蔿為重耳和夷吾修築蒲城和屈城，馬虎地在牆裏放進了木柴。夷吾把這件事告訴了獻公。晉獻公派人責備士蔿。士蔿叩頭回答說：「臣聽說，『沒有喪事而悲傷，憂愁必然相應而生；沒有戰事而築城，國內的仇敵必據為守衛。』既然仇敵會來佔領，又何必那麼謹慎呢？居官位而廢君命，這是不敬；加固仇敵的據守，這是不忠。失去了恭敬和忠誠，拿甚麼來事奉國君呢？《詩》說：『心存德行就是安寧，同宗子弟就是堅城。』國君如果能修德行並鞏固宗子的地位，有甚麼城池比得上呢？三年之後就要用兵，哪裏用得着謹慎？」士蔿退出後作詩說：「狐皮袍子皮毛雜亂，一個國家有三公，我該跟從哪一個？」

及難，公使寺人披伐蒲[1]。重耳曰：「君父之命不校[2]。」乃徇曰[3]：「校者，吾仇也。」逾垣而走[4]。披斬其袪[5]，遂出奔翟[6]。

注釋

1 寺人：閹人。披：人名，「勃鞮」的合音。2 校：違抗，對抗。3 徇（粵：詢；普：xún）：遍告宣示。4 垣（粵：爰；普：yuán）：牆。5 袪（粵：區；普：qū）：袖口。

6翟（粵：狄；普：dí）：通「狄」，白狄的別支，古代北方少數民族部落，主要分佈在今陝西延安、延川、安塞、黃龍等地，南至渭水。重耳之母是狄人，所以他逃到那裏。

譯文

到災禍發生時，晉獻公派寺人披去攻打蒲城。重耳說：「國君和父親的命令不能違抗。」並通告眾人說：「違抗君命的人就是我的仇敵。」於是翻牆逃走，寺人披砍掉了他的袖口，重耳逃亡到狄國。

六年春，晉侯使賈華伐屈[1]。夷吾不能守，盟而行[2]。將奔狄，郤芮曰[3]：「後出同走[4]，罪也[5]，不如之梁[6]。梁近秦而幸焉[7]。」乃之梁。

注釋

1賈華：晉國大夫。2盟而行：出逃前與屈人盟，約其日後相助。3郤（粵：隙；普：xì）芮（粵：銳；普：ruì）：晉國大夫。4後出同走：前此重耳已奔狄，若夷吾亦奔狄，則有同謀之嫌。5罪：證實驪姬之誣辭，二公子皆與其事。6梁：諸侯國名，嬴姓，在今陝西韓城南。7秦：諸侯國名，嬴姓，在今陝西中部、甘肅東部。幸：信任。

譯文

魯僖公六年春，晉獻公派賈華去攻打屈城。夷吾守不住，與屈人訂立盟約後出逃。準備逃往狄國。郤芮說：「你出逃在重耳之後而同樣逃到狄，證明你們有同謀之罪，不如到梁國去。梁國接近秦國而得到它的信任。」於是夷吾去梁國。

九　子魚論戰　僖公二十二年（前六三八年）

齊桓公卒後，齊五公子爭位，三變亂齊。宋襄公以兵定齊，立孝公，以繼齊桓公霸業自命。《傳》文寫宋與楚戰，記敘戰前、戰時宋襄公與大司馬子魚的兩段對話，而重點則放在戰後二人論戰。戰前，子魚諫君，申明天命久不在商，興復無望，違背天意，禍不可免。戰時，子魚催促襄公乘楚軍未全渡河與未擺好陣勢之時出擊，襄公一概不聽，坐失戰勝良機，終致受傷敗北。戰後，以國人歸咎襄公帶出子魚論戰。襄公自辯，由四個「不」字句（「不重傷」、「不禽二毛」、「不以阻隘」、「不鼓不成列」）連貫而成，累贅厚重，顯得固執迂腐。子魚論戰，先以「君未知戰」將襄公之説一併駁倒，然後根據當時作戰的實際情況，逐一破解襄公數「不」之惑，結以「利而用之阻隘可也，聲盛致志鼓儳可也」，排比而下，氣勢不可抵擋。子魚更拈出「明恥教戰，求殺敵也」，點明軍禮精義所在。子魚論戰與《左傳》作者的主張若合符節。宣公二年（前六〇七年），宋、鄭交戰，宋大夫狂狡倒戟而救鄭人出井，反為其所獲。《左傳》

作者透過「君子」之口，譏諷狂狡說：「失禮違命，宜其為禽也。戎，昭果毅以聽之之謂禮。殺敵為果，致果為毅。易之，戮也。」表明軍禮的精神在於果毅，而殺敵就是為了發揚果毅。

楚人伐宋以救鄭。宋公將戰[1]，大司馬固諫曰[2]：「天之棄商久矣[3]，君將興之[4]，弗可赦也已[5]。」弗聽。

注釋

1宋公：宋襄公，名茲父。2**大司馬**：官名，六卿之一，主管軍政大事。後文或省稱「司馬」。固：宋襄公之孫，名固，稱為公孫固，時任大司馬。3商：即宋。宋國為商王後裔，故稱。4興：復興。5弗可赦：有違天意，罪不可赦。

譯文

楚國人攻打宋國以救援鄭國。宋襄公準備迎戰。大司馬固勸阻說：「上天遺棄商很久了！您要復興它，這是上天不肯寬恕的。」宋襄公不聽。

冬十一月己巳朔[1]，宋公及楚人戰于泓[2]。宋人既成列，楚人未既濟[3]。司馬曰：「彼眾我寡，及其未濟也，請擊之。」公曰：「不可。」既濟而未成列，又以告。

公曰：「未可。」既陳而後擊之[4]，宋師敗績。公傷股[5]，門官殲焉[6]。

注釋

1 十一月己巳：十一月初一。朔：一個月的第一天。2 泓：水名，在今河南柘（粵：蔗；普：zhè）城西北。3 未既濟：既，盡、全。濟，渡過。4 陳：同「陣」。這裏用作動詞，即擺好陣勢。5 股：大腿。6 門官：門子，由卿大夫之子弟組成的諸侯衞隊。這裏指宋襄公的親兵。殲：盡，盡被殲滅。

譯文

冬十一月初一，宋襄公領兵和楚軍在泓水交戰。宋軍已經擺好陣勢，楚軍還沒有全部渡過泓水。司馬固說：「他們人多，我們人少，趁他們還沒有全部渡河，請下令攻擊他們。」襄公說：「不行。」楚軍全部渡河，還沒有擺好陣勢，公孫固又請下令攻擊，襄公說：「還不行。」等楚軍擺好了陣勢，才攻擊他們，結果宋軍大敗。宋襄公大腿受傷，衞隊也全部被殲滅。

國人皆咎公。公曰：「君子不重傷，不禽二毛[1]。古之為軍也，不以阻隘也[2]。寡人雖亡國之餘，不鼓不成列[3]。」子魚曰：「君未知戰。勍敵之人，隘而不列，天贊我也；[4]阻而鼓之，不亦可乎[5]？猶有懼焉[6]。且今之勍者，皆吾敵也。雖及胡耇[7]，獲則取之[8]，何有於二毛[9]？明恥、教戰，求殺敵也。傷未及死，如何勿重[10]？若愛重傷，則如勿傷[11]；愛其二毛，則如服焉[12]？三軍以利用也，金鼓以聲氣也。[13]利而用之[14]，阻隘可也；聲盛致志，鼓儳可也[15]。」

注釋

1「君子」二句：重（粵：從；普：chóng），再次。禽，同「擒」。二毛，黑髮與白髮相間的人，指年老之人。2「古之」二句：為軍，用兵之道。以，憑藉、依靠。阻、隘同義，均指險要之地。3「寡人」二句：亡國之餘，亡國者的後代。宋襄公是殷商之後，商亡於周。不鼓不成列，鼓，這裏用作動詞，指鳴鼓攻擊。古時作戰，以擊鼓發佈進攻命令。4「勍敵」三句：勍（粵：鯨；普：qíng），強而有力。隘，用作動詞，指遭遇險阻。贊，助。5「阻而」二句：阻，用作動詞，指利用險阻。6猶：尚且，還。7胡耇（粵：九；普：gǒu）：很老的人。胡、耇同義連文，都是長壽的意思。8獲則取之：（在戰場上）擒獲了（敵人），就拘捕他們（作為戰俘）。9何有於二毛：即於二毛有何（愛）。10如何勿重：為甚麼不可以再傷害他一次？11如：應當。12愛：憐憫。服：向敵人投降。13「三軍」二句：三軍，春秋時，諸侯大國有三軍，即上軍、中軍、下軍。這裏泛指軍隊。利，有利時機。金，金屬製成的敲擊樂器，如鑼。這裏作鳴金解，用作動詞。鼓，這裏作擊鼓解，也用作動詞。氣，這裏用作動詞，指鼓舞士氣。14「利而」二句：（既然軍隊）有利才去作戰，（那麼）在險隘阻擊敵人也是可以的。15儳（粵：鑱／杉；普：chán）：不整齊。這裏指不成陣勢的軍隊。

譯文

宋國人都歸咎宋襄公。宋襄公說：「君子不再傷害已受傷的人，不擒拿頭髮花白的人。古代的用兵之道，不憑藉險隘攻擊敵人。我雖然是亡國者的後代，也不進攻沒有擺開陣勢的敵人。」子魚說：「國君不懂得作戰。強大的敵人，由於地勢狹隘而沒有擺開陣勢，這是上天在幫助我們；我們趁他們被阻而攻擊他們，難道不可以嗎？就這樣還怕不能取勝呢。現在強大的國家，都是我們的敵人。即使是年紀很大的人，俘獲了就抓回來，對頭髮花白的人憐惜甚麼？使軍隊知道甚麼是恥辱，教會他們作戰的技能，是為了殺死敵人。敵人受傷而未死，為甚麼不可以再傷他一次？要是愛惜已受傷的敵人而不再次傷害，就應當乾脆不要傷害他們；要是憐惜他們當中頭髮花白的人，就應當向敵人屈服。軍隊因為有利才去作戰，鳴金擊鼓是用聲音來鼓勵士氣。既然軍隊有利才去作戰，在狹隘處攻擊他們也是可以的；既然鼓聲大作士氣鼓舞，攻擊沒有擺開陣勢的敵軍也是可以的。」

十　重耳出亡始末

僖公二十三、二十四年（前六三七—前六三六年）

《傳》文歷敍重耳出亡十九年的始末經過、復國實況及其餘波。重耳為大戎女所生，故開首由奔狄敍起，處狄十二年，尚得安穩。離狄後，即轉入顛沛流離之中，「過衞」、「及齊」、「及曹」、「及宋」、「及鄭」、「及楚」，一「過」五「及」，一氣直貫，幾經歷練，備嘗冷暖，至楚送之於秦而秦納之於晉，已是頭角崢嶸，復國之勢已成。期間敍寫重耳遭遇種種，着意刻畫其遇難不屈，凜然有霸者之氣。

依《傳》文所述，重耳得以返國為君，固有天意存焉，得人助力尤為重要。天意所存，先由鄭大夫叔詹說出，再經楚成王重申，前呼後應。他人的助力則來自多方，有才智過人足以相國的從亡者如狐偃、趙衰等賢士大夫，有耗盡所竊財物求納重耳的守藏小吏豎頭須，更有或贈馬或給他娶妻或出兵護送的諸侯霸主齊桓公、宋襄公、楚成王和秦穆公，還有數位賢能婦人。其中，四位賢女子——季隗、齊姜、懷嬴、僖負羈妻成為《傳》文敍事焦點所在。此四人中，除僖負羈妻外，皆為重耳的妻子。篇中詳敍四人言談舉措，前後映帶，無不躍然紙上，意態盎然。季隗深情不渝，使重耳拋卻顧念；齊姜洞識大體，令重耳奮發大志；懷嬴不甘受辱，使重耳知所約束；僖負羈妻獨具慧眼，令重耳得到恩施。重耳得成大業，賢女子的助力不可或缺。另一方面，重耳與其妻的相處，亦體現了貴族公子貪圖安逸、沉湎女色的習性。

重耳得到眾人的擁護和支持，與其自身的才幹密不可分。《傳》寫重耳入楚之時，「廣而儉，文而有禮」，氣度雍容，儼然明君的模樣，由楚成王口中說出讚美之辭，惺惺相惜，更顯力量。狐偃（字子犯）一再違背重耳旨意。先是在五鹿阻止重耳鞭打給土塊他吃的野人，說得土是得國之兆。及後又與齊姜合謀，乘重耳酒醉，送他離開齊國。由是秦穆公送重耳入晉，到達黃河，子犯請亡。重耳因與子犯誓盟，表明同心不渝。可見重耳具有明君的雅量。即便是在蒲城之役砍掉其袪的寺人披，重耳也不念舊惡，接見其人。寺人披便揭發呂甥、郤芮欲借縱火加害重耳的陰謀。《傳》文還通過記敍衛文公、曹共公、鄭文公的輕蔑無禮，襯托出重耳的賢明有禮。

在《左傳》的記載中，別隗、過衞、醉遣、窺浴等情節，均富於戲劇意味，而寺人披告密和豎頭須請見等段落的穿插，更使讀者感到故事曲折，氣氛緊張。

在重耳與隨行人員到達黃河，得國在望之時，狐偃請求授璧、遁隱而去。重耳發誓，保證與狐偃同心，並投璧於河，以示質信。或認為狐偃所為，旨在試探重耳，實有以退為進的意圖。即位之後，文公賞賜跟隨他流亡的人。介之推不去邀功，沒有得到祿位，與其母隱居山林之地，算得上是真正的功成身退。賢士輔助人君得國之後，首要思考的是如何自處的去留問題。古來多少賢士遭遇不同，其道理可得而詳焉。如范蠡助句踐復國雪恥後便出亡，他寫信給文種說：「飛鳥盡，良弓藏；狡兔死，走狗烹。越王為人長頸鳥喙，可與共患難，不可與共樂。子何不去？」（司馬遷《史記．越王句踐世家》）范蠡深知「伴君如伴虎」的道理，懂得離世隱遁，故得以全身而退。要是未能看透此理，就難免落得像文種等人般的下場。狐偃與介之推二人很可能早已措意及此，而取捨不同，命運自亦有異。

晉公子重耳之及於難也[1]**，晉人伐諸蒲城。蒲城人欲戰，重耳不可，曰：「保君父之命而享其生祿**[2]**，於是乎得人**[3]**。有人而校**[4]**，罪莫大焉。吾其奔也。」遂奔狄。從者狐偃、趙衰、顛頡、魏武子、司空季子**[5]**。**

注釋

1 及於難：遭受禍難，指重耳被驪姬讒害之事。2 保：恃，依仗。生祿：養生之祿。3 於是乎得人：因有了蒲城故得徒眾。於是乎，連詞，表示因果關係。4 校：對抗。這裏指對抗晉獻公軍隊的討伐。5 狐偃：字子犯，晉獻公娶其姊妹狐姬，狐姬生重耳，狐偃為重耳的舅父，故亦稱舅犯。趙衰（粵：吹；普：cuī）：晉國大夫，字子餘，重耳的主要謀士。顛頡（粵：揭；普：xié）：晉國大夫。魏武子：名犨（粵：仇；普：chōu），晉國大夫。司空季子：司空是其官，季子是其字，食邑於臼，故亦稱臼季，胥臣為其名。

譯文

晉公子重耳遭受禍難的時候，晉軍到蒲城去討伐他。蒲城人打算迎戰，重耳不同意，說：「我依仗君父的命令才享有養生的俸祿，得到所屬百姓的擁護。有了百姓的擁讓就同君父對抗，沒有比這再大的罪過了。我還是逃亡吧！」於是重耳逃亡到了狄國，跟隨的人有狐偃、趙衰、顛頡、魏武子和司空季子。

狄人伐廧咎如[1]，獲其二女叔隗、季隗，納諸公子[2]。公子取季隗，生伯鯈、叔劉[3]；以叔隗妻趙衰[4]，生盾。將適齊[5]，謂季隗曰：「待我二十五年，不來而後嫁。」對曰：「我二十五年矣[6]，又如是而嫁，則就木焉[7]。請待子。」處狄十二年而行[8]。

注釋

1 廧（粵：長；普：qiáng）咎（粵：高；普：gāo）如：部族名，赤狄的別支，隗（粵：

蟻；普：wěi）姓，其地在今河南安陽西南，一說約在今山西太原一帶。[2]納：送給。這裏指許配。[3]儵：（粵：尤；普：chóu）。[4]妻：讀去聲（粵：砌；普：qì），這裏用作動詞，指嫁給。[5]適：往。[6]二十五年：即二十五歲。[7]就木：木指棺材，就木指進棺材。即將老死，不能再嫁人。[8]處狄：住在狄國。

譯文

狄國人攻打廧咎如，俘獲了這個部落的兩名女子叔隗和季隗，送給公子重耳。重耳娶了季隗，生了伯儵和叔劉；把叔隗給趙衰做妻子，生了趙盾。重耳準備到齊國去，對季隗說：「等我二十五年，不回來，再改嫁。」季隗回答說：「我二十五歲了，再過二十五年改嫁，就該進棺材了。請（允許我）等您。」重耳在狄國住了十二年才離開。

過衛，衛文公不禮焉。出於五鹿[1]，乞食於野人[2]，野人與之塊[3]。公子怒，欲鞭之。子犯曰：「天賜也[4]。」稽首[5]，受而載之。

注釋

[1]五鹿：衞國地名，在今河南濮陽南三十里。出於五鹿，指自五鹿出而東行。[2]野人：野相對國而言，在都城之外、四郊以內。野人，蓋指在野之人，即鄉野田夫。[3]塊：

土塊。[4]天賜：土塊象徵土地，得土是得國的徵兆，所以說是「天賜」。[5]稽首：古人最重的跪拜禮。拜天賜，故稽首。

譯文

重耳經過衞國，衞文公不加禮待。從五鹿經過，向鄉野之人討飯吃，鄉野之人給他一塊泥土。重耳大怒，要鞭打他。狐偃說：「這是上天的恩賜啊！」重耳叩頭接受，把它裝在車上。

及齊，齊桓公妻之[1]，有馬二十乘[2]。公子安之。從者以為不可。將行，謀於桑下。蠶妾在其上[3]，以告姜氏。姜氏殺之[4]，而謂公子曰：「子有四方之志[5]，其聞之者，吾殺之矣。」公子曰：「無之。」姜曰：「行也！懷與安，實敗名[6]。」公子不可。姜與子犯謀，醉而遣之[7]。醒，以戈逐子犯[8]。

注釋

[1]妻之：妻讀去聲。齊桓公為重耳娶妻，就是下文所說的「姜氏」，因齊是姜姓國，故稱。[2]乘（粵：盛；普：shèng）：古時四馬一車為一乘，二十乘即八十匹馬。[3]蠶妾：采桑養蠶的女奴。其上：蠶樹之上。[4]殺之：殺蠶妾滅口，以防走漏風聲。[5]有四方之志：指將離狄遠行。四方，天下。[6]「懷與安」二句：懷，留戀妻室。安，貪圖安逸。

敗名，敗壞功名事業。7醉而遣之：醉，灌醉，用作動詞。遣，送走。8逐：驅逐，趕走。

譯文

重耳到了齊國，齊桓公為重耳娶妻，還給了他八十匹馬。重耳安於齊國的生活。但跟隨的人認為這樣不行，準備離去，便在桑樹下商量這件事。有個養蠶的女奴正好在桑樹上聽到，告訴了重耳的妻子姜氏。姜氏殺了她，對重耳說：「你將遠行，聽到這件事的人，我把她殺了。」重耳說：「沒有這回事。」姜氏說：「你走吧！留戀妻室，貪圖安逸，實足以敗壞功名事業。」重耳不肯走。姜氏與狐偃商量，灌醉了重耳，然後把他送走。重耳酒醒，拿起戈驅趕狐偃。

及曹[1]，曹共公聞其駢脅[2]，欲觀其裸。浴，薄而觀之[3]。僖負羈之妻曰[4]：「吾觀晉公子之從者，皆足以相國[5]。若以相，夫子必反其國[6]。反其國，必得志於諸侯。得志於諸侯而誅無禮[7]，曹其首也。子盍蚤自貳焉[8]？」乃饋盤飧[9]，寘璧焉[10]。公子受飧反璧[11]。

注釋

1曹：諸侯國名，姬姓，在今山東定陶西南。2駢（粵：pin4；普：pián）脅：肋骨相連如一整體，屬生理畸形。3 薄而觀之：薄為帷薄，即今之簾，這裏用作動詞，指在簾後偷窺。4 僖負羈：曹國大夫。5 相：輔佐。國：諸侯。6 夫（粵：扶；普：fú）子：夫，指示代詞，今言那。夫子，那個人，指重耳。反：同「返」，回到。7 誅：誅討，討伐。8 盍：何不的合音。蚤：通「早」。自貳：自別異於曹君，表示與曹君有所不同。9 饋（粵：跪；普：kuì）：贈送。盤飧（粵：孫；普：sūn）：盤裝飯食。飧：餔，食物。10 寘璧焉：古者人臣無境外之交，故藏璧於飯中，不使人見。11 受飧反璧：受飧，表示領受其意；反璧，表示不貪其財。

譯文

到了曹國，曹共公聽說重耳的肋骨連成一片，想看看他裸體的樣子。乘重耳洗澡時，曹共公在簾子後面偷看。曹國大夫僖負羈的妻子對她丈夫說：「我看晉國公子的隨從人員，都足以輔佐諸侯。如果讓他們輔佐公子，公子一定能回到晉國當國君。回到晉國後，一定能在諸侯中得志。在諸侯中得志而討伐對他無禮的國家，曹國恐怕就是頭一個。你何不趁早向他表示與曹君有所不同呢？」於是僖負羈就送給重耳一盤飯食，將一塊玉璧藏於飯中。重耳接受了飯食，退回玉璧。

及宋，宋襄公贈之以馬二十乘。

譯文　到了宋國，宋襄公送給重耳八十匹馬。

及鄭，鄭文公亦不禮焉。叔詹諫曰[1]：「臣聞天之所啟[2]，人弗及也。晉公子有三焉，天其或者將建諸[3]，君其禮焉！男女同姓，其生不蕃[4]。晉公子，姬出也[5]，而至於今[6]，一也。離外之患，而天不靖晉國[7]，殆將啟之[8]，二也。有三士足以上人[9]，而從之，三也。晉、鄭同儕[10]，其過子弟，固將禮焉，況天之所啟乎？」弗聽。

注釋

1 叔詹：鄭國大夫，與堵叔、師叔一同執政，有賢名。2 啟：開導，引伸為贊助。3 其或者：皆表示不肯定的副詞，這裏連用，表示強調的語氣。建：立，指立為國君。4「男女」二句：古人有同姓不婚的說法。男女，這裏指夫妻。夫妻同姓，血緣相近，子孫一定不昌盛。蕃，繁殖，子孫昌盛。5 姬出：姬姓女所生。6 至於今：活到現在。7「離外」二句：離，同「罹（粵：籬；普：lí）」，遭受。外，指逃亡國外。靖，安定。8 殆：大概。9 三士：指狐偃、趙衰、賈佗。上人：居於別人之上。10 同儕（粵：柴；普：chái）：這裏指地位相等的國家。儕，等、齊同。

譯文

到了鄭國，鄭文公也不加禮遇。大夫叔詹勸諫說：「臣聽說上天所贊助的人，別人就比不上了。晉國公子有三點與眾不同，上天或者有意要立他為國君，您還是以禮款待他吧！父母同姓，子孫就不昌盛。晉公子重耳是姬姓女子所生而能夠活到今天，這是第一點；遭受流亡的憂患，而上天不使晉國安定，大概是要贊助他了，這是第二點；有三位足以居於人上的人追隨他，這是第三點。晉國和鄭國地位同等，晉國子弟路過鄭國，還應當以禮相待，何況晉公子是上天要贊助的人呢？」鄭文公沒有聽從。

及楚，楚子饗之[1]，曰：「公子若反國，則何以報不穀？」對曰：「子女玉帛[2]，則君有之；羽毛齒革[3]，則君地生焉。其波及晉國者[4]，君之餘也。其何以報君？」曰：「雖然，何以報我？」對曰：「若以君之靈[5]，得反晉國，晉楚治兵[6]，遇于中原，其辟君三舍[7]。若不獲命[8]，其左執鞭弭[9]，右屬櫜鞬[10]，以與君周旋[11]。」子玉請殺之[12]。楚子曰：「晉公子廣而儉，文而有禮。其從者肅而寬，忠而能力。晉侯無親[13]，外內惡之。吾聞姬姓[14]，唐叔之後[15]，其後衰者也，其將由晉公子乎[16]！天將興之，誰能廢之？違天，必有大咎[17]。」乃送諸秦。

注釋

1楚子：指楚成王。饗（粵：享；普：xiǎng）：以宴饗之禮款待。2子女：男女奴隸。3羽毛齒革：指鳥羽、旄牛、象牙、犀革等珍貴的東西。4波及：散播。波，流、散。5以君之靈：托您的福。6治兵：演習軍事。7辟：同「避」。舍：三十里為一舍。8不獲命：當時常用的外交辭令，有所請求而不見允許，這裏指晉雖退避三舍，楚仍不肯放過而緊追不捨。9鞭：馬鞭。弭（粵：尾；普：mǐ）：不加裝飾的弓。10屬（粵：竹；普：zhǔ）：附着。櫜（粵：高；普：gāo）：箭袋。鞬（粵：肩；普：jiàn）：弓袋。11周旋：表面上指應酬、打交道，實際上是外交辭令中交戰的委婉語。12子玉：楚國令尹。令尹是楚國最高行政長官，相當於後代的「宰相」。13晉侯：指晉惠公夷吾。魯僖公十年（前六五〇年）即位。無親：沒有親近的人。14姬姓：姬姓的諸侯國。15唐叔：周成王之弟，封於唐，其子改國號為晉。16晉公子：指重耳。17咎：災禍。

譯文

到了楚國，楚成王設饗禮款待重耳，說：「公子如果返回晉國，用甚麼來報答我呢？」重耳回答說：「男女奴隸和玉帛，您都擁有了；鳥羽、旄牛、象牙、犀革，都是貴國的特產。那些流散到晉國的，都是您剩下的。我拿甚麼來報答您呢？」楚成王說：「儘管如此，究竟用甚麼來報答我呢？」重耳回答說：「如果托您的福，得以返回晉國，一旦晉、楚演習軍事，在中原相遇，我就讓晉軍退避九十里。如果您還不肯放過，我就只好左手拿着馬鞭和弓，右手拿着箭袋和弓套，跟您較量一下。」楚國令尹子玉請求成王殺掉重耳。楚成王說：「晉公子志向遠大而行為檢點，言辭華美而合乎禮儀。他的隨從恭敬而寬大，忠誠而能盡力。現在晉惠公沒有親近的人，國內外的人都討厭他。我聽說姬姓諸侯國中唐叔後代將會最後衰亡，這大概是晉公子將要為君的緣故吧。上天要讓他興起，誰能夠廢掉他呢？違背天意，必然有大災。」於是楚成王就派人把重耳送到了秦國。

秦伯納女五人[1]，懷嬴與焉[2]。奉匜沃盥[3]，既而揮之[4]。怒，曰：「秦、晉，匹也[5]，何以卑我[6]？」公子懼，降服而囚[7]。他日，公享之[8]。子犯曰：「吾不如衰之文也[9]，請使衰從。」公子賦〈河水〉，公賦〈六月〉[10]。趙衰曰：「重耳拜賜！」公子降，拜，稽首[11]。公降一級而辭焉[12]。衰曰：「君稱所以佐天子者命重耳[13]，重耳敢不拜！」

注釋

1 秦伯：指秦穆公。2 懷嬴：秦穆公之女，曾嫁給晉懷公（晉惠公之子圉），故稱懷嬴。圉從秦國逃回晉國後，秦穆公又把她配給重耳為媵。3 奉匜（粵：儀；普：yí）沃盥（粵：罐；普：guàn）：奉，同「捧」。匜，盛水之器。沃，澆水。盥，洗手。古人洗盥，一人持匜，灌水於洗盥者之手以洗之，下有槃，以盛盥訖之水。4 **既而揮之**：重耳洗完手，不待巾而甩掉手上的水，不合禮。5 **匹**：匹敵，地位相等。6 **卑**：輕視。7 **降服而囚**：降低服飾的等差，自我拘繫，表示謝罪。8 **享**：宴請。9 **文**：文辭，這裏指擅長辭令。10 **「公子賦」二句**：〈河水〉即《詩經．小雅》之〈沔水〉。詩中有云：「沔彼流水，朝宗於海。」重耳取河水朝宗於海之義，表示自己返國，當朝事秦。〈六月〉，即《詩經．小雅．六月》。這首詩歌頌尹吉甫輔佐周宣王北伐獲勝。穆公用這首詩勉勵重耳為君之後輔佐天子。11 **降**：降階至堂下。12 **降一級**：下一級臺階。**辭**：辭謝其降拜，表示不敢接受重耳的大禮。13 **「君稱」句**：君，指秦穆公。稱，舉、引述。命，命令。

譯文

秦穆公把五個女子送給重耳做姬妾，秦穆公的女兒懷嬴也在其中。懷嬴捧着盛水的器具伺候重耳洗手，重耳洗完不用巾擦手，把手上的水甩掉。懷嬴很生氣，說：「秦、晉兩國地位相等，你為甚麼輕視我？」重耳害怕了，降服自拘，表示謝罪。有一天，秦穆公宴請重耳。狐偃說：「我比不上趙衰那樣擅長辭令，請讓趙衰陪您去吧。」在宴會上，重耳朗誦了〈河水〉這首詩，秦穆公朗誦了〈六月〉這首詩。趙衰說：「重耳拜謝（秦伯的）恩賜！」重耳走下臺階，拜，叩頭。秦穆公也走下一級臺階表示不敢接受大禮。趙衰說：「您用尹吉甫輔佐周天子的詩篇來命令重耳，重耳怎敢不拜！」

二十四年春王正月[1]，秦伯納之[2]。不書，不告入也[3]。

注釋　1王正月：指周曆正月。王，指周天子。2納：使進入（晉國）。3「不書」二句：指魯史《春秋》沒有記載重耳回國的事，是因為晉國沒有告知魯國這件事。

譯文　僖公二十四年春周曆正月，秦穆公派兵護送重耳回到晉國。《春秋》沒有記載這件事，是因為晉國沒有告知魯國這件事。

及河[1]，子犯以璧授公子，曰：「臣負羈紲從君巡於天下[2]，臣之罪甚多矣。臣猶知之，而況君乎？請由此亡[3]。」公子曰：「所不與舅氏同心者，有如白水[4]！」投其璧于河。

注釋　1河：黃河。2負羈紲（粵：屑；普：xiè）：表示從行之意。負，負擔、背負。羈，馬絡頭。紲，馬韁繩。巡：巡行，這裏指流亡奔波。不說流亡諸侯間，而說巡於天下，表示敬意。3 亡：離開。4「所不與」二句：重耳指着河水向子犯發誓，保證和子犯同心。後代便用「白水」表示信守不移。所，若，假設連詞，多用於誓詞。有如，亦誓詞中常用語。舅氏，子犯是重耳的舅舅，故稱。有如白水，指河神可以作證。5 投其璧于河：用璧祭河，以示質信於河神。

譯文

到了黃河，子犯把玉璧還給重耳，說：「下臣背負着馬絡頭、馬韁繩跟隨您巡行天下，下臣的罪過很多了。下臣自己尚且知道，何況您呢？請您讓我從這裏離開吧。」重耳指着河水發誓說：「如果不和舅舅同心（必受懲罰），有河神為證！」便把玉璧扔進黃河裏。

濟河，圍令狐，入桑泉，取臼衰[1]。

注釋

1「濟河」四句：令狐，晉國地名，在今山西臨猗（粵：衣；普：yī）西。桑泉，晉國地名，在今山西臨猗臨晉鎮東北。臼衰（粵：吹；普：cuī），晉國地名，在今山西運城解州西北。

譯文

渡過黃河，圍攻令狐，進入桑泉，奪取臼衰。

二月甲午[1]，晉師軍于廬柳[2]。秦伯使公子縶如晉師[3]。師退，軍于郇[4]。辛丑，狐偃及秦、晉之大夫盟于郇。壬寅，公子入于晉師。丙午，入于曲沃。丁未，朝于武宮[5]。戊申，使殺懷公于高梁[6]。不書，亦不告也。

注釋

1 二月甲午：指三月甲午。據王韜推算，二月無甲午，《傳》文誤記，二月當為三月。下文的「辛丑」，是十一日。「壬寅」是十二日。「丙午」是十六日。「丁未」是十七日。「戊申」是十八日。2 晉師：晉懷公派來阻止重耳入境的軍隊。軍，作動詞用，指駐紮。廬柳：晉國地名，在今山西臨猗北。3「秦伯」句：公子縶（粵：汁；普：zhí），秦公子。如，往。蓋陳說利害關鍵。4 郇（粵：荀；普：xún）：本姬姓國，後為晉所滅，在今山西臨猗西南。5 武宮：曲沃武公之廟，即重耳祖父晉武公的神廟，在絳（今山西翼城東南）。晉侯即位，必朝之。6 高梁：晉國地名，在今山西臨汾東北。自令等三邑降，晉懷公即奔逃到這個地方。

譯文

二月四日，晉國的軍隊駐紮在廬柳。秦穆公派公子縶到晉懷公的軍隊裏去。晉軍退走，駐紮在郇地。十一日，狐偃和秦國、晉國的大夫在郇地結盟。十二日，重耳到晉國軍隊裏。十六日，進入曲沃。十七日，在武宮廟中朝見群臣。十八日，派人在高梁殺了懷公。《春秋》沒有記載這件事，也是因為晉國沒有告知魯國這件事。

呂、郤畏偪[1]，將焚公宮而弒晉侯[2]。寺人披請見[3]。公使讓之[4]，且辭焉，曰：「城之役，君命一宿，女即至[5]。其後余從狄君以田渭濱[6]，女為惠公來求殺余，命女三宿，女中宿至[7]。雖有君命，何其速也？夫袪猶在[8]，女其行乎！」對曰：「臣謂君之入也，其知之矣[9]。若猶未也，又將及難。君命無二，古之制也。除君之惡，唯力是視。蒲人、狄人，余何有焉[10]？今君即位，其無蒲、狄乎[11]？齊桓公置射鉤，而使管仲相[12]，君若易之，何辱命焉[13]？行者甚眾，豈唯刑臣[14]？」公見之，以難告[15]。三月，晉侯潛會秦伯于王城[16]。己丑晦[17]，公宮火，瑕甥[18]、郤芮不獲公，乃如河上，秦伯誘而殺之。

注釋

1呂：呂甥。郤：郤芮。二人都是晉惠公的舊臣。偪：同「逼」，逼迫。2公宮：晉侯宮室。弒（粵：嗜；普：shì）：舊指下殺上。晉侯：晉文公重耳，下文的「晉侯」、

「公」指的都是他。3 僖公五年（前六五五年），寺人披奉晉獻公之命討伐蒲城，重耳「逾垣而走，披斬其袪，遂出奔翟」。事見本書〈晉國驪姬之亂〉。4 **讓**：責備。5「**君命**」二句：女，即「汝」。宿（粵：秀；普：xiǔ），住一夜，故用作計算夜的量詞。6 **田**：同「畋」，田獵。**渭濱**：渭水之濱。7「**命女**」二句：三宿，三夜。中宿，二夜。8 **夫袪猶在**：夫，代詞，那。袪，衣袖。9「**臣謂**」二句：謂，以為。入，指回國為君。知，懂得。10「**蒲人**」二句：蒲人、狄人，都是指重耳。何有，用於反問，表示不愛惜。11「**其無**」句：其，副詞，表示反問語氣，相當於「難道」。12「**齊桓公**」句：當初齊桓公小白與公子糾爭位，管仲輔佐公子糾。桓公與公子糾戰於乾，管仲曾用箭射中桓公上衣的鉤帶。後來桓公即位，鮑叔牙舉薦管仲為相，桓公從之。事見《左傳》莊公九年。**置**：擱在一邊。**鉤**：革帶上的鉤。13「**君若**」二句：易之，改變齊桓公的做法。辱，表敬副詞。14「**行者**」二句：行者，畏罪出走的人。刑臣，刑餘之臣，這是寺人披自稱。15 **以難**（粵：nan^{6}；普：nàn）**告**：難，災禍。寺人披將呂甥、郤芮要焚燒宮殿殺害文公的陰謀告訴了重耳。16 **潛會**：密會。**王城**：秦國地名，在今陝西朝邑東。17 **己丑晦**：己丑，三十日。晦，每月的最後一天。18 **瑕甥**：即呂甥。呂甥封邑在瑕，故稱。

譯文

呂、郤兩家害怕受到重耳的逼迫，準備燒了晉侯宮室並殺死晉侯。寺人披請求進見。晉侯派人責備他，並且拒絕接見，派去的人轉告晉侯的話說：「蒲城那一次，國君命令你過一個晚上到達蒲城，你當天就到了。後來我跟隨狄君在渭水之濱打獵，你為惠公來殺我，惠公命你過三個晚上到達，你過兩晚就到了。雖然有國君的命令，可你也太快了。蒲城被你斬斷的那只衣袖還在呢，你還是走吧！」寺人披回答說：「我以為您回國為君，已經懂得為君之道。如果還沒有，恐怕會再次遇到禍難。執行君主的命令，只有一心一意，這是古代的制度。除去國君所厭惡的人，要盡力而為。蒲人、狄人，對我來說算甚麼呢？現在您即位為君，難道就不會發生蒲、狄那樣的事件嗎？齊桓公把射鉤的事擱在一邊，而讓管仲輔佐他，您若改變齊桓公的做法，那我自會離去，何需您屈尊下令趕我走呢？假如您不能寬大為懷，那麼畏罪出走的人一定很多，豈獨我這受過刑的臣子呢！」晉文公接見了他，寺人披將呂甥、郤芮要焚燒宮殿的陰謀告訴了重耳。三月，晉侯在王城暗中會見秦伯。三十日，宮室被燒。呂甥、郤芮沒有找到晉侯，於是到了黃河邊上，秦伯把他們騙去殺掉了。

晉侯逆夫人嬴氏以歸[1]。秦伯送衛於晉三千人[2]，實紀綱之僕。

注釋

1 逆：迎。嬴氏：即秦穆公之女文嬴、懷嬴。2 衞：衞士，即護送嬴氏和重耳的軍隊。

譯文

晉侯迎接夫人嬴氏回去。秦伯送給晉國衞士三千人，充當得力的僕臣。

初，晉侯之豎頭須[1]，守藏者也[2]。其出也[3]，竊藏以逃，盡用以求納之[4]。及入，求見。公辭焉以沐[5]。謂僕人[6]曰：「沐則心覆，心覆則圖反，宜吾不得見也[7]。居者為社稷之守[8]，行者為羈紲之僕[9]，其亦可也，何必罪居者？國君而讎匹夫，懼者甚眾矣。」僕人以告，公遽見之[10]。

注釋

1 豎：未成年的小吏。頭須：小臣的名字。2 守藏（粵：臟；普：zàng）：指保管財物。3 其出：指重耳出亡的時候。4「竊藏」二句：竊藏，頭須私自帶走所管的財物。求納之，為求使重耳進入晉國。5 辭焉以沐：焉，作「之」用。沐，洗頭。重耳只知道他「竊藏以逃」，不知道他為自己回國奔走，所以拒絕接見。6 僕人：泛指供役使的奴僕。7 圖：圖謀，想法。宜：肯定副詞，表示事情理當如此，相當於「無怪乎」。8 居者：留在國內（助重耳返國）的人。社稷之守：指守護國家，社稷代稱國家。9 行者：跟隨出亡的人。羈紲之僕：為重耳背着馬絡頭、馬韁繩的僕人。10 遽（粵：巨；

普：jù）：立即。

譯文

起初，晉侯的小吏頭須，是看守庫藏、保管財物的。重耳出亡的時候，頭須私自帶着所看管的財物逃走。為使重耳回國，用盡了財物。等到晉侯回來，頭須請求接見。晉侯以洗頭為藉口，拒絕接見。頭須對僕人說：「洗頭時，低頭向下，心的位置也就顛倒了，心的位置一顛倒，想法也就反常了，無怪乎我不獲接見。留在國內的人是國家的守衛，跟隨出亡的人是背馬絡頭和韁繩的僕人，那也都是可以的，何必要加罪於留在國內的人呢？身為國君而仇視普通百姓，害怕的人就非常多了。」僕人把頭須的話轉告給晉侯，晉侯馬上接見了頭須。

狄人歸季隗于晉，而請其二子[1]。文公妻趙衰，生原同、屏括、樓嬰[2]。趙姬請逆盾與其母[3]，子餘辭[4]。姬曰：「得寵而忘舊，何以使人？必逆之！」固請，許之。來，以盾為才，固請於公，以為嫡子[5]，而使其三子下之，以叔隗為內子[6]，而己下之。

注釋

1 請其二子：狄人請求把季隗生的兩個兒子（伯儵、叔劉）留在狄。2 原同、屏括、樓嬰：即趙同、趙括、趙嬰。三人分別食邑於原、屏、樓之地，故各以邑為氏。原，在今河南濟源西北。屏地未詳。樓，在今山西永和南十里。3逆：迎接。4子餘：趙衰字。5嫡子：正妻所生之子，專指嫡長子。6內子：嫡妻，卿大夫的正室。

譯文

狄人把季隗送回晉國，而請求把季隗生的兩個兒子留在狄。晉文公把女兒嫁給趙衰，生了原同、屏括、樓嬰。趙姬請趙衰接趙盾及其母叔隗回國，趙衰推辭。趙姬說：「得到新寵而忘掉舊愛，還用甚麼來役使別人？一定要把她接回來。」趙姬堅決請求，趙衰答應了。接回來以後，趙姬認為趙盾很有才能，堅決向晉侯請求，立趙盾為嫡子，而讓自己的三個兒子位居其下，又讓叔隗做正室，自己位居其下。

晉侯賞從亡者，介之推不言祿[1]，祿亦弗及。推曰：「獻公之子九人，唯君在矣。惠、懷無親，外內棄之。天未絕晉，必將有主。主晉祀者[2]，非君而誰？天實置之[3]，而二三子以為己力，不亦誣乎[4]？竊人之財，猶謂之盜，況貪天之功以為己力乎[5]？下義其罪，上賞其姦；上下相蒙[6]，難與處矣。」其母曰：「盍亦求之？以死，誰懟[7]？」對曰：「尤而效之[8]，罪又甚焉。且出怨言，不食其食。」其母曰：「亦使知之，若何[9]？」對曰：「言，身之文也[10]。身將隱[11]，焉用文之？——是求顯也[12]。」其母曰：「能如是乎？與女偕隱。」遂隱而死。晉侯求之，不獲，以緜上為之田[13]，曰：「以志吾過[14]，且旌善人[15]。」

注釋

1介之推：追隨重耳出亡者之一，姓介，名推，之為語助詞。春秋時人名中有「之」字，皆屬其類。2主晉祀者：即晉國國君。3置：立。4「而二三子」二句：二三子，指從亡之臣。誣，欺騙。5貪：偷取，盜取。6蒙：欺騙。7「盍亦」二句：盍，「何不」的合音。懟（粵：兑；普：duì），怨恨。8尤而效之：尤，罪過。這裏用作動詞，指責備罪過。效，效法。之，指從亡者。9若何：如何。10文：紋飾。11將：欲。12求顯：求被人所知。13緜（粵：棉；普：mián）上：晉國地名，在今山西介休東南四十里介山之下，介山也稱緜山。為之田：作為介之推的封田。14志：記。15旌：表揚。

譯文

晉侯賞賜跟隨他逃亡的人，介之推沒有提及祿位，祿位也沒有給他。介之推說：「獻公的九個兒子，只有國君還在世。惠公、懷公沒有親近的人，國內外都遺棄他們。上天不絕晉國，必定會有君主。主持晉國祭祀的人，不是他還有誰呢？上天確實要立他為君，而從亡者卻以為是自己的力量，這不是欺騙嗎？偷別人的財物，尚且叫作盜，更何況貪取上天功勞以為自己的力量呢？在下位的人把貪天之功的罪過當作自己有立君之義，在上位的人又以立君的功勞獎賞貪天之功的罪人，上下互相欺騙，很難和他們相處。」他母親說：「你何不也向晉侯求封賞，就這樣死去，那又將怨恨誰呢？」介之推回答說：「責備他們的罪過卻又仿效他們，罪過就比他們更大了，而且我口出怨言，不能吃他的俸祿。」他母親說：「即使不求祿，也讓他們知道這個道理，如何？」介之推回答說：「言語，是身體的紋飾，身體欲隱藏，哪裏用得着紋飾？這是去求顯露。」他母親說：「你能夠這樣嗎？我和你一起隱居。」於是介之推就隱居而死。晉侯到處尋找他，沒有找到，就把緜上作為他的封田，說：「用這裏來記下我的過失，並且表揚好人。」

十一　晉楚城濮之戰

魯僖公二十七、二十八年（前六三三——前六三二年）

城濮之戰，為春秋前期的第一大戰役，關係到此後中原全局的發展。當時，楚國崛起，勢力已擴大到黃河下游，有席捲中原之勢，非但齊、宋無可匹敵，魯、衞、鄭、陳、蔡、許更俯首歸附。而狄人入侵王畿。正所謂「南夷與北狄交侵，中國不絕如線」（《公羊傳》僖公四年）。楚自敗於城濮後，勢力退出中原，而狄人亦漸衰弱，晉文公得以奠定霸業。自此晉侯主盟中原百有餘年，為國際局勢帶來長期的穩定。

晉文公得國才三四年，卻能於城濮挫敗強楚，一戰而霸，究其原因，實有多端，包括君臣相得，群策群力，或運籌帷幄，或馳騁疆場，各擅勝場，施展戰術謀略，審時度勢，進退得宜，而其主因則在於德禮兼備。魯卿季孫行父說：「先君周公制周禮曰：『則以觀德，德以處事，事以度功，功以食民。』」（《左傳》文公十八年〔前六〇九年〕）「則」即禮之準則。德內禮外，相為表裏，可通過人的外在的禮儀來觀察其內在的德行。這是周公制禮的總綱領。德禮為《左傳》作者所津津樂道，是書中臧否人物、評議成敗的依據。《左傳》記錄了大量的春秋賢士論禮的精義，如鄭子產說「德，國家之基也」（襄公二十四年〔前五四九年〕），周室內史過說「禮，國之幹也」（僖公十一年〔前六四九年〕），鄭卿子皮也說過同樣的話（襄公三十年〔前五五四年〕）。魯卿孟獻子說「禮，身之幹也；敬，身之基也」，孟僖子也說「禮，人之幹也。無禮，無以立」（昭公七年〔前五三五年〕）。子貢甚至說「夫禮，死生存亡之體也」，叔孫婼就曾說宋大夫桐門右師「無禮，必亡」（昭公二十五年〔前五一七年〕）。

德、禮是人立身處世的依據，也是國家的基石，與人的生死、國家的興亡攸關。實踐德、禮，是奉行天道的不二之途，故季文子說：「禮以順天，天之道也。」（文公十五年〔前六一二年〕）無禮，即反天，難免有禍難；有禮，即順天，能保有福祿。這正是《左傳》作者的一貫主張。為君者以禮治國於內，以德綏諸侯於外，自能成為諸侯霸主。在寧母之盟時（《左傳》僖公七年〔前六五四年〕），管仲對齊桓公說：「臣聞之：招攜以禮，懷遠以德。德、禮不易，無人不懷。」齊桓公採納管仲的建議，修禮於諸侯，確立霸主的地位，接受諸侯職貢。晉、楚爭雄，或成或敗，關鍵就在德、禮二字。《傳》文對晉文公君臣兼具德禮大書特書。晉文公流亡時，到過楚國，楚成王褒美他「文而有禮」，還說「天將興之，誰能廢之？」斷言晉文公獲得天助。此時，楚成王讚賞晉文公「有德不可敵」，還說「天之所置，其可廢乎？」堅持不要與他爭戰。楚成王所言前後一致，一再申明晉文公兼德禮而有之，興霸自是天命所歸。

晉文公歸國為君之後，以文德教化人民，進行了連串重大舉動，包括勤王、伐原、大蒐，藉此向人民示義、示信、示禮。人民知禮而後可用，晉文公就是憑藉文德教化，成就「一戰而霸」。正如魯大夫臧僖伯所言，蒐禮有明貴賤、順少長的作用。作戰之前，晉文公登上有莘之墟觀師，說「少長有禮，其可用也」，展示了大蒐的效果。《傳》文記錄「君子」將晉勝楚歸結為「能以德攻」，褒揚晉文公能以德禮戰勝敵人。晉軍將佐，同樣知禮。城濮戰前，楚成王及諸侯包圍宋國，宋人向晉國告急。先軫說：「報施救患，取威定霸，於是乎在矣。」「救患」是履行霸主的職份。狄人侵邢，齊桓公帶領諸侯之師救邢，將邢遷到夷儀，為它築城，就是「救患」。《左傳》因此事發凡起例說：「凡侯伯，救患、分災、討罪，禮也。」（僖公元年〔前六五九年〕）身為諸侯之長（這裏指齊桓公），就要拯救患難、分擔災害、討伐罪人。只有這樣做，才合於禮。換言之，能救患者，就足以擔當諸侯之長。先軫促請晉文公救宋之患，顯然就是藉此踐行侯伯之禮，高舉正義之師的旗號，取得威望，奠定霸業。後來，晉文公在被廬閱兵，建立三軍，商議元帥人選。趙衰推舉郤縠，理由是他說禮樂而敦《詩》、《書》，德義兼備。派遣子犯（狐偃）率領上軍，子犯以其兄狐毛年長而讓給他。任命趙衰為卿，趙衰讓給欒枝、先軫。後來，中軍帥郤縠死了，原軫以下軍佐擢升為中軍帥，「上德」即崇尚將領德行的具體反映。下軍盡顯晉軍將佐謙和禮讓。無獨有偶，魯襄公十三年（前五六〇年），晉悼公在綿上閱兵，重新任命各軍將帥。任命士匄為中軍將，士匄以荀偃年長之故，讓位給他。任命韓起為上軍將，韓起讓給趙武，又讓給欒黶，欒黶以為自己不如韓起，請依從他的意願。「君子」對諸將佐的禮讓讚歎不已，圍繞「讓，禮之主也」作了一番演繹。君子所言，同樣適用於評說被廬之蒐。子玉曾派宛春向晉軍提出解除宋圍的條件，要求晉人復衞封曹。晉軍將佐子犯、先軫商議此事，話題離不開「禮」與「無禮」。子犯認為，子玉只給晉君一項好處，自己卻得到兩項好處，要求無禮，可伐其罪。先軫強調安定別人之國才叫禮，認為楚人一句話而安定三國，若不依所請，將亡三國，則晉為無禮。據此，可見晉軍將佐視「禮」為行事的首要準則。將帥的建議，晉文公均予採納，足見晉軍君臣相得，各人精神抖擻，神氣活現。

《傳》文寫楚帥子玉，着重表現他無禮的一面，與晉文公君臣一方，兩兩對照，褒貶分明，孰勝孰敗，隱然可判。開篇記楚成王圍宋前之事，載錄楚大夫蔿賈說子玉「剛而無禮」，更預言子玉之敗，為晉勝楚敗作張本，晉子犯也說「子玉無禮」，兩語前呼後應。楚成王本不欲戰，命令子玉撤去宋圍，但子玉驕狂躁進，剛愎自用，違抗君命，執意要與晉人決一雌雄，以致君臣失和、將士不協。晉人用計使曹、衞與楚絕交，子玉暴怒，下令進擊晉軍。晉軍退避三舍，實踐晉文公當初對楚成王許下的諾言。楚軍將士都想就此停止，獨獨子玉一人不肯罷休，咄咄逼人。君退臣進，顯得理虧。晉軍義憤填膺、士氣高昂，楚軍一戰即潰。

晉文公敗楚於城濮後，便在鄭地衡雍為避難於鄭國的周襄王建造行宮，向周天子獻上俘獲的楚軍。向周天子獻俘，為的是表明「尊王攘夷」的心跡。周天子卿士單襄公曾說：「蠻夷戎狄，不式王命，淫湎毀常，王命伐之，則有獻捷。王親受而勞之，所以懲不敬、勸有功也。」（成公二年〔前五八九年〕）楚為蠻夷，晉文公獻楚俘於王，表示自己是奉王命伐楚，是正義之舉。周襄王於是策命晉文公為諸侯之長，賜予他車服、弓矢、秬鬯、虎賁。晉文公又在踐土的王庭，與魯、衛、蔡、鄭、齊、宋、莒諸國及周王卿士王子虎結盟，聲明齊心共扶王室，互不相害。自此確立了晉的霸主地位。

篇中敘事，手法高妙，多有可稱道之處。如寫戰前，晉欲戰，而楚不戰，到楚欲戰時，晉卻不戰。欲戰（切近，貼題）與不戰（揚開，離題），離合相生，盤旋跌蕩，反覆輪轉，方才述及城濮一戰。

臺北故宮博物院藏有十二件「子犯編鐘」，器身上皆鑄有銘文，共計一百三十二字，主要頌揚子犯輔佐晉文公成就霸業之功。銘文所述之事，如城濮之戰等，多可與《傳》文互證。部分內容更可補史傳的缺略，如周襄王及諸侯對子犯寵異有加，天子賜他輅車、四馬、服飾等，諸侯另贈他鑄鐘吉金，因而得以鑄成編鐘。

楚子將圍宋[1]，使子文治兵於睽[2]，終朝而畢，不戮一人[3]。子玉復治兵於蔿[4]，終日而畢，鞭七人，貫三人耳[5]。國老皆賀子文[6]。子文飲之酒[7]。蔿賈

尚幼[8]，後至不賀。子文問之，對曰：「不知所賀。子之傳政於子玉，曰：『以靖國也[9]。』靖諸內而敗諸外，所獲幾何？子玉之敗，子之舉也[10]。舉以敗國，將何賀焉？子玉剛而無禮[11]，不可以治民，過三百乘[12]，其不能以入矣[13]。苟入而賀，何後之有？」

注釋

1 **楚子**：指楚成王。「子」，中原諸侯以外的國君的通稱。楚、吳、越之君，雖皆僭稱「王」，但《春秋》一概稱「子」，《左傳》沿用這種稱謂。楚成王糾合陳穆公、蔡莊侯、鄭文公、許僖公圍宋。2 **子文**：楚國令尹。睽（粵：葵；普：kuí）：楚國邑名，在今湖北江陵附近。3 **「終朝」二句**：朝（粵：蕉；普：zhāo），自旦至食時。戮，殺。4 **子玉**：成得臣之字，繼子文為楚國令尹。**蔿**：楚國邑名，在郢都附近，今不詳所在。5 **貫耳**：當時軍中的一種刑罰，用箭穿耳。貫，刺穿。6 **國老**：國之長老，卿大夫致仕者，即退休老臣。**賀子文**：子玉當令尹是子文薦舉的，現在子玉嚴於治兵，所以國老祝賀子文薦舉得人。7 **飲**（粵：蔭；普：yìn）：使……飲。**之**：這裏指代國老。8 **蔿賈**（粵：鼓；普：gǔ）：楚國大夫，字伯嬴，孫叔敖之父。9 **靖國**：安定國家。10 **舉**：舉薦。11 **剛**：剛強。12 **乘**：一車四馬為乘，配備甲士三人，步卒七十二人。一說，車一乘有甲士十人，步卒亦十人。13 **其**：表示揣測的語氣。**以**：率領。後面省略了賓語「三百乘」。入：進入，指全軍回到楚國境內。

譯文

楚成王準備出兵包圍宋國，派遣子文在睽地演習作戰，一個早晨就完事了，沒有殺戮一個人。子玉又在蔿地演習作戰，一天才完事，鞭打了七個人，用箭刺穿了三個人的耳朵。退休的老臣們都祝賀子文推薦得人。子文請他們喝酒。蔿賈年紀還小，後到，不祝賀。子文問他為甚麼不祝賀，蔿賈回答說：「不知道該祝賀甚麼。您把政權傳給子玉，說：『為了安定國家。』安定於內而失敗於外，所得到的又有多少呢？子玉作戰失敗是由於您的舉薦。舉薦而使國家敗壞，有甚麼可以祝賀的呢？子玉剛強而無禮，不能讓他治理百姓，率領軍車超過了三百乘，恐怕就不能回國了。如果回來再祝賀，又怎算晚呢？」

冬，楚子及諸侯圍宋[1]。宋公孫固如晉告急[2]。先軫曰[3]：「報施救患[4]，取威定霸[5]，於是乎在矣！」狐偃曰：「楚始得曹，而新昏於衛[6]，若伐曹、衛，楚必救之，則齊、宋免矣[7]。」

注釋

1 諸侯：這裏指陳穆公、蔡莊侯、鄭文公、許僖公等。2 公孫固：宋國貴族。宋莊公之孫。3先軫（粵：診；普：zhěn）：食邑於原，故又名原軫，晉國大夫。4報：報答。施：施捨、施恩。晉文公逃亡在外時，「及宋，宋襄公贈之以馬二十乘。」此所謂「施」。患：指宋國被圍的事。5取威定霸：號令諸侯，奠定霸業。6昏：同「婚」，結為婚媾。7免：免於被攻擊。《左傳》僖公二十六年載：魯僖公以楚師伐齊，取穀（齊國邑名，在今山東東阿），楚國派申公叔侯戍穀以威脅齊。狐偃的意思是：楚國既然包圍了宋，得到宋以後必然會攻打齊國，如果晉國攻打曹、衛，楚國一定會分兵去救他們，那麼戍守穀地與圍宋的楚軍就都會撤走，齊、宋也就都可以免於被攻擊。

譯文

僖公二十七年冬，楚成王和諸侯包圍宋國。宋國的公孫固到晉國報告情況緊急。先軫說：「報答施捨，解救患難，取得威望，成就霸業，都在這次舉動了。」狐偃說：「楚國剛得曹國歸附，新近又與衞國通婚，假如攻打曹、衞兩國，楚國必定救援，那麼齊國和宋國就可以免於被攻擊。」

於是乎蒐于被廬[1]，作三軍[2]，謀元帥[3]。趙衰曰：「郤縠可[4]。臣亟聞其言矣[5]，說禮、樂而敦《詩》、《書》[6]。《詩》、《書》，義之府也[7]；禮、樂，德之則也；德、義，利之本也。《夏書》曰：『賦納以言，明試以功，車服以庸。』[8]君其試之。」乃使郤縠將中軍，郤溱佐之[9]；使狐偃將上軍，讓于狐毛而佐之[10]；命趙衰為卿[11]，讓於欒枝[12]、先軫。使欒枝將下軍，先軫佐之。荀林父御戎[13]，魏犫為右[14]。

注釋

1 蒐：本指春天打獵，一說是秋天打獵。古代狩獵也是一種軍事行動，春秋時常以狩獵為演習軍事的一種方式。被（粵：披；普：pī）廬：晉國地名，在今山西曲沃東南，晉都絳之東南。2 作：這裏指建立。三軍：晉國最初只有一軍，閔公元年（前六六一年），建立上下兩軍，至此始立三軍，復大國之禮。3 謀：商議。元帥：軍中將帥之長。晉軍上、中、下三軍各有一將一佐，合為六卿。三軍以中軍為尊，中軍帥是為元帥。4 郤縠（粵：鵠；普：hú）：晉國大夫。5 亟：屢次。6 說：通「悅」，愛好。敦：厚。這裏指崇尚。說禮樂而敦詩書，指郤縠愛好禮樂之事，崇尚《詩》、《書》之文。7 府：府藏（粵：臟；普：zàng），倉庫。8《夏書》：《尚書》的一部分。《尚書．虞書．舜典》作：「敷奏以言，明試以功，車服以庸。」《益稷》作：「敷納以言，明庶以功，車服以庸。」「賦納」三句：賦，取。車服，這裏用作動詞，賞賜車馬衣服。古時候的車和服是相配套的。庸，功績。9 郤溱（粵：津；普：zhēn）：當是郤縠的族人，晉國大夫。10 狐毛：狐偃之兄。11 為卿：這裏指將下軍。12 欒（粵：聯；普：luán）

枝：欒賓之孫，欒共叔之子，亦稱欒貞子，晉國大夫。13 御戎：為晉文公駕車。御，駕御。戎，兵車。荀林父：亦稱中行桓子，中行氏之祖，晉國大夫。14 魏犨：即魏武子，晉國大夫。右：車右，又稱戎右、驂乘。春秋戰車，每車甲士三名，除一員主將之外，一人駕車，一人為右，即位於車之右側，執戈盾保衞並充任使役，皆以勇力之士擔任。

譯文

晉國因此而在被廬閱兵，建立了三軍，商議元帥的人選。趙衰說：「郤穀可以充當。我多次聽到他的話，愛好禮樂而崇尚《詩》、《書》。《詩》、《書》是道義的府庫，禮樂是道義的準則；道義是利益的根本。《夏書》說：『廣泛採納他們的意見，明確考察他們的事功，賞賜車馬服飾要依據他的功績。』您不妨試一下。」晉文公於是任命郤穀統率中軍，郤溱輔助他；任命狐偃統率上軍，狐偃讓給狐毛而自己輔助他；任命趙衰為卿，趙衰讓給了欒枝、先軫。任命欒枝統率下軍，先軫輔佐他。荀林父為國君駕御戰車，魏犨為車右。

晉侯始入而教其民[1]。二年，欲用之。子犯曰：「民未知義，未安其居[2]。」於是乎出定襄王[3]，入務利民[4]。民懷生矣[5]。將用之，子犯曰：「民未知信，

未宣其用[6]。」於是乎伐原以示之信[7]。民易資者，不求豐焉，明徵其辭[8]。公曰：「可矣乎？」子犯曰：「民未知禮，未生其共[9]。」於是乎大蒐以示之禮[10]，作執秩以正其官[11]。民聽不惑，而後用之。出穀戍，釋宋圍，一戰而霸[12]，文之教也[13]。

注釋

1 始入：指魯僖公二十四年（前六三六年）重耳從秦國返回晉國，以教化其民為首務。

2 民未知義：民不知事君之義，則苟且偷生，用之易至於逃散。未安其居：即未安定於居處。3 出定襄王：僖公二十四年冬，周襄王避王子帶昭叔之難，逃亡到鄭國。第二年，晉文公出兵殺了王子帶，送襄王回國。出，離開晉國。定，使穩固。這是為了教民以義。4 入：返回晉國。務：努力從事。利民：使民得利。5 懷生：懷，安。安其生，知生之可樂。6 宣：明白、知曉。用：作用。7 伐原：周襄王因為晉文公扶持王室有功，便把原（周地名，在今河南濟源北而稍西）等幾個地方賞賜給他，但這些地方的人都很不服氣。於是僖公二十五年冬，晉包圍了原，命令軍隊帶三天糧食。到了第三天，原還不投降，就下令撤退。間諜從城裏出來，說：「原就要投降了。」軍吏說：「請等待一下，再撤軍。」晉文公說：「信用，是國家之寶貝，百姓靠它庇護，得到原國而失去信用，用甚麼庇護百姓？會丢掉更多的東西。」於是退兵三十里。原國投降。

8易資：交換財物，即做買賣。不求豐：不欺詐以求豐多。明徵其辭：明確，徵驗。猶言實價不二。明、徵，這裏都是使動用法。9共：通「恭」，恭敬，指將事恭敬之心。10大蒐以示之禮：蒐禮以明貴賤、順少長。11執秩：掌管爵祿官位的官員。正其官：使……正，明確劃定其職份。12一戰：指明年的城濮之戰。13文之教：以文德教民，指上述勤王示義、伐原示信、大蒐示禮。

譯文

晉文公一回國，就教化百姓，過了兩年，就想使用他們。子犯說：「百姓還不知道道義，還沒有各安居處。」於是晉文公出外去安定周襄王的王位，回國後致力於使民得利，百姓安居樂業。晉侯又打算使用他們，子犯說：「百姓還不知道信用，還不明白它的作用。」於是晉文公攻打原國來讓百姓明白信用。百姓做買賣不求暴利，只求明碼實價。晉文公說：「行了嗎？」子犯說：「百姓還不知道禮儀，還沒有產生恭敬之心。」於是晉文公舉行盛大的閱兵來讓百姓看到禮儀，設置執秩之官來規定各官員的職責。等到百姓聽到事情後能夠明辨是非，然後才使用他們。趕走了楚國在穀地的駐軍，解除了楚軍對宋國的包圍，打一仗就稱霸諸侯，這些都是文德教化的結果。

二十八年春，晉侯將伐曹，假道于衛[1]。衛人弗許。還，自南河濟[2]，侵曹伐衛[3]。正月戊申，取五鹿[4]。二月，晉郤穀卒。原軫將中軍，胥臣佐下軍，上德也[5]。晉侯、齊侯盟于斂盂[6]。衛侯請盟[7]，晉人弗許。衛侯欲與楚[8]，國人不欲，故出其君以說于晉[9]。衛侯出居于襄牛[10]。

注釋

1**假道于衛**：曹在衛東，故向衛借路，晉文公流亡時衛君對他無禮。2**還，自南河濟**：古黃河東北流，晉師自西向東，如衛肯借路，則由衛境渡河。衛既不肯借路，晉師只好改變方向，繞道從衛國南邊的南河渡河，再向東進發。還，繞道。濟，渡河。南河，即南津，在河南淇縣之南、延津之北。3**侵、伐**：聲罪致討，鐘鼓堂堂稱「伐」，鐘鼓不備或不用稱「侵」，以輕師掩其不備稱「襲」。4**五鹿**：衛國地名。5**「原軫」三句**：原軫，即先軫。原軫以下軍佐擢升為中軍帥，是由於崇尚將領之德的緣故。上，通「尚」，崇尚。胥臣：臼季之名，晉國大夫。6**盟**：用作動詞，訂立盟約。齊孝公以楚申叔戍穀之逼，從晉求援，故與晉文公結盟。斂盂：衛國地名，在今河南濮陽東南。7**請盟**：請求與齊、晉結盟。8**與**：親附，順從。9**出**：指逐出。說：通「悅」，取悅、討好。10**襄牛**：衛國地名，在衛國都城以東，今河南范縣境內。

譯文

僖公二十八年春，晉文公準備攻打曹國，向衛國借路。衛國不答應。只好回師，繞道從衛國南邊的南河渡過黃河，再向東進發，侵襲曹國，攻打衛國。正月初九日，佔領了衛國的五鹿。二月，晉國的郤縠死了，原軫從下軍佐躍升為中軍帥，胥臣輔佐下軍，這是表示崇尚德行。晉文公和齊昭公在斂盂結盟。衛成公請求參加盟會，晉人不答應。衛成公想親附楚國，國人不願意，所以趕走了他們的國君，來討好晉國。衛成公離開國都住在襄牛。

公子買戍衛[1]，楚人救衛，不克[2]。公懼於晉，殺子叢以說焉[3]。謂楚人曰：「不卒戍也[4]。」

注釋

1 公子買：魯國大夫，即下文的子叢。衛與楚結為姻親，魯想親近楚，曾派公子買戍衛。2 克：勝利。3 說焉：說，通「悅」。取悅於晉。4 不卒戍也：卒，完成。魯君又害怕楚責難其取悅於晉，所以詐稱公子買不終戍事而歸，故殺之。

譯文

公子買駐守衛國，楚國人救援衛國，沒有獲勝。魯僖公怕晉國怪罪，殺了公子買來討好晉國，騙楚人說：「他駐守尚未滿期就想走，所以殺了他。」

晉侯圍曹[1]，門焉[2]，多死。曹人尸諸城上[3]，晉侯患之，聽輿人之謀[4]，稱「舍於墓」[5]。師遷焉。曹人兇懼[6]，為其所得者，棺而出之[7]。因其兇也而攻之[8]。三月丙午[9]，入曹，數之以其不用僖負羈而乘軒者三百人也[10]，且曰：「獻狀。」[11]令無入僖負羈之宮[12]，而免其族[13]，報施也[14]。魏犨、顛頡怒曰：「勞之不圖，報於何有[15]！」爇僖負羈氏[16]。魏犨傷於胸。公欲殺之，而愛其材[17]。使問[18]，且視之[19]。病[20]，將殺之。魏犨束胸見使者曰：「以君之靈[21]，不有寧也[22]。」距躍三百，曲踊三百[23]，乃舍之。殺顛頡以徇于師[24]，立舟之僑以為戎右[25]。

注釋

1曹：指曹國都城。春秋時各國國名與都名多相同。2門：用作動詞，攻打城門。3尸：屍體。用作動詞，指陳列屍體，堆放死人於城上。4輿人：眾人。5稱：宣稱。舍（粵：卸；普：shè）於墓：在曹軍主力（即國人）邦墓之地駐紮。舍，居。6兇懼：同義連文，猶今言恐懼。曹人恐晉師掘其墓地，故恐懼。7棺：用作動詞，裝入棺材。8因：趁着。9丙午：八日。10數：責數其罪。僖負羈：曹國大夫。晉文公於魯僖公二十三年（前六三七年）流亡到曹，曹君對他無禮，僖負羈曾「饋盤飧置璧」。事見〈重耳出亡始末〉。軒：大夫以上所乘之車。11獻狀：指曹共公曾偷窺其裸浴，欲觀其駢脅之狀，故云欲自獻其駢脅之狀以供觀看。獻，呈露。狀，形體。12宮：室，指住所。13免：赦免。14報施：報饋盤飧置璧的恩施。15「勞之」二句：勞之不圖，不圖勞之的倒裝。報於何有，何有報之的倒裝。二人皆曾跟隨晉文公出亡，所以會說這樣的話。16爇（粵：熱；普：ruò）：燒。17愛：惜。18問：慰問，問候。19視：視察病情。20病：病重，這裏指傷重。21以：憑着。靈：福。22不有寧也：反問句，猶言豈能不寧。寧，安。23距躍、曲踊：皆跳躍之名，向上跳為距躍，向前跳為曲踊。以示猶可用。24徇：巡行示眾。以示違命者不可赦。25舟之僑：本是虢國大夫，魯閔公二年（前六六〇年）逃亡到晉。立舟之僑為右以代魏犫，則魏犫被免職。

譯文

晉文公發兵包圍曹國都城，攻打城門，戰死的人很多。曹軍把晉軍的屍體陳列在城上，晉文公擔心會搖動軍心。聽了眾人的主意，聲稱「在曹國人的墓地駐紮」。晉軍軍隊轉移到那裏。曹國人恐懼，把他們得到的晉軍屍體裝進棺材運出城去。晉軍趁着曹軍恐懼而攻城。三月初八日，晉軍攻入曹都。晉文公責備曹君不任用僖負羈，坐車的大夫卻有三百人，並且說：「我來自呈駢脅之狀。」下令不許進入僖負羈的家裏，同時赦免他的族人，這是為了報答當年的恩惠。魏犫、顛頡發怒說：「不想報答我們的功勞，還說甚麼報答。」他們放火燒了僖負羈的家。魏犫胸部受傷，晉文公想殺了他，但又愛惜他的才幹，派人去慰問，同時察看病情。如果傷勢嚴重，就打算殺了他。魏犨捆紮胸膛出見使者，說：「托國君的福，豈能不安好。」接着向上跳了好多次，向前跳了好多次。晉文公就饒恕了他，殺了顛頡示眾，改用舟之僑為車右。

宋人使門尹般如晉師告急[1]。公曰：「宋人告急，舍之則絕[2]，告楚，不許。我欲戰矣，齊、秦未可[3]，若之何[4]？」先軫曰：「使宋舍我而賂齊、秦，藉之告楚[5]。我執曹君[6]，而分曹、衛之田以賜宋人。楚愛曹、衛，必不許也。喜賂、怒頑[7]，能無戰乎？」公說，執曹伯，分曹、衛之田以畀宋人[8]。

注釋

1門尹般：宋國大夫。門尹，官名，大概是掌守門的重臣。般，人名。2舍：同「捨」，棄之不救。絕：晉、宋關係就要斷絕。3可：贊成，同意。4若之何：同「若何」，如何、怎麼辦。5藉之告楚：通過齊、秦去請釋宋圍。藉，借。之，齊、秦。6執：拘捕，抓住。7頑：指楚不受齊、秦之請。8畀（粵：比；普：bì）：給。

譯文

宋國派門尹般到晉軍中報告情況危急。晉文公說：「宋國來報情況危急，不去救他便斷絕了交往，要求楚國解除對宋國的包圍，他們又不答應。我們想作戰，齊國和秦國又不同意。怎麼辦？」先軫說：「讓宋國丟開我國而去給齊國、秦國送財物，通過他們兩國去請求楚釋宋圍。我們抓住曹君，把曹國、衛國的田地分給宋國。楚國喜歡曹衛兩國，必定不答應齊國和秦國的請求。齊國和秦國喜歡宋國的財物而惱怒楚國的頑固，能不打仗嗎？」晉文公很高興，抓住了曹共公，把曹國和衛國的田地分給了宋人。

楚子入居于申[1]，使申叔去穀[2]，使子玉去宋，曰：「無從晉師[3]！晉侯在外，十九年矣[4]，而果得晉國[5]。險阻艱難，備嘗之矣[6]；民之情偽[7]，盡知之矣。天假之年，而除其害[8]，天之所置，其可廢乎？《軍志》曰[9]：『允當則歸。』[10]又曰：『知難而退。』又曰：『有德不可敵。』此三志者，晉之謂矣[11]。」子玉使伯棼請戰[12]，曰：「非敢必有功也，願以間執讒慝之口[13]。」王怒，少與之師，唯西廣、東宮與若敖之六卒實從之[14]。

注釋

1 入：申在方城內，楚子由伐宋退居方城內，故曰入。2 申叔：申公叔侯。去：離開。穀：齊地，在今山東東阿東河鎮。魯僖公二十六年為楚所取，由申公叔侯戍守。

3從：讀去聲，追逐、爭戰。4十九年矣：晉文公以魯僖公五年（前六五五年）出奔，在狄十二年，魯僖公二十四年（前六三六年）方入晉，以夏曆數之，整整十九年。5果：終竟。6備：全，都。7情：實。偽：假。情偽猶今言真偽。8「天假」二句：假，借為給予。之，其。害，指晉惠公、懷公及呂甥、郤芮。晉文公當時已六十六歲，所以楚成王這樣說。9《軍志》：古代的兵書，已佚。10允當則歸：無求過份，適可而止。11晉之謂矣：說的就是晉國。12伯棼（粵：焚；普：fén）：名鬬椒，伯棼為其字，楚國大夫。13間執：堵塞。讒慝（粵：剔；普：tè）：邪惡，指好言人之過惡，搬弄是非。這裏指蔿賈謂「子玉過三百乘不能以入矣」。14西廣：楚君親兵分為左廣、右廣，西廣可能是右廣，即楚國的右軍。一廣十五乘。東宮：太子所居之宮。這裏指太子宮中衞隊。若敖：若敖為楚武王之祖，楚君若無謚號，皆稱「敖」，並冠以所葬之地。則「若敖」為楚君之葬於若者，實亦子玉之祖。卒：三十乘為一卒，六卒為一百八十乘。若敖之六卒，疑是若敖初設的宗族親軍。楚王不想與晉戰，但子玉欲戰。即使楚成王少給他軍隊，楚軍仍眾，除子玉原將圍宋之軍外，又加上西廣、東宮及若敖的六卒。

譯文

楚成王進入申邑住下，讓申叔離開穀地，讓子玉離開宋國，說：「不要追逐晉國軍隊！晉侯在外邊十九年了，而最終得到了晉國。險阻艱難，都嘗過了；民情真假，都知道了。上天給予他年壽，除掉了他的禍害，上天所設置的，難道能廢除嗎？《軍志》說：『適可而止。』又說：『知難而退。』又說：『有德的人不能抵擋。』這三條記載，說的就是晉國。」子玉派伯棼向成王請戰，說：「不敢說一定有功勞，願意以此塞住奸邪小人的嘴巴。」楚成王發怒，少給他軍隊，只有西廣、東宮和若敖的一百八十輛戰車跟去。

子玉使宛春告於晉師曰[1]：「請復衛侯而封曹[2]，臣亦釋宋之圍。」子犯曰：「子玉無禮哉！君取一，臣取二[3]，不可失矣。」先軫曰：「子與之[4]。定人之謂禮[5]。楚一言而定三國，我一言而亡之。我則無禮，何以戰乎？不許楚言，是棄宋也；救而棄之，謂諸侯何[6]？楚有三施，我有三怨，怨仇已多[7]，將何以戰？不如私許復曹[8]，衛以攜之[9]，執宛春以怒楚，既戰而後圖之。」公說。乃拘宛春於衛，且私許復曹、衛。曹、衛告絕於楚。

注釋

1 宛春：楚國大夫。2 復：指復位。衛侯出居於襄牛，但還在衛國境內，所以說「復」。封：帝王以土地、爵位、名號賜人謂之「封」。封曹，即賜曹國以土地。曹君被執於宋，等於國滅君廢，所以說「封」。這是一種較為禮貌的說法。3「君取一」二句：一，指給晉文公「釋宋之圍」一項好處。二，指子玉得「復衞侯」和「封曹」兩項好處。4與：許。這裏指許其所請。5定人：安定別人（國）。6謂諸侯何：對諸侯該怎麼說？指無辭以對齊、秦諸國。7「楚有」二句：三施：指施恩於宋、曹、衞三國。三怨：指宋、曹、衞三國皆將怨晉。8私：私下。9攜：離間。指把曹、衞拉到自己一方，使他們和楚離心。

譯文

子玉派宛春到晉軍中報告說：「請恢復衞侯的君位，同時把土地退還曹國，我也解除對宋國的包圍。」子犯說：「子玉無禮啊！國君您得到的只是解除對宋國的包圍一項好處，而他得到的卻是復衞封曹的兩項好處，這次打仗的機會不可失掉。」先軫說：「您答應他。安定別人叫作禮，楚人一句話而安定三國，我們一句話卻使他們滅亡，我們就無禮，拿甚麼來作戰呢？不答應楚國的請求，這是拋棄宋國；救援了又拋棄它，將怎麼對諸侯說呢？楚國有三項恩惠，我們有三項怨仇。怨仇已太多，準備拿甚麼作戰？不如私下答應恢復曹國和衞國來離間他們，逮住宛春來激怒楚國，等打起仗再說。」晉文公很高興。於是把宛春囚禁在衞國，同時私下答應恢復曹、衞。曹、衞便與楚國絕交。

子玉怒，從晉師[1]。晉師退。軍吏曰：「以君辟臣，辱也；且楚師老矣[2]，何故退？」子犯曰：「師直為壯，曲為老[3]；豈在久乎？微楚之惠不及此[4]，退三舍辟之，所以報也。背惠食言，以亢其讎[5]，我曲楚直。其眾素飽[6]，不可謂老。我退而楚還，我將何求？若其不還[7]，君退臣犯，曲在彼矣。」退三舍。楚眾欲止，子玉不可。

注釋

1 從晉師：撤宋之圍而追逐晉師。2 楚師老：楚師去年冬圍宋，至此已五六月，故已疲憊。3 師直為壯、曲為老：直，理直；曲，理虧。壯，士氣盛壯；老，士氣衰弱。4 微：沒有。楚之惠：指晉文公流亡時受到楚成王禮待，並由楚成王護送他到秦。事見〈重耳出亡始末〉。5 亢：通「抗」，庇護、保衛。其讎：楚國的仇敵，指宋國。6 素：向來。飽：士氣飽滿。7 若其：若、其同義，標示選擇複句。

譯文

子玉發怒，追逐晉軍。晉軍後退。軍吏說：「以國君的身份躲避臣下，這是恥辱。況且楚軍已經疲憊，為甚麼後退？」子犯說：「軍隊打仗，理直的士氣盛壯，理虧的士氣衰弱，哪裏在乎在外作戰時間的長短呢？如果沒有楚國的恩惠，我們到不了這裏。退九十里避他們，就是作為報答。背棄恩惠，說話不算數，用這個來庇護敵人，我們理虧而楚國理直，他們的士氣一向飽滿，不能認為是衰弱。我們後退而楚軍撤回，我們還求甚麼？若他們不撤回，國君後退，而臣下進犯，他們就理虧了。」晉軍後退九十里。楚國將士想停下來，子玉不同意。

夏四月戊辰[1]，晉侯、宋公、齊國歸父、崔夭、秦小子憖次于城濮[2]。楚師背酅而舍[3]，晉侯患之。聽輿人之誦曰[4]：「原田每每，舍其舊而新是謀。」[5]公疑焉。子犯曰：「戰也！戰而捷，必得諸侯；若其不捷，表裏山河[6]，必無害也。」公曰：「若楚惠何？」欒貞子曰[7]：「漢陽諸姬[8]，楚實盡之[9]。思小惠而忘大恥[10]，不如戰也。」晉侯夢與楚子搏[11]，楚子伏己而盬其腦[12]，是以懼[13]。子犯曰：「吉。我得天，楚伏其罪[14]，吾且柔之矣[15]。」

注釋

1 戊辰：初一。一說，初二。2 宋公：宋成公，襄公之子。國歸父、崔夭：皆齊國大夫。秦小子憖（粵：刃；普：yìn）：秦穆公之子。3 背：背對着。酅（粵：葵；普：xī）：丘陵險阻之地。或說酅是城濮附近一處險要的丘陵地帶。楚師背酅而舍，指楚師憑險駐紮，以示死戰。4 誦：不配樂曲而吟唱。5「原田每每」二句：這是所誦的歌詞。原田，原野田地。每每，青草茂盛的樣子。寓意晉文公美盛，可以謀立新功，不足念舊患。6表：外部。裏：內部。山：指太行山。河：黃河。指晉外河內山，足以固守。7欒貞子：即上文的欒枝。8漢陽諸姬：水北曰陽。這裏指漢水以北姬姓諸國。9盡：全部（吞併）。10大恥：晉為姬姓國，楚滅諸姬，即滅晉之同宗，對晉來說是大恥。11搏：以手相格鬥。12伏己：伏在自己身上。盬（粵：古；普：gǔ）：吮吸。腦：指腦髓。13是以：因此。14「我得天」二句：得天，仰面朝天，故云得天，意思是得到天助。伏其罪，楚子伏下背天，像認罪，故云伏其罪。15柔之：勝之以柔。柔，古人認為腦子可以使物順服。

譯文

夏四月初一，晉文公、宋成公、齊國大夫國歸父、崔夭、秦國公子小子憖駐紮於城濮。楚軍背靠着險要的丘陵紮營，晉文公擔心這件事。聽到士兵吟唱的歌詞說：「原野上綠草茂盛，捨棄舊田耕種新田。」晉文公遲疑不決。子犯說：「打吧！戰而得勝，一定得到諸侯擁護；如果不勝，晉國外有黃河，內有高山，一定沒有甚麼害處。」晉文公說：「楚國從前對我們的恩惠怎麼辦呢？」欒枝說：「漢水以北的姬姓諸國，全被楚國吞併了。想着過去的小恩小惠，而忘記這個奇恥大辱，不如打吧。」晉文公夜裏夢到同楚成王格鬥，楚成王伏在他的身上吸吮他的腦髓，因此很害怕。子犯說：「這是吉利的徵兆。我們得到天助，楚王伏罪，我們會使他馴服的。」

子玉使鬬勃請戰[1]，曰：「請與君之士戲[2]，君馮軾而觀之[3]，得臣與寓目焉[4]。」晉侯使欒枝對曰：「寡君聞命矣[5]。楚君之惠，未之敢忘，是以在此[6]。為大夫退[7]，其敢當君乎[8]？既不獲命矣[9]，敢煩大夫謂二三子[10]：『戒爾車乘[11]，敬爾君事，詰朝將見[12]。』」

注釋

1 鬬勃：字子上，楚國大夫，後為令尹，亦稱令尹子上。2 戲：角力較量。這裏是打仗的一種委婉說法。3 馮：同「憑」，靠着。4 得臣：子玉的字。寓目：過目。寓，寄。5 聞：聽。命：命令。6 是以在此：指退避三舍到了這裏。7 為：謂。8 其：同「豈」。當：相對，抵擋。君：指楚君。9 既不獲命矣：既然得不到楚國停止打仗的命令。也就是說，既然你們緊追不捨。10 大夫：指子玉。二三子：指楚軍將領子玉、子西等人。11 戒：準備好。12 將（粵：昌；普：qiāng）：請。

譯文

子玉派鬬勃請戰，說：「請跟您的鬥士角力遊戲，您可以靠着車前的橫木觀看，我子玉也一同觀看。」晉文公派遣欒枝回答說：「我們國君聽到你的命令了。楚君的恩惠我們不敢忘記，所以才退到這裏。對大夫您我們尚且退避，怎敢抵擋你們的國君呢？既然得不到大夫退兵的命令，那就勞煩您轉告貴國將士：駕好你們的戰車，誠敬地執行你們國君交付的事情，明天早晨（戰場上）見。」

晉車七百乘[1]，韅、靷、鞅、靽[2]。晉侯登有莘之虛以觀師[3]，曰：「少長有禮[4]，其可用也。」遂伐其木，以益其兵[5]。

注釋

1 七百乘：若依車一乘有甲士三人、步卒七十二人計算，七百乘有五萬二千五百人。
2 韅（粵：顯；普：xiǎn）：施於馬腹部的大帶，是駕車曳車承力的革帶。靷（粵：引；普：yǐn）：馬胸前的革帶。鞅（粵：央；普：yāng）：馬頸之革帶。靽（粵：半；普：bàn）：縶馬足的繩。列舉四物，言其車馬裝備齊全。3 有莘（粵：申；普：shēn）：古代國名，在今山東菏澤附近。有，前綴，加於朝代名、國名、部落名等名詞的前面。虛：同「墟」，有莘氏之虛在今山東曹縣西北。4 少長：長幼。這裏指軍士之長幼。
5 益：加。兵：兵器，製造戈矛的木柄。

譯文

晉軍有七百輛戰車，車馬裝備齊全。晉文公登上有莘國的廢城檢閱軍隊，說：「軍士少長排列有序，合於禮，可以用來作戰了。」於是晉軍砍伐山上的樹木，以增加兵器。

己巳[1]，晉師陳于莘北[2]，胥臣以下軍之佐當陳、蔡[3]。子玉以若敖之六卒

將中軍[4]，曰：「今日必無晉矣！」子西將左，子上將右[5]。胥臣蒙馬以虎皮，先犯陳、蔡[6]。陳、蔡奔，楚右師潰。狐毛設二旆而退之[7]。欒枝使輿曳柴而偽遁[8]，楚師馳之[9]，原軫、郤溱以中軍公族橫擊之[10]。狐毛、狐偃以上軍夾攻子西，楚左師潰。楚師敗績[11]。子玉收其卒而止，故不敗。

注釋

1 **己巳**：初二。2 **陳**：同「陣」，列陣。**莘北**：有莘之墟之北，當即城濮。3 **當**：抵擋。**陳、蔡**：陳、蔡兩國軍隊屬於楚軍右師。4 **中軍**：楚軍分為左、中、右三軍，中軍由最高統帥率領。這裏是說，子玉以宗族親兵帶領中軍。5 **「子西」二句**：子西，楚國左軍統帥鬬宜申的字。子上，楚國右軍統帥鬬勃的字。6 **犯**：進攻。7 **旆**（粵：佩；普：pèi）：旌旗有旒（粵：劉；普：liú。飄帶）曰旆。晉前軍分兩隊，各設一旆，以防楚他師竄入。**退之**：之，指楚右師。8 **輿**：裝運東西的車。**曳柴**：拖着柴枝。曳，拖。9 **馳**：驅車追趕。10 **中軍公族**：中軍由公族成員所組成者。**橫擊**：從側面進擊。11 **敗績**：車覆，這裏指軍隊大敗。

譯文

四月初二，晉軍在莘北擺好陣勢，下軍副帥胥臣領兵抵擋陳、蔡兩國軍隊。子玉以宗族親兵率領中軍，說：「今天一定消滅晉國了！」子西率領楚國左軍，子上率領楚國右軍。胥臣把戰馬蒙上虎皮，先攻擊陳、蔡兩軍。陳、蔡兩軍奔逃，楚軍右翼部隊潰敗了。晉國上軍主將狐毛派出前軍兩隊擊退楚軍的潰兵。晉國下軍主將欒枝讓車子拖着柴枝假裝逃跑，楚軍追擊，原軫、郤溱率領晉軍中軍禁衛軍攔腰截擊。狐毛、狐偃率領上軍夾擊子西，楚國的左翼部隊也潰敗了。楚軍大敗。子玉及早收兵，所以他的中軍沒有潰敗。

晉師三日館[1]、穀[2]，及癸酉而還[3]。甲午[4]，至于衡雍[5]，作王宮于踐土[6]。

注釋

1 館：舍。這裏指住在楚軍軍營。2 穀：用作動詞，吃糧食，指吃繳獲的楚軍軍糧。3 癸酉：六日。4 甲午：二十七日。5 衡雍：鄭國地名，在今河南原陽西南。6 王宮：指周襄王的行宮。踐土：鄭國地名，在衡雍附近。晉文公在踐土為周襄王建造行宮。

譯文

晉軍在楚軍營地住了三天，吃繳獲的楚軍糧食，到四月初六才回國。四月二十七日，晉軍到達衡雍，在踐土為周襄王建造了一座行宮。

鄉役之三月[1]，鄭伯如楚致其師[2]。為楚師既敗而懼，使子人九行成于晉[3]。晉欒枝入盟鄭伯。五月丙午[4]，晉侯及鄭伯盟于衡雍。丁未[5]，獻楚俘于王[6]：駟介百乘[7]，徒兵千[8]。鄭伯傅王[9]，用平禮也[10]。己酉[11]，王享醴[12]，命晉侯宥[13]。王命尹氏及王子虎、內史叔興父[14]，策命晉侯為侯伯[15]，賜之大輅之服、戎輅之服[16]，彤弓一[17]，彤矢百，玈弓矢千[18]，秬鬯一卣[19]，虎賁三百人[20]。曰：「王謂叔父[21]：『敬服王命，以綏四國，糾逖王慝[22]。』」晉侯三辭，從命，曰：「重耳敢再拜稽首，奉揚天子之丕顯休命[23]。」受策以出[24]。出入三覲[25]。

注釋

1鄉（粵：向；普：xiàng）役之三月：這是追述戰前之事。鄉，這裏是時間副詞。指不久之前。役，指城濮之戰前三月。2鄭伯：指鄭文公。致其師：致鄭國之師，許以佐楚。3子人九：鄭國大夫，氏子人，名九。行成：求和。4丙午：九日。5丁未：十日。6王：指周襄王。7駟介：四匹披甲的馬。介，披甲。8徒兵：步兵。9傅：相，襄助行禮。10用平禮：指行獻俘禮時，鄭文公為周襄王相禮，就像周平王接待晉文侯時以鄭武公相禮那樣。鄭文公所以襄助周襄王行禮，是由於晉文公命其「各復舊職」的緣故。11己酉：十二日。12王享醴：周襄王設盛禮招待晉文公。享，通「饗」。醴，未濾去酒糟的濁酒。13宥：通「侑」，飲宴之際，致送禮品給賓客，以助歡敬。一說命晉侯與王相酬酢，以示寵異。14 **尹氏、王子虎**：王卿，周王室的執政大臣。**內史**：掌管爵祿策命的官。**叔興父**：大夫。15 **策命**：以策書任命。**侯伯**：諸侯之長。16 **大輅**（粵：路；普：lù）**之服**：與大輅相配的服裝及配備。大輅，天子車中的金輅，祭祀所乘，其服鷩冕。服，與車配合的服飾和裝備。**戎輅**：戎車，兵車所乘，其服韋弁。17 **彤弓**：塗上紅漆的弓。古時侯一弓百矢，故後文說「彤矢百」。18 **玈**（粵：牢；普：lú）**弓矢千**：十把黑色的弓和一千枝黑色的箭。玈，通黸，齊人稱黑為黸。19 **秬**（粵：巨；普：jù）**鬯**（粵：唱；普：chàng）：用黑黍釀製，並搗和香草（鬱金香）合煮而成的酒。**卣**（粵：友；普：yǒu）：中尊，古代盛酒的器具。20 **虎賁**：又稱虎士，言其勇猛如虎之奔馳，指周王之親兵衛隊。21 **叔父**：指晉文公。周天子以「叔父」稱呼晉文公，蓋沿用周初的舊稱。22 **綏**：安。**四國**：四方諸侯。**糾逖**（粵：剔；普：tì）：義近詞連用，懲治。**慝**：惡。23 **敢**：表敬副詞。**奉**：奉承。**揚**：宣揚。**丕**：大。**顯**：明。**休**：美。「丕、顯、休」都是「命」的定語。24 **策**：冊命的書冊，是錫命賞賜的命書。25 **出入**：從來訖去。**三覲**：即晉侯從獻俘開始至受策完結，共三次覲見天子。

譯文

在城濮之戰前的三個月，鄭文公去楚國並把鄭國軍隊交給楚國指揮。由於楚軍打了敗仗而害怕，派子人九去向晉國求和。晉國的欒枝去鄭國與鄭文公訂立盟約。五月初九，晉文公和鄭文公在衡雍訂立了盟約。五月初十，晉文公把楚國俘虜獻給周襄王：駟馬披甲的兵車一百輛，步兵一千人。鄭文公作為相禮，用的是周平王享晉文侯時以鄭武公為相之禮。五月十二日，周襄王用醴酒招待晉文公，又送禮品助歡。周襄王命令尹氏、王子虎和內史叔興父用策書任命晉文公為諸侯之長，賜給他一輛大輅車和一輛戎輅車，以及相應的服飾及配備，紅色的弓一把，紅色的箭一百支，黑色的弓十把和箭一千支，黑黍加香草釀造的酒一卣，勇士三百人，並說：「天子對叔父說：『恭敬地服從天子的命令，以安撫四方諸侯，懲治對周王作惡之人。』」晉文公辭謝了三次，才接受了王命，說：「重耳再拜叩首，承受和宣揚天子偉大、光明、美善的命令。」晉文公接受策書退出，前後三次覲見周襄王。

衛侯聞楚師敗，懼，出奔楚，遂適陳。使元咺奉叔武以受盟[1]。癸亥[2]，王子虎盟諸侯于王庭[3]，要言曰[4]：「皆獎王室，無相害也。有渝此盟[5]，明神殛之[6]，俾隊其師[7]，無克祚國[8]，及而玄孫[9]，無有老幼[10]。」君子謂是盟也信，謂晉於是役也，能以德攻[11]。

注釋

1元咺：衛國大夫。奉：擁戴。叔武：衛成公之弟。以受盟：使攝君事。2癸亥：五月二十六日。3王庭：指踐土行宮之庭。4要（粵：邀；普：yāo）言：約言，立下誓言。獎：輔助。5渝：違背。6殛（粵：擊；普：jí）：誅。7俾（粵：比；普：bǐ）：使。隊：同「墜」，隕落、滅亡。8克：能。祚（粵：皂；普：zuò）：享有。9玄孫：遠孫之通稱。10無有長幼：猶言不論老少，靡有孑遺。11能以德攻：指以文德教民而後用之，終能以德勝敵人。

譯文

衛成公聽說楚國戰敗，很害怕，逃到楚國，又到了陳國，派元咺擁戴叔武去接受晉國與諸侯的盟約。五月二十六日，王子虎和諸侯在王庭訂立了盟約，立誓說：「全都扶助王室，不能互相殘害。誰要違背盟約，神靈就會誅殺他，使他的軍隊滅亡，不能享有國家，直到子孫後代，不論老少，無有孑遺。」君子認為這次盟約是守信用的，認為晉國在這次戰役中能夠用道德來進攻敵人。

初，楚子玉自為瓊弁、玉纓[1]，未之服也。先戰，夢河神謂己曰：「畀余[2]！余賜女孟諸之麋[3]。」弗致也。大心與子西使榮黃諫[4]，弗聽。榮季曰：「死而利國[5]，猶或為之，況瓊玉乎？是糞土也[6]，而可以濟師，將何愛焉？」弗聽。出，告二子曰：「非神敗令尹[7]，令尹其不勤民，實自敗也。」既敗，王使謂之曰：「大夫若入，其若申、息之老何？」子西、孫伯曰：「得臣將死，二臣止之，曰：『君其將以為戮。』」及連穀而死[8]。

注釋

1 **瓊弁**（粵：卞；普：biàn）：用美玉裝飾的馬冠。纓：馬頸上的革帶，用玉裝飾，故稱玉纓。2 **畀余**：給我。指以瓊弁玉纓祭河。3 **孟諸之麋**：指宋國的藪澤。孟諸，宋國地名，在今河南商丘東北。麋，通「湄」，水草相接之地，即岸邊。4 **大心**：孫伯，子玉之子。榮黃：榮季，名黃，字季，楚國大夫。5 **而**：假設連詞，猶假如之如。6 **糞土**：朽土。7 **敗**：動詞使動用法，使之敗。8 **連穀**：楚國地名。

譯文

當初，楚國的子玉自己製作了一套用美玉裝飾的馬冠和馬鞅，還沒有使用。作戰之前，子玉夢見黃河之神對自己說：「送給我，我賜給你孟諸岸邊的土地。」子玉不肯送給河神。子玉的兒子大心和楚國大夫子西讓榮黃去勸子玉，子玉不聽。榮黃說：「人死了能對國家有利，尚且要去做，何況是美玉呢！這不過是糞土罷了。如果可以使軍隊得勝，有甚麼可愛惜的？」子玉仍然不肯。榮黃出來告訴大心和子西說：「不是黃河之神讓令尹打敗仗，而是令尹不肯以百姓之事為重，實在是自取其敗。」楚軍戰敗後，楚王派人對子玉說：「如果你回楚國來，怎麼向申、息兩地的父老交代？」子西、大心對使臣說：「子玉打算自殺，我們兩人攔阻他說：『君王還要殺你呢。』」到了連穀，子玉便自殺了。

晉侯聞之而後喜可知也[1]，曰：「莫余毒也已[2]。蔿呂臣實為令尹[3]，奉己而已[4]，不在民矣。」

注釋

1知：猶見，見之於面容。2莫余毒：「莫毒余」的倒裝。毒，危害。3蔿呂臣：楚國大夫，在子玉之後任楚國令尹。4奉己：言其自守，無大志。

譯文

晉文公聽到子玉自殺的消息，喜形於色，說：「沒有人來害我了！楚國的蔿呂臣當令尹，只知道自守罷了，不會為百姓着想。」

十二　燭之武退秦師

僖公三十年（前六三〇年）

晉文公敗楚於城濮後，以其流亡時鄭文公不加禮待，及後又親附楚國為由，聯合秦軍包圍鄭國，新仇舊怨一併清算。鄭大夫佚之狐認為國家危如累卵，建議鄭文公派燭之武去游說秦穆公退兵，紓解國難。燭之武推辭說，壯年之時，尚且比不上別人，現在老邁，無能為力。婉轉地流露出壯士不遇的感慨，託微辭感諷其君。鄭文公坦承己過，並指出鄭國覆亡，對燭之武亦有不利。燭之武臨危受命，反映其人深明大義，胸襟坦蕩。燭之武游說秦穆公，曉以利害。先辨析滅鄭對秦的得失利弊，指出若秦要以鄭為邊邑，必須越過中間的晉，實難成事；若滅鄭以增益晉國疆土，此消彼長，不利於秦。反之，若保留鄭國，讓它擔當秦的東道主人，為外交使節供給物資。對秦來說，滅鄭無益而有害，捨鄭則有益而無害。再追述晉惠公失信於秦，當日晉惠公許賂秦以焦瑕之邑，但「朝濟而夕設版焉」，背信何其速疾！最後直指晉不會饜足，得鄭以為東疆，又將肆意擴展西面疆界，如非掠奪秦地，怎能實踐其野心。燭之武看準秦、晉兩強間的矛盾，洞悉利害關係，其説辭處處為秦利益着想，縱橫捭闔，極盡分化、拉攏之能事，足以打動人心。終使秦穆公退兵，轉而駐兵為鄭協防，晉文公也不得不撤兵，鄭國得以化險為夷。秦、晉兩國關係也因此出現裂痕，終致發生殽之戰。

九月甲午[1]，晉侯、秦伯圍鄭，以其無禮於晉[2]，且貳於楚也[3]。晉軍函陵，秦軍氾南[4]。

注釋

1 甲午：十日。2 以：因為。其：指鄭國。無禮於晉：指晉文公重耳流亡，經過鄭國時，鄭文公未能待之以禮。事見〈重耳出亡始末〉。3 貳：兩屬，同時親附對立的雙方。這裏指城濮之戰前，鄭文公曾以軍隊支援楚國。見〈晉楚城濮之戰〉。4「晉軍」二句：軍，駐紮。函陵，鄭國地名，在今河南新鄭北十三里。氾（粵：販；普：fàn）南，鄭國的氾水南面，這裏指東氾水，在今河南中牟南，但早湮涸。

譯文

魯僖公三十年九月十日，晉文公、秦穆公包圍鄭國，因為鄭國曾對晉文公無禮，並且親附楚國。晉軍駐紮在函陵，秦軍駐紮在氾水之南。

佚之狐言於鄭伯曰[1]：「國危矣！若使燭之武見秦君[2]，師必退。」公從之。辭曰[3]：「臣之壯也，猶不如人；今老矣，無能為也已[4]。」公曰：「吾不能早用子[5]，今急而求子，是寡人之過也。然鄭亡，子亦有不利焉。」許之。

注釋

1佚之狐：鄭國大夫。2燭之武：蓋以采邑為氏，燭邑當在今新鄭西南，武為其名或字，之則為氏與名字間的助詞。3辭：推辭。4無能為也已：無所作為，甚麼也不能做了。已，同「矣」。5子：男子美稱。

譯文

佚之狐對鄭文公說：「國家危險了！如果派燭之武去見秦君，軍隊一定退走。」鄭文公聽從了佚之狐的建議。燭之武推辭說：「下臣壯年時尚且比不上別人，現在老了，無能為力。」鄭文公說：「我沒能及早任用您，現在形勢危急才來求您，這是我的錯。然而鄭國滅亡，對您也有不利啊！」於是燭之武答應了。

夜，縋而出[1]。見秦伯，曰：「秦、晉圍鄭，鄭既知亡矣。若亡鄭而有益於君，敢以煩執事[2]。越國以鄙遠[3]，君知其難也，焉用亡鄭以陪鄰[4]？鄰之厚，君之薄也。若舍鄭以為東道主[5]，行李之往來[6]，共其乏困[7]，君亦無所害。且君嘗為晉君賜矣[8]，許君焦、瑕[9]，朝濟而夕設版焉[10]，君之所知也。夫晉，何厭之有[11]？既東封鄭[12]，又欲肆其西封[13]；若不闕秦，將焉取之？闕秦以利晉[14]，唯君圖之[15]。」秦伯說，與鄭人盟，使杞子、逢孫、楊孫戍之[16]，乃還。

注釋

1 縋（粵：聚；普：zhuì）：用繩子吊下重物。這裏指把燭之武用繩從城牆上吊下來。出：指出鄭國都城。2「若亡鄭」二句：敢，表敬副詞。執事，本指隨從國君左右的辦事人員，這裏指秦穆公。3 越國：秦在西，鄭在東，晉在兩國之間。秦若要以鄭為鄙邑，必須越過晉國。鄙：邊邑。這裏用作動詞，指以遠地為邊鄙。4 陪：增益，增加。5 東道主：因鄭國在秦國的東邊，秦有事於諸侯，必須向東行，必須經過鄭國國境，鄭可負責招待，為秦東道主人。後世專以東道指主人，蓋誤會其原義。6 行李：使者，外交使節。7 共：通「供」，供給。乏困：指資財糧食等物品不足。8 為晉君賜：有賜於晉君，指納晉惠公夷吾事。9 焦、瑕：都是晉國邑名，焦在今河南三門峽西郊，瑕在今河南靈寶東。10 濟：渡過黃河。設版：指建築防禦工事。版，築土牆用的夾板。這裏指晉惠公歸國後即修築城池以備秦，言而無信。11 厭：滿足。今作「饜」。12 封：這裏用作動詞，開拓封疆。指侵略鄭，以擴大版圖。13 肆：放恣，指極力擴張。14 闕秦：損害秦國，指侵害秦國土地。闕，損害，侵削。15 唯君圖之：唯，用於祈使句中，在表專限的同時，有「希望」、「唯請」的意思。圖，謀劃，考慮。16 杞（粵：己；普：qǐ）子、逢（粵：篷；普：páng）孫、楊孫：三人都是秦國大夫。戍之：駐守鄭國，以防晉國侵鄭。

譯文

夜裏，鄭人用繩子把燭之武從城上吊下來，進見秦穆公，說：「秦、晉包圍鄭國，鄭國已知道自己要滅亡。如果鄭國滅亡對您有好處，我怎敢來麻煩您呢。越過別國而把遙遠的地方作為邊邑，您知道這樣做很難；哪裏用得着滅亡鄭國來增益鄰國的土地呢？鄰國有所增益，就是您有所減弱。如果留下鄭國讓它成為東路上的主人，秦國使臣往來，可以供給他們缺少的物資，對您也沒有甚麼害處。再說，您曾經給過晉惠公恩惠，他答應過把焦、瑕兩地給您，早上渡河回國，晚上就在那裏修築防禦工事，這是您所知道的。晉國哪有滿足？已經向東邊的鄭國開拓封疆，又肆意擴張西邊的土地；如果不損害秦國，到哪裏去取得土地呢？損害秦國而讓晉國得到好處，還請考慮考慮。」

子犯請擊之[1]。公曰：「不可。微夫人之力不及此[2]。因人之力而敝之[3]，不仁；失其所與，不知[4]；以亂易整，不武[5]。吾其還也。」亦去之[6]。

注釋

1 **之**：此處代指秦軍。2 **微夫**（粵：扶；普：fú）**人之力不及此**：微，沒有。夫，指示代詞，表遠指，那。夫人，那個人，指秦穆公。3 **因人**：依靠他人。敝：敗。4 **所與**：所與之國，指秦國。知：同「智」。5 **「以亂」二句**：亂，晉攻秦為亂，秦、晉和為整。易，代替。整，團結一致。武，威武、勇武。6 **去之**：離開鄭國。

譯文

子犯請求晉文公攻擊秦軍。晉文公說：「不行。如果沒有那個人的力量，我們到不了今天這個地步。依靠別人的力量反而去損害他，這是不仁；失掉了同盟國家，這是不智；以衝突代替和好，這是不武。我們還是回去吧。」於是晉軍也回國了。

十三　秦晉殽之戰

僖公三十二、三十三年（前六二八—前六二七年）

《傳》文寫殽之戰，着墨最多的是戰事的前因後果，尤注重鋪敘預言，寫戰事，只用「敗秦師于殽，獲百里孟明視、西乞術、白乙丙以歸」兩語輕輕帶過。篇中以戰前卜偃、蹇叔、王孫滿的預言為敘事焦點，又用弦高、先軫映帶其間，跌宕起伏，搖曳生姿。先採用逆攝之法，敘寫各人的預言。寫卜偃預聞秦將襲鄭，因借晉文公棺柩發出聲響，預告秦師將越過晉境，攻擊他們，可獲全勝。以此為楔子，導引下文。接寫蹇叔諫止勞師襲遠，預告鄭非但不可得，師行千里後果堪虞。最後又借秦師過周北門，輕佻無禮，引來王孫滿的譏評，預言秦師必敗無疑。預言重疊逆攝，只為晉勝秦敗作張本。《傳》文沿主線敘寫秦穆公不聽蹇叔苦諫，派遣三大夫從東門外出師，突然插敘蹇叔哭師一節，旁溢歧出，體勢奇肆。蹇叔預言秦師出而無入，惹來穆公的謾罵詛咒，發泄怒氣。蹇叔哭送其子之時，指明秦師死所，預告：「晉人禦師必於殽，殽有二陵焉：其南陵夏后皋之墓也；其北陵文王之所避風雨也，必死其間，余收爾骨焉。」點染晉軍死所，陰冷蒼涼，其死狀慘烈可想，讀之令人心寒。寫弦高遇上秦師，一面詐稱奉鄭君之命犒師，一面差人急忙將秦軍來侵的消息通報其君，機警救國，妙趣橫溢。以鄭穆公使人視察秦戍將館舍戳破其人將作內應的陰謀橫接其後，再起波瀾。而不直說秦將部署種種，卻寫鄭人眼中視察所得，避實取虛，以見外弛內張，張力大增。事敗之後，秦戍將慌忙逃奔他國，孟明亦只好還師滅滑歸國而去。《傳》文寫殽之戰，由卜偃敍起，經歷幾番曲折，著筆處終於回到晉人身上。原軫主張順應天意。「必伐秦師」一語，英氣凜然，提振文勢。謂「秦則無禮」，與王孫滿之語遙相呼應。秦敗局已成，毋庸煩言，故只用「敗秦師于殽」一語總結戰事。反而後面一句記秦帥為晉所獲，將三帥的姓、名、字一併記下，用重筆書寫秦的敗狀。

冬，晉文公卒。庚辰[1]，將殯于曲沃[2]。出絳[3]，柩有聲如牛[4]。卜偃使大夫拜[5]，曰：「君命大事[6]：將有西師過軼我[7]，擊之，必大捷焉。」

注釋

1 庚辰：（十二月）十日。2 殯（粵：鬢；普：bìn）：出葬前停放棺柩。3 絳：晉國國都，故城在今山西翼城東南。4 柩（粵：舊；普：jiù）：屍在棺中叫「柩」。5 卜偃：即晉國卜筮之官郭偃。6 君：指晉文公。命：命令。大事：「國之大事，在祀與戎。」

（《左傳》成公十三年）戰爭和祭祀都是國家大事。這裏指發佈軍事命令。7 西師：秦軍，因秦在晉西，故稱。過軼（粵：日；普：yì）：越過邊境。春秋時經過別國，必須向別國請求借道，否則會被視為入侵。

譯文

魯僖公三十二年冬，晉文公去世。十二月十日，準備把棺柩送到曲沃的祖廟中停放。離開國都絳城，棺柩裏發出了像牛叫似的聲音。卜偃叫大夫們向棺柩跪拜，說：「國君發佈軍事命令，將有西方的軍隊越過我們的國境，攻擊他們，必定大勝。」

杞子自鄭使告于秦[1]曰：「鄭人使我掌其北門之管[2]，若潛師以來，國可得也[3]。」穆公訪諸蹇叔[4]。蹇叔曰：「勞師以襲遠，非所聞也。師勞力竭，遠主備之[5]，無乃不可乎？師之所為，鄭必知之。勤而無所，必有悖心[6]。且行千里，其誰不知？」公辭焉。召孟明、西乞、白乙[7]，使出師于東門之外。蹇叔哭之曰：「孟子！吾見師之出，而不見其入也！」公使謂之曰：「爾何知？中壽，爾墓之木拱矣[8]。」

注釋

1 杞子：秦國大夫，魯僖公三十年（前六三〇年），秦穆公使杞子等三人戍鄭。2 管：鑰匙。3 國：國都。4 蹇（粵：剪 /gin²/；普：jiǎn）叔：秦國上大夫。5 遠主：指鄭國。6「勤而」二句：勤，勞。無所，無處可用力。悖（粵：背；普：bèi）心，背離之心。7 孟明：秦國大夫，姓百里，名視，字孟明，蓋百里奚之子。西乞：秦國大夫，蓋複姓西乞，名術。白乙：秦國大夫，姓白乙名丙。此三人都是秦國將軍。8 中壽：中等的壽命。古時說法不一，分別有百歲、八十、七十、六十之說，這裏指一般老年人的壽命，以六七十歲較合理，蹇叔此時已超過七八十歲的中壽。拱：兩手合抱。古人之墓皆栽種樹木，如大夫樹欒。

譯文

秦國大夫杞子從鄭國派人向秦國報告說：「鄭人讓我掌管他們國都北門的鑰匙，如果悄悄發兵前來，就可以取得他們的國都。」秦穆公徵求蹇叔意見。蹇叔說：「使軍隊勞苦地偷襲遠地，我沒有聽說過。軍隊疲勞，遠地的君主有防備，恐怕不行吧？軍隊的一舉一動，鄭國一定知道，軍隊辛勞而無處用力，一定產生背離之心。再說行軍千里，誰會不知道呢？」秦穆公不接受。召見了孟明、西乞、白乙三位將領，讓他們從東門外出兵。蹇叔哭着送他們說：「孟明啊，我看着大軍出發，卻看不見他們回國了！」秦穆公派人對蹇叔說：「你知道甚麼？如果你只活到中壽就死了的話，現在你墓上的樹木該長到兩手合抱那麼粗了！」

蹇叔之子與師，哭而送之，曰：「晉人禦師[1]必於殽，殽有二陵焉[2]：其南陵，夏后皋之墓也[3]；其北陵，文王之所辟風雨也[4]。必死是間，余收爾骨焉[5]！」秦師遂東。

注釋

1禦師：抵抗秦國的軍隊。2陵：大山。殽：或作「崤」。殽山在今河南洛寧西北六十里。殽山有兩陵：南陵（西崤山）和北陵（東崤山），相距三十里，地勢險要，是晉要道關塞。從秦往鄭，路經晉的南境，在南河之南崤關向東行，便可至鄭。古禮，征伐、朝聘、軍隊過他人之國，必須遣使假道。晉以秦不假道，故攻伐秦軍。3夏后皋：夏代君主，名皋，夏桀之祖。后，帝王，夏代君主之稱有冠以「后」字者。4辟：躲避。5爾：你。骨：屍骨。焉：兼詞，同「於是」、「於此」。

譯文

蹇叔的兒子也參加了出征的隊伍，他哭着送行說：「晉人必定在殽山抵禦我軍，殽山有兩座山陵，它的南陵是夏后皋的墳墓，它的北陵是周文王避過風雨的地方。你必定戰死在這兩座山陵之間，我到那裏收你的屍骨吧！」秦軍就向東進發。

三十三年春，秦師過北周門[1]，左右免冑而下[2]，超乘者三百乘[3]。王孫滿尚

幼[4]，觀之，言於王曰：「秦師輕而無禮，必敗。輕則寡謀[5]，無禮則脫[6]。入險而脫，又不能謀，能無敗乎？」

注釋

1周北門：周天子都城洛邑（今河南洛陽）的北門。2「左右」二句：車左車右摘下頭盔下車。古兵車，若是將帥，或天子、諸侯為將帥，立於中央鼓下，御者在左，持戈盾的勇士在右，稱戎右。若非將帥之車，則御者在中，射者在左，持戈盾之勇士在右。左右，這裏指一般兵車，故射者及持戈盾之勇士皆下車，御者不下，仍駕車前行。免胄（粵：就；普：zhòu），僅摘下頭盔，並不脫去盔甲。3**超乘**：既下車又馬上躍上車，示其有勇。古時禮節，軍隊過天子都門，應卷甲束兵，下車步行，以示恭敬。秦軍一躍上車，是輕佻無禮的舉動。4**王孫滿**：周大夫，周共王的兒子圉的曾孫。5**輕**：指超乘，指秦兵輕佻不莊重。6**無禮**：指僅免胄而不卷甲束兵。脫：簡易，疏略。

譯文

魯僖公三十三年春，秦軍經過周都城的北門，車左車右都脫去頭盔，下車致敬，隨即跳上車去的有三百輛戰車的戰士。王孫滿年紀還小，看到這種情形，對周天子說：「秦國的軍隊輕佻無禮，一定失敗。輕佻就缺少謀略，無禮就粗心大意。進入險境而粗心大意，又不能認真謀劃，能夠不失敗嗎？」

及滑[1]，鄭商人弦高將市於周[2]，遇之，以乘韋先[3]，牛十二犒師，曰：「寡君聞吾子將步師出於敝邑[4]，敢犒從者。不腆敝邑，為從者之淹[5]，居則具一日之積[6]，行則備一夕之衛。」且使遽告于鄭[7]。

注釋

1滑：原為姬姓小國，後來被秦國所併，淪為縣邑。故地在今河南偃師東南。2市：買賣，做生意。3以乘韋先：乘，一輛車叫一乘，古時一車駕四馬，後來便稱「四」為「乘」。韋，熟牛皮。先，在先。古時送禮，先輕後重。4「寡君」句：寡君，對他國之人謙稱本國國君。這裏指鄭君。吾子，尊稱對方。這裏指秦軍將帥。步師，行軍。敝邑，謙稱本國。5「不腆」二句：腆（粵：tin²；普：tiǎn），豐厚。淹，久留。6積：指以芻、米為主的日食所需諸物，包括牛羊等肉食品。7遽：傳車，猶後代驛馬。古代傳遞緊急公文，每隔若干里設驛站，接力換馬，務求迅速傳達。

譯文

到達滑國，鄭國商人弦高準備到周都城做買賣，碰到秦軍，弦高先送上四張熟牛皮，再送上十二頭牛犒勞秦軍，說：「我們國君聽說您準備行軍經過敝邑，謹來犒勞您的隨從。我國雖然不富裕，為了您的隨從在這裏久留，因而住一天就供給一天的食糧；離開就在你們臨行前夕為你們守衛。」同時弦高又派人乘傳車把秦軍入侵的消息速向鄭國報告。

鄭穆公使視客館，則束載、厲兵、秣馬矣。使皇武子辭焉[1]，曰：「吾子淹久於敝邑，唯是脯資、餼牽竭矣[2]，為吾子之將行也，鄭之有原圃，猶秦之有具囿也[3]。吾子取其麋鹿，以間敝邑[4]，若何？」杞子奔齊，逢孫、楊孫奔宋。[5]

注釋

1 載：指載於車之物，束載指行李皆已捆束。兵：兵器，厲兵，磨礪兵器。秣馬：以芻秣餵飽馬匹。這裏說明杞子等人已做好準備，等待秦軍來到，為他們做內應。皇武子：鄭國大夫。辭：向戍鄭的秦大夫致歉，請他們離開。2「吾子」二句：淹久，久住。脯，乾肉。資，糧食。餼（粵：氣；普：xì），殺而未煮熟的牛羊等牲畜。牽，尚未宰殺可牽行的牛羊等牲畜。竭，盡。3「鄭之」二句：原圃，鄭國的圃田澤。具囿，秦國的陽紆澤。4 間：閒暇。5 向東奔逃，是因為怕自己被晉、鄭防備西秦的軍隊所截獲。

譯文

鄭穆公派人探看杞子等人的館舍，發現他們已捆好了裝束，磨礪了兵器，餵飽了馬匹，準備做秦軍的內應。鄭穆公派皇武子去辭謝他們，說：「你們在敝邑住久了，只是供食用的脯資餼牽都竭盡了。為了你們將要離開，鄭國的原圃，就如你們秦國的具囿，你們獵取麋鹿，使我國得有空閒，怎麼樣？」於是杞子逃到齊國，逢孫、楊孫逃到宋國。

而還。

孟明曰：「鄭有備矣，不可冀也[1]。攻之不克，圍之不繼，吾其還也。」滅滑

注釋　1冀：希冀，指望。

譯文　孟明說：「鄭國有準備了，不能指望滅掉它了。攻打不能獲勝，包圍又沒有後援，我們還是回去吧。」滅掉了滑後還師。

晉原軫曰[1]：「秦違蹇叔，而以貪勤民[2]，天奉我也[3]。奉不可失，敵不可縱[4]。縱敵，患生；違天，不祥。必伐秦師！」欒枝曰：「未報秦施，而伐其師，其為死君乎[5]？」先軫曰：「秦不哀吾喪，而伐吾同姓[6]，秦則無禮，何施之為[7]？吾聞之：『一日縱敵，數世之患也。』謀及子孫，可謂死君乎[8]！」遂發命，遽興姜戎[9]。子墨衰絰，梁弘禦戎，萊駒為右[10]。夏四月辛巳[11]，敗秦師于殽[12]，獲百里孟明視、西乞術、白乙丙以歸[13]。遂墨以葬文公，晉於是始墨[14]。

注釋　1原軫：即先軫。2以貪勤民：因自己的貪心而使老百姓辛勞。3奉：與，助。4縱：

放走。5為死君：為，有。死君，文公。文公在殯，故稱。6伐吾同姓：指秦伐鄭滅滑。鄭、滑和晉都是姬姓國。7何施之為：指何足以為施。8可謂死君：可以有辭以對先君。9遽興姜戎：姜戎，處於晉國北境的姜氏之戎，是秦、晉之間的一個小部族，一向被秦所逐，與晉友好。10「子墨」三句：子，指晉文公之子晉襄公，因文公尚未安葬，故稱「子」。墨衰絰（粵：秩；普：dié），把喪服染成黑色。衰，麻布喪服。絰，穿孝服時戴於首或繫於腰的麻帶。梁弘和萊駒都是晉國將領。11辛巳：十三日。12敗秦師于殽：大概是趁秦軍歸返途經殽而截襲他們。13獲百里孟明視、西乞術、白乙丙以歸：三帥被俘，則秦師盡殲可推而知。獲，擒獲。14墨：這裏用作動詞，指穿着黑色喪服。

譯文

晉國的原軫說：「秦國違背蹇叔的話，由於貪心而勞動百姓，這是上天送給我們的好機會。給予的不能丟失，敵人不能放走。放走敵人，就會產生後患，違背天意，就不吉利。一定要攻擊秦軍。」欒枝說：「沒有報答秦國的恩惠而攻打它的軍隊，難道心目中還有已死的國君嗎？」原軫說：「秦國不為我們的喪事舉哀，卻討伐我們的同姓國，這是無禮，還報甚麼恩惠呢？我聽說：『一旦放走敵人，這是幾代人的禍患。』為後世子孫打算，對死去的國君可以交代吧。」於是發佈命令，立即調動姜戎的軍隊。晉襄公把喪服染成黑色，梁弘駕御兵車，萊駒擔任車右。

這一年夏四月十三日，晉軍在殽山打敗了秦軍，俘虜了秦軍三帥孟明視、西乞術、白乙丙而回去。於是晉襄公就穿着黑色喪服來安葬晉文公，晉國從此使用黑色喪服。

文嬴請三帥[1]，曰：「彼實構吾二君，寡君若得而食之，不厭，君何辱討焉[2]？使歸就戮于秦，以逞寡君之志[3]，若何？」公許之[4]。先軫朝，問秦囚。公曰：「夫人請之，吾舍之矣。」先軫怒，曰：「武夫力而拘諸原[5]，婦人暫而免諸國[6]，墮軍實而長寇仇[7]，亡無日矣！」不顧而唾[8]。公使陽處父追之[9]，及諸河，則在舟中矣。釋左驂[10]，以公命贈孟明。孟明稽首曰：「君之惠，不以纍臣釁鼓[11]，使歸就戮于秦，寡君之以為戮[12]，死且不朽[13]。若從君惠而免之，三年將拜君賜[14]。」

注釋

1 **文嬴**：晉文公夫人，秦穆公所妻者，晉襄公嫡母。2「彼實」三句：彼，指孟明等三人。構，對立。指使我們的兩位國君對立。厭，同「饜」，滿足。辱，即污，謙言己污，自謙之辭。討，處罰。3 **逞**：快，逞志猶言快意。4 **公**：指晉襄公。5「武夫」

句：武夫，武將、武士。力，用力。拘，拘捕。原，戰場。6暫：詐。免：赦免。7墮：本作「隳（粵：輝；普：duò）」，毀壞。軍實：這裏指俘囚首馘。實，戰果。長：助長。寇仇：指秦國。8唾：吐痰。古禮，在尊長前不可以吐痰，《禮記．內則》云：「在父母舅姑之所」，「不敢唾洟（粵：剃；普：tì）」。先軫不但唾於朝廷，且面向襄公，唾且不旋轉其頭，極言其氣忿。9陽處父：晉國大夫，又稱陽子。10左驂：古代四馬駕一車，在外邊兩旁的叫驂，在左旁為左驂。11不以纍臣釁鼓：纍臣，囚臣，孟明自稱。釁鼓，古代重要器物新成，必殺牲以祭，以血塗在器物之上，叫釁。12寡君之以為戮：此為假設分句，猶言若以為戮。13死且不朽：猶言死猶不死。死，指身死；不朽，指感恩之心終不腐朽。14「若從」二句：從君惠，遵從晉君的恩惠。拜君賜，拜謝晉君的恩賜。言外之意是說，將來要復仇。

譯文

晉文公夫人文嬴向晉襄公請求釋放秦國三帥回國，說：「他們的確使秦、晉兩君對立，我們國君如果抓到他們，就是吃了他們的肉也不解恨，你何必屈尊去處罰他們呢？讓他們回到秦國受刑，使秦穆公快意，怎麼樣？」晉襄公答應了。先軫朝見襄公，問起秦國囚犯。襄公說：「夫人代他們請求，我放了他們。」先軫憤怒地說：「戰士們在戰場上費了很大的力氣，才擒獲他們，婦人說幾句話就把他們放走，毀了自己的戰果而助長了敵人的氣焰，晉國快要滅亡了！」不回頭就往地上吐痰。晉襄公派陽處父去追孟明等人，追到河邊，孟明等人已在船上了。陽處父解下車左邊的驂馬，假託晉襄公的名義贈給孟明。孟明在船上叩頭說：「蒙國君的恩惠，不用被囚之臣的血塗抹戰鼓，讓我們回到秦國去受誅戮，如果國君殺了我們，死而不朽。如果依從晉君的恩惠而赦免了我們，三年之後將要拜謝晉君的恩賜！」

秦伯素服郊次[1]，鄉師而哭[2]，曰：「孤違蹇叔，以辱二三子，孤之罪也。」不替孟明[3]，曰：「孤之過也，大夫何罪？且吾不以一眚掩大德[4]。」

注釋

1 素服：凶服。以圍敗之服哀邦國之憂。次：倚廬。這裏指服喪時住的簡陋房子。2 鄉：通「向」。師：蓋晉所釋放的不止孟明等三帥，其他俘虜也隨之而歸。3 不替孟明：不撤銷孟明的職務。替，廢棄。這句是秦伯在哭訴中的插話。4 眚（粵：省〔份〕；普：shěng）：過錯。

譯文

秦穆公穿着素服住在郊外的簡陋房子，對着被釋放回來的將士號哭，說：「我違背了蹇叔的話，使你們受辱，這是我的罪過。」沒有撤換孟明（的職務），秦穆公說：「這是我的過錯，大夫有甚麼罪？況且我不會因為一次過錯抹殺別人的大德。」

十四　鄭子家告趙宣子

文公十七年（前六一〇年）

城濮之戰後，晉、楚爭霸，爭相控制鄭國。鄭親晉則楚怒，親楚則晉怒，為求生存，不得不兩面討好，外交斡旋顯得尤其重要。〈鄭子家告趙宣子書〉就是在與晉國周旋下寫成的。《傳》文以鄭子家告趙宣子之書為敘事主體，開首與結尾則分別交代寫此書的原因及其產生的結果。晉靈公蒐於黃父，因而再會諸侯於鄭的扈邑，欲以平定宋國的內亂。魯文公因齊伐魯之北鄙，故未能與會。《春秋》記載此會而寫作「諸侯會于扈」，《傳》文解釋經文沒有細列諸侯為何人，是因為無功而還的緣故。晉靈公不接見鄭穆公，指摘他貳心於楚。鄭執政大夫子家於是修書與趙盾理論，痛責晉不能與楚爭衡而欺凌小國。子家之書，細述鄭穆公自即位以來如何竭誠盡心以事晉，娓娓動聽。「一朝于襄，而再見于君，夷與孤之二三臣相及於絳。」摹寫鄭君及太子夷以至二三臣子朝晉之狀，孜孜汲汲，極懇摯，亦極狼狽。鄭不但自己勤於朝晉，還協助鞏固周遭的陳、蔡小國對晉效忠，陳、蔡比近楚國而不敢貳心於楚，全憑鄭國之力。鄭之事晉，已是無以復加。若晉尚未快意，則鄭國只有滅亡而已。然後援引古語，說明小國服事大國，若大國以德相待，則小國以人道服事，若大國不以德相待，則小國將像鹿一樣狂奔走險，傾盡兵力在晉、鄭邊地儵待命，以示臨危之時不惜一戰的決心。其辭慷慨激昂，沉鬱悲憤。末尾追敍前事，既曾朝齊、為齊侵蔡，又與楚媾和，無非順從強壓之令，求得生存空間。若晉國不體恤鄭國，欺淩弱小，鄭別無選擇。情辭跌宕，似柔而實剛。晉侯最後派人入鄭議和，彼此又交換人質。

《上海博物館藏戰國楚竹書》（七）有〈鄭子家喪〉，記載子家從公子宋弒鄭靈公後，楚人興師伐鄭之事。

晉侯蒐于黃父[1]，遂復合諸侯于扈[2]，平宋也[3]。公不與會，齊難故也[4]。書曰：「諸侯。」[5]無功也。

注釋

1晉侯：晉靈公。蒐：閱兵。黃父：地名，在今山西翼城東北六十五里的烏嶺。2諸侯：指宋公、衞侯、蔡侯、陳侯、鄭伯、許男、曹伯。扈：在今河南原武。3平：媾和，和解。4「公不」二句：魯文公沒有參加盟會，是由於發生了齊國造成的禍難。

譯文

因為之前齊侯曾率兵攻打魯國北部邊境。5書：指《春秋》記載。晉靈公在黃父閱兵，於是再次在扈地會合諸侯，這是為了和宋國媾和。魯文公沒有參加盟會，這是因為被齊國攻打造成禍難的緣故。《春秋》記載說「諸侯」而不列舉名字，這是譏諷他們沒有取得成效。

於是晉侯不見鄭伯[1]，以為貳於楚也[2]。鄭子家使執訊而與之書[3]，以告趙宣子[4]，曰：「寡君即位三年[5]，召蔡侯而與之事君[6]。九月，蔡侯入于敝邑以行[7]。敝邑以侯宣多之難[8]，寡君是以不得與蔡侯偕。十一月，克減侯宣多[9]，而隨蔡侯以朝于執事。十二年六月[10]，歸生佐寡君之嫡夷[11]，以請陳侯于楚，而朝諸君。十四年七月，寡君又朝以蕆陳事[12]。十五年五月，陳侯自敝邑往朝于君。往年正月[13]，燭之武往，朝夷也[14]。八月，寡君又往朝。以陳、蔡之密邇於楚[15]，而不敢貳焉，則敝邑之故也。雖敝邑之事君，何以不免[16]？在位之中，一朝于襄，而再見于君[17]。夷與孤之二三臣相及於絳[18]。雖我小國，則蔑以過之矣[19]。今大國曰：『爾未逞吾志[20]。』敝邑有亡，無以加焉。古人有言曰：『畏首畏尾，身其餘幾？』又曰：『鹿死不擇音[21]。』小國之事大國也，德，則其人也；

不德，則其鹿也，鋌而走險[22]，急何能擇？命之罔極[23]，亦知亡矣。將悉敝賦以待於儵[24]，唯執事命之。文公二年六月壬申，朝于齊。四年二月壬戌，為齊侵蔡，亦獲成於楚。居大國之間，而從於強令，豈其罪也？大國若弗圖，無所逃命。」

注釋

1晉侯：指晉靈公。鄭伯：指鄭穆公。2貳於楚：既服從晉國，又從屬於楚。3子家：公子歸生，鄭國執政大夫。執訊：通訊官員。4趙宣子：趙盾，晉國正卿。5寡君：鄭穆公於魯僖公三十三年即位，其三年，則魯文公二年。6君：這裏指晉襄公，後面的「君」則指晉靈公。7行：這裏指朝晉。8侯宣多：鄭國大夫。鄭穆公得立，得力於侯宣多。穆公立後，侯宣多恃寵專權。9克減：滅絕。克，消滅。減，通「咸」，絕。10十二年：鄭穆公十二年，魯文公十一年。11夷：鄭穆公太子，名夷，即鄭靈公。12蕆（粵：淺；普：chǎn）：完成。陳事：指說服陳侯朝晉。13往年：去年。14朝：使動用法，「使……往朝（於晉）」。15密邇：靠近。16雖：句首語氣詞，有加重語氣的作用。不免：不免於罪。17君：晉靈公。一朝於襄，三年十一月，再見於君，十四年七月，往年八月。18相及於絳：諸人不絕於道路。絳，晉國都城，在今山西曲沃。19雖：句首語氣詞。蔑：沒有。過：超越，超過。指我小國之事晉，無以加之。20爾未逞吾志：你鄭國尚未快我之意。21音：通「蔭」。22鋌：疾走。指小國若為鹿，則將如鹿之急不擇路，赴險犯難。23罔極：無窮，指晉國誅求無厭。24賦：軍賦。儵（粵：尤；普：chóu）：地名，位於晉、鄭邊境。

譯文

當時，晉靈公不肯和鄭穆公相見，以為他暗地勾結楚國。鄭國大夫子家派通訊官帶着他的書信到晉國去，告訴趙宣子，說：「我們國君即位三年，召集蔡侯和他一起侍奉貴國國君。九月，蔡侯來到我國準備出行到貴國，我國因為侯宣多的禍難，我們國君因此不能和蔡侯同行。十一月，消滅了侯宣多，就和蔡侯一起來朝見貴國國君。十二年六月，歸生輔佐我們國君的太子夷，到楚國請求陳侯一起朝見貴國執事。十四年七月，我們國君又前往朝見，完成陳侯朝晉之事。十五年五月，陳侯從我國前往貴國朝見。去年五月，燭之武前去貴國，這是為了讓太子夷前往朝見貴國國君。八月，我們國君又前往朝見。以陳、蔡兩國緊挨着楚國，而不敢對晉國有貳心，這都是我國的緣故。我國這樣侍奉貴國國君，為甚麼仍然不能免於禍患？我們國君在位的時候，一次朝見貴國先君襄公，兩次朝見貴國國君。太子夷和我們兩三位大臣緊接着到絳都來。我們小國這樣侍奉大國，已經不能再有超過的了。現在大國卻說：『你沒有讓我快意。』要是這樣，我們只有等着滅亡，也不能再增加甚麼了。古人有句話說：『怕頭怕尾，身體還剩多少？』又說：『鹿臨死時顧不上選擇庇蔭的地方。』小國侍奉大國，大國以德相待，小國就會像人一樣恭順；大國不以德相待，小國就會像鹿一樣，狂奔走險，急迫時哪裏還能選擇庇蔭的地方？貴國的命令無窮，我們也知道終究要滅亡了，只好準備派出我們全部兵力在儵地等待，聽憑執事的命令了。鄭文公二年六月二十日，我國到齊國朝見。四年二月某日，為齊國攻打蔡國，也和楚國媾和。小國處在大國之間，屈從強國的命令，難道是我們的罪過嗎？大國如果不加諒解，我們是沒法逃避你們的命令。」

晉鞏朔行成於鄭[1]，趙穿、公壻池為質焉[2]。

注釋

1 鞏朔：晉國大夫，又稱為士莊伯。行成：求和。2 趙穿：晉國大夫，趙盾族親。公壻（粵：世；普：xù）池：晉國大夫。壻，同「婿」。質：人質，以人作抵押。

譯文

晉國大夫鞏朔到鄭國求和，趙穿和公壻池留在鄭國作為人質。

十五　晉靈公不君

宣公二年（前六〇七年）

是篇以「晉靈公不君」起筆，在敍事前先落論斷，突兀挺拔，逆攝後文所敍案情。此下即接敍晉靈公不行君道的種種情狀。先是重徵民稅用以雕飾宮牆，又登臺彈丸射人以為戲樂，甚而因宰夫煮熊掌未至爛熟而殺之，使婦人用畚載屍經過治朝，出而棄之。三事連貫，一層深似一層，變本加厲，事態愈見嚴重。於是引出事件主角趙盾。趙盾與士會採前仆後繼之法，士會先諫，若然不入，則趙盾繼之。靈公知士會來意，佯裝視而不見，直至士會三進及霤，無可迴避，才正望士會，搶先說：「吾知所過矣，將改之。」語帶厭煩，顯是遁詞敷衍。其面目可憎，躍然紙上。士會慷慨陳辭，指出若靈公能改過遷善，則社稷得以安固。只可惜靈公置若罔聞，依然故我。趙盾於是驟諫其君。此前（魯文公十四年〔前六一三年〕）《傳》記：「有星孛入于北斗。周內史叔服曰：『不出七年，宋、齊、晉三君皆將死亂。』」預言三國國君皆將死於叛亂。魯宣公元年（前六〇八年），《傳》文云：「於是晉侯侈，趙宣子為政，驟諫而不入，故不競於楚。」已記靈公驕縱自大，趙盾（宣子）屢諫不聽，正與後《傳》相呼應，亦為靈公對趙盾動殺機埋下伏線。對趙盾的強諫，靈公不特毫無悔意，反而惱羞成怒，必殺之而後快，盡顯殘暴的本性。靈公先是派鉏麑刺殺趙盾，失敗後，再施毒計，宴請趙盾飲酒，事先埋伏甲士，欲攻而殺之。鉏麑清晨潛入趙家，只見寢門已開，趙盾盛服將朝，只是時間尚早，正坐着閉目養神。鉏麑見趙盾「不忘恭敬」，實為百姓之主，不忍殺之，又不能違抗君命，兩難之下，便把頭撞向趙盾庭中的槐樹而死。鉏麑死前的內心獨白，誰能聽到？又，鉏麑死於趙盾之庭，豈不暴露靈公的殺意？此等情事，浮誇失實，難免啟人疑竇。應是作者潛心揣摩當時情景，想象虛造，代人擬言，只為烘托趙盾勤政愛民，似出於佈局謀篇和敍事完整的需要，並為孔子以「古之良大夫」稱美趙盾張本。靈公伏甲加害趙盾，全靠趙盾的車右提彌明及靈輒拚死相救，趙盾才得以幸免於難。提彌明識破靈公毒計，遂扶趙盾下堂。提彌明搏殺了靈公所使嗾向趙盾的猛犬，又隨趙盾與埋伏的甲士邊鬥邊走，最後殉死。寫趙盾得人死力，同樣是用烘雲托月的手法，使趙盾的賢良更為鮮明。對靈君一再加害自己，趙盾只說：「棄人用犬，雖猛何為？」語氣雖然嚴厲，但也只是斥責靈公棄人用犬，冀幸其君覺悟之意仍隱然可見。篇中記事，原是直線順時鋪敍，但寫靈輒卻用折線逆時追敍，橫遮硬斷，至「既而與為公介」才回接主線。靈輒本為靈公甲士，為報趙盾一飯之恩，於危急之際，倒戈相向，為趙盾抵禦甲士，使其得以脫險。寫靈輒報恩，同樣是借賓顯主，映襯趙盾的良大夫形象。

趙盾既脫難，出奔，未及出境，聞知趙穿殺靈公，於是折返。晉太史董狐記錄說：「趙盾弒其君。」趙盾自辯說事實並非如此。董狐斥責他身為正卿，「亡不越竟，反不討賊」。趙盾引《詩》慨歎自己懷想國事故未出境，終使自己遭此憂慼。對於趙盾被責以殺君之名，孔子發表過自己的看法。孔子對董狐及趙盾二人，均予讚美。說董狐是「古之良史」，因為他「書法不隱」，依禮法而書，不畏權貴。說趙盾是「古之良大夫」，因董狐的書法而受弒君的惡名，並為趙盾未能越境免去弒君惡名而表示惋惜。孔子的評說，只為「亡不越竟」而發，沒有談及「反不討賊」。這是因為《傳》文接敘趙盾派趙穿到成周迎接公子黑臀歸國為君，無從洗脫「反不討賊」之罪。

晉靈公不君[1]。厚斂以彫牆[2]。從臺上彈人[3]，而觀其辟丸也[4]；宰夫胹熊蹯不熟[5]，殺之，寘諸畚[6]，使婦人載以過朝[7]。趙盾、士季見其手[8]，問其故，而患之[9]。將諫，士季曰：「諫而不入[10]，則莫之繼也[11]。會請先[12]，不入，則子繼之[13]。」三進及溜[14]，而後視之。曰：「吾知所過矣[15]，將改之。」稽首而對曰：「人誰無過？過而能改，善莫大焉[16]。《詩》曰：『靡不有初，鮮克有終。』[17]夫如是，則能補過者鮮矣。君能有終，則社稷之固也[18]，豈惟群臣賴之[19]？又曰：『袞

職有闕，惟仲山甫補之。』[20]能補過也。君能補過，袞不廢矣[21]。」

注釋

1不君：居君位而言行失為君之道。2厚斂：加重徵收賦稅。彫牆：刻畫花紋，以裝飾牆壁。彫，刻畫花紋。以，連詞，前項表示後項的目的。3臺：用土築成的平而高的建築物。《說文》：「臺，觀四方而高者。」彈：彈射。4辟丸：躲避彈丸。5宰夫：膳夫，官名，掌國君飲食膳羞。胹（粵：儀；普：ér）：煮。熊蹯（粵：凡；普：fán）：熊掌。熟：爛熟。6寘：棄置。畚（粵：本；普：běn）：用蒲或草之類編成的盛物的器具。7載：裝載。晉靈公不願讓別人知道，所以不讓小臣而讓婦人幫他處理屍體。朝：治朝。諸侯三門三朝，三門為庫門、雉門、路門，庫門以內、雉門以外為治朝。8趙盾：趙衰之子，晉國正卿，下文「宣子」是他的謚號。士季：即隨會或隨武子，士蔿之孫，晉國大夫。9患：擔憂。10不入：不被採納。11之：代詞，指趙盾。否定句賓語前置。12會請先：會（士季）自稱其名，請求先去進諫。13之：這裏指士季自己。14三進：始進為入門，再進為由門入庭，三進則入庭之後升階當霤（粵：漏；普：liù）。及：到。溜：即霤。《說文》云：「霤，屋水流也。」此溜為階間之霤，簷下滴水處。15所過：錯處。過，動詞，犯錯。所，助詞，與「過」組成名詞性結構。16焉：兼詞，相當於「於是」。17靡不有初，鮮（粵：癬；普：xiǎn）克有終：出自《詩經．

大雅・蕩》。靡，指示代詞，表無指，表示沒有人或物。初，開端。鮮，少。克，能夠。終，結束。18 社稷：指國家。社，土神。稷，穀神。固：保障。19 惟：同「唯」。賴：依賴。20 袞（粵：滾；普：gǔn）職有闕，惟仲山甫補之：出自《詩經・大雅・烝民》。袞，天子的禮服，借指天子。這裏指周宣王。職，通「適」，時間副詞，表示動作剛發生不久，剛才。闕，缺口，這裏指破損，比喻過失。補，補衣。仲山甫，周宣王之相。21 袞不廢：指袞不被廢棄，晉的社稷就可以保住。

譯文

晉靈公違反為君之道，徵收重稅來裝飾宮室的牆壁；從高臺上用彈丸射人，只為觀看他們躲避彈丸的情狀；廚師煮熊掌不夠熟爛，便殺了他，把屍體放在畚箕，讓女人挑着經過治朝。大臣趙盾和士季看見露出來的死人手，問知廚師被殺的原因，感到擔心。準備進諫，士季說：「您進諫而不聽，就沒有人能接着勸諫了。會先去，不聽，您再接着勸諫。」士季三進，到了屋簷下，晉靈公才抬頭張眼看他。晉靈公聽了勸諫之言，說：「我知道自己的錯處了，打算改正。」士季叩頭回答說：「誰能不犯過錯呢，犯了過錯能夠改正，善事沒有比這更大的了。《詩經・大雅・蕩》說：『人之初無不有善，但很少有人能善始善終。』如果像這樣，能夠彌補過失的人就很少了。您能始終堅持向善，國家得以安固，豈止臣子們有所依賴？《詩經・大雅・烝民》又說：『禮服剛有了破損，仲山甫就把它縫補。』這說的是仲山甫能補救周宣王的過錯。如果您能夠彌補過錯，袞就不會被廢棄了。」

猶不改[1]。宣子驟諫[2]，公患之，使鉏麑賊之[3]。晨往，寢門辟矣[4]，盛服將朝[5]。尚早，坐而假寐。麑退，歎而言曰：「不忘恭敬，民之主也。賊民之主，不忠；棄君之命，不信。有一於此[6]，不如死也！」觸槐而死[7]。

秋九月，晉侯飲趙盾酒[8]，伏甲[9]，將攻之。其右提彌明知之[10]，趨登[11]，曰：「臣侍君宴，過三爵[12]，非禮也。」遂扶以下。公嗾夫獒焉[13]，明搏而殺之[14]。盾曰：「棄人用犬，雖猛何為？」鬥且出。提彌明死之。

注釋

1 猶：還。2 驟：屢次。3 患：這裏指憎惡。鉏（粵：鋤；普：chú）麑（粵：危；普：ní）：晉國勇士。賊：殺害。4 辟：即「闢」，開。5 朝：上朝。6 有一於此：不忠、不信之中有其一。7 觸：碰撞。槐：古私家之朝皆植槐樹，趙盾庭中有槐，鉏麑觸之而死。8 飲（粵：蔭；普：yìn）：給酒喝。9 伏：埋伏。甲：披甲的士兵。10 提彌明：晉國勇士，趙盾的車右。11 趨登：快步登上。趨，小步快走，以示禮敬。12 三爵：三巡。爵，古時的酒器。君燕臣，有小燕禮，即小飲酒禮，不過三爵。提彌明說這句話是為了催促趙盾速退。[13] 嗾（粵：手／族；普：sǒu）：使犬，即發聲支使犬。夫：指示代詞，表遠指，那。獒：猛犬。[14] 搏：徒手搏鬥。

譯文

晉靈公還沒有改正。趙盾屢次勸諫，晉靈公憎惡他，便派鉏麑去刺殺他。鉏麑一大早就去了趙盾家，只見寢室的門開着，趙盾穿戴好禮服準備上朝，時間還早，他沒脫衣冠坐着打盹兒。鉏麑退了出來，歎氣說：「不忘恭敬，真是百姓的主人啊。殺害百姓的主人，就是不忠；背棄國君的命令，就是失信。在這兩者之中有一樣，還不如死了好。」一頭撞在趙盾庭中的槐樹上死了。

秋九月，晉靈公請趙盾喝酒，事先埋伏下甲士，準備攻擊趙盾。趙盾的車右提彌明察覺了，快步上堂，說：「臣下侍奉國君飲酒，超過三杯，就不合禮了。」於是扶趙盾下堂。晉靈公使猛犬來咬趙盾。提彌明上前搏鬥並殺死了它。趙盾說：「不用人而用狗，雖然兇猛，又有甚麼用？」他們與埋伏的甲士一邊搏鬥一邊往外走。提彌明死在裏邊。

初，宣子田于首山[1]，舍于翳桑[2]。見靈輒餓[3]，問其病。曰：「不食三日矣。」食之[4]，舍其半[5]。問之。曰：「宦三年矣[6]，未知母之存否。今近焉，

請以遺之。」使盡之，而為之簞食與肉[7]，寘諸橐以與之[8]。既而與為公介[9]，倒戟以禦公徒而免之[10]。問何故，對曰：「翳桑之餓人也。」問其名居[11]，不告而退。遂自亡也[12]。

乙丑[13]，趙穿殺靈公於桃園[14]。宣子未出山而復[15]。大史書曰[16]：「趙盾弒其君[17]。」以示於朝。宣子曰：「不然。」對曰：「子為正卿，亡不越竟[18]，反不討賊，非子而誰？」宣子曰：「烏呼！《詩》曰：『我之懷矣，自詒伊慼[19]。』其我之謂矣。」

注釋

1田：同「畋」，打獵。首山：首陽山，在今山西永濟東南。2舍：軍隊駐紮一宿。翳（粵：ai^3／$ngai^2$；普：yì）桑：地名，在首山附近。3靈輒：人名，晉國人。4食（粵：自；普：sì）之：給他東西吃。5舍：同「捨」。這裏指留下來。6宦：為人僕役。7簞（粵：丹；普：dān）：盛飯食的圓筐。食：飯。8橐（粵：托；普：tuó）：兩頭有口的袋子，用時以繩紮緊兩端。9與（粵：喻；普：yù）：參與。介：甲。這裏指甲士。10倒戟：猶言「倒戈」，指拿着兵器，反過來為對方戰鬥。禦：抵擋。公徒：晉靈公伏甲。因是徒兵，而非車兵，故稱。11名：姓名。居：住處。12自亡：指趙盾出亡。一說指靈輒逃亡。13乙丑：九月二十六日。14趙穿：趙盾族弟。桃園：晉國都苑囿之名。15山：指晉國境內的山。復：返回。16大史：太史，掌管記錄國家大事的史官。這裏指晉國史官董狐。書：記。17弒（粵：試；普：shì）：古代臣殺君、子殺父叫弒。18竟：同「境」。19「我之懷」二句：《詩經．邶風．雄雉》中有：「我之懷矣，自詒伊阻。」與所引詩只有一字之異。這兩句詩的大意是，因懷戀國家，故未出境，終為自己帶來那種憂傷。懷，眷戀。詒，同「貽」，留下。伊，指示代詞，表示近指，此。慼，憂。

譯文

當初，趙盾在首山打獵，住在翳桑，看見靈輒餓得厲害，問他有甚麼病。靈輒說：「我已經三天沒吃東西了。」趙盾給他東西吃，他留下了一半。趙盾問他為甚麼，靈輒說：「做僕役三年了，不知道母親還在不在，現在快到家了，請讓我把這個留給她。」趙盾讓他吃完，另外給他準備了一筐飯和肉，放在袋子裏給他。後來靈輒做了晉靈公的禁衛兵，倒過戟來抵擋晉靈公的其他禁衛兵，使趙盾得以脫險。趙盾問他為甚麼這樣做，他回答說：「我就是翳桑那個餓人。」趙盾問他的姓名和住處，他不回答就退走了。趙盾自己也逃亡了。

九月二十六日，趙穿在桃園殺死了晉靈公。趙盾還沒有走出國境的山界，聽到靈公被殺的消息便回來了。晉國太史董狐記錄說：「趙盾殺了他的國君。」還把所記的內容在朝廷上公佈。趙盾說：「不是這樣。」董狐說：「您身為正卿，逃亡而不出國境，回來後又不討伐叛賊，不是您殺了國君又是誰呢？」趙盾說：「唉！《詩》說：『因為我懷戀國家，給自己帶來那種憂傷。』說的大概就是我呀。」

孔子曰：「董狐，古之良史也[1]，書法不隱[2]。趙宣子，古之良大夫也，為法受惡[3]。惜也，越竟乃免[4]。」宣子使趙穿逆公子黑臀于周而立之[5]。壬申[6]，朝于武宮[7]。

注釋

1良史：好史官。2書法：即「書以法」，按原則記事。隱：隱諱，不直寫。3受惡：指蒙受弒君的惡名。4免：指免於承受惡名。出境則無同謀之嫌。5逆：迎。公子黑臀：即晉成公，文公之子，襄公之弟，名黑臀。6壬申：十月三日。7武宮：曲沃武公之廟。晉侯每即位，必到那裏朝祭。

譯文

孔子說：「董狐是古代的好史官，按原則記事而不加隱諱。趙盾是古代的好大夫，因為史官的記事原則而蒙受了弒君的惡名。可惜啊，如果出了國境就可以免於承受弒君的惡名了。」趙盾派趙穿到成周去迎接公子黑臀而立他為君。十月三日，公子黑臀到晉武公之廟朝祭。

十六　王孫滿對楚子

宣公三年（前六〇六年）

晉靈公不君，國勢日衰，後為趙穿所弒，晉已無力與楚爭競。楚莊王繼穆王而立，國勢大振，大有稱霸中原之志。於是藉討伐陸渾之戎，直逼洛水，就在周王室的境界內陳兵示威。周定王派大夫王孫滿到周郊慰勞楚莊王，楚王竟問起九鼎的大小輕重，覬覦周室之心昭然若揭。王孫滿答話，劈頭提出「在德，不在鼎」，置德於鼎上，突兀峭拔，氣勢逼人。順勢引出夏方「有德」，九州之牧獻金「鑄鼎」，中間經歷夏、商兩次「遷鼎」。在鼎遷於商後，只著「載祀六百」，簡筆帶過，卻在鼎遷於周後陡然煞住。然後宕開一筆，回到德與鼎的主題之上。以德之休明、昏暗與鼎之大小輕重，相提並舉，申明君有德，則鼎雖小，亦重不可遷；君若失德，則鼎雖大，亦輕而可遷。再從德推出天，指出天福祐有德之君，有固定之時，並非隨時可遷。最後才說到周成王「定鼎」，卜年七百，此命數所定。周德雖衰，天命猶在，鼎未可遷，鼎之輕重，自不可問。此番議論，摧鋒陷堅，使窺伺者聽罷，只覺天雷霹靂，冷水澆頭，開口不得，知難而退。篇中寫夏、商二代，只為周代作陪。德與輕重大小，既見於起結兩端，又見於中段，三處相配，緊密呼應。

楚子伐陸渾之戎[1]，遂至於雒[2]，觀兵于周疆[3]。定王使王孫滿勞楚子[4]。楚子問鼎之大小、輕重焉[5]。對曰：「在德不在鼎。昔夏之方有德也，遠方圖物[6]，貢金九牧[7]，鑄鼎象物[8]，百物而為之備[9]，使民知神、姦。故民入川澤、山林，不逢不若[10]。螭魅罔兩[11]，莫能逢之。用能協于上下[12]，以承天休[13]。桀有昏德，鼎遷于商，載祀六百[14]。商紂暴虐，鼎遷於周。德之休明[15]，雖小，重也。其姦回昏亂[16]，雖大，輕也。天祚明德[17]，有所底止[18]。成王定鼎于郟鄏[19]，卜世三十，卜年七百，天所命也。周德雖衰，天命未改。鼎之輕重，未可問也。」

注釋

1 陸渾：在今河南嵩縣及伊川。戎：古時北方的少數民族，春秋時雜居於今山西、河南一帶。2 雒：同「洛」，洛水。3 觀兵：陳兵示威。周疆：周王室的境界內。4 王孫滿：周大夫。勞：慰勞，蓋用郊勞禮。5 鼎：相傳禹所鑄九鼎，夏商周三代傳為國寶。楚子問鼎，有覬覦周室之意。6 遠方：遠方的人。圖：畫。7 貢金九牧：即九州向王室進貢青銅。金，青銅。九牧，九州之長，用以指代天下。8 鑄鼎象物：以九州所貢之銅鑄為九鼎，並將各種奇異事物鑄在鼎上。9 百物：萬物。10 逢：遇。不若：不順，不善。指有害的東西。11 螭（粵：癡；普：chī）魅（粵：味；普：mèi）：山林中的精物。罔兩：即魍魎，山川中的精物。螭魅罔兩，都是古人幻想中能害人的怪物。12 用：因此，所以。13 休：賜。14 載（粵：宰；普：zǎi）祀：同義連文，都表示年的意思。說六百年，舉其整數。15 休明：猶言美善光明。休，美。明，光明。之：若，表示假設。16 回：邪僻。17 祚（粵：皂；普：zuò）：福，保祐。18 厎（粵：只；普：dǐ）止：厎，至，固。厎止意義相近，故連用，這裏大概指固定的意思。19 郟（粵：夾；普：jiá）鄏（粵：辱；普：rǔ）：周王城所在地，在今河南洛陽。

譯文

楚莊王攻打陸渾之戎，到達洛水，在周王室境內檢閱軍隊。周定王派王孫滿慰勞楚莊王。楚莊王問起了九鼎的大小輕重。王孫滿回答說：「鼎的大小輕重在於德行而不在於鼎本身。以前夏朝有德的時候，遠方的人圖畫山川奇異之物而獻之，九州之長向王室進貢青銅，鑄造九鼎，並將各種奇異事物都鑄在鼎上，各種事物都得以備載，使百姓認識甚麼是神物，甚麼是惡物。所以百姓進入川澤山林就不會碰上有害的東西。魑魅魍魎這些鬼怪都不會遇到。因而能夠使上下和協，以領受上天的保祐。夏桀昏亂，九鼎遷到了商朝，經歷了六百年。商紂殘暴，九鼎又遷到了周朝。德行美好光明，鼎雖小，也是重的。如果姦邪昏亂，鼎雖大，也是輕的。上天保祐有明德的人，是有一定期限的。成王將九鼎安放在郟鄏，占卜的結果是傳世三十代，享國七百年，這是上天的決定。周朝的德行雖然衰弱，天命還未改變。鼎的輕重，是不能問的。」

十七　宋及楚平

宣公十四、十五年（前五九五年—前五九四年）

楚莊王敗晉於邲，威震中原，稱霸諸侯。又起兵伐宋之附庸蕭，宋華椒以蔡人救蕭。晉、宋、衞、曹同盟於清丘，立約「恤病討貳」。宋因陳服楚，興師伐陳，而衞人救陳，晉因衞背盟而討衞。楚之盟國齊又因莒服晉而伐之。楚莊王以宋人救蕭之故，密謀討宋，欲使宋人自入其罪。楚莊王為聯齊抗晉，派申舟（即文之無畏）聘齊，故意不向宋國假道，以激怒宋人。只要宋殺楚使，便為楚提供出師之名。同時，楚莊王又派公子馮聘晉，亦使無假道於鄭。文之無畏曾與宋人交惡。昔日，楚穆王在宋澤藪孟諸打獵，宋昭公違令，文之無畏笞打其御，並在全軍示眾。文之無畏預知，自己與宋人既有前嫌，此次過其境而不假道，必遭報復。說「鄭昭宋聾」，昭則聰明，洞曉時勢，可以免患；聾則愚闇，頑固執拗，必然招禍。鄭、宋兩國情勢不同，使者吉凶亦有異。文之無畏自知必死，故臨行前，託子於王。宋大夫華元以為，楚使經過宋境而不假道，即視宋為楚邊邑，等於說宋已亡；殺楚使，楚必藉此伐宋，則宋亦難逃亡國的厄運。「亡也」、「亦亡也」、「亡一也」三語一氣灌注，蒼勁有力。寧亡不屈，英氣剛烈。《傳》寫楚莊王聞申舟已死的連串動作，「投袂而起」，雄姿英發，三個「及」句，則從側面烘托，點染楚王急於發兵的情態，生動有致。

楚莊王發兵圍宋，數月不解。宋人使樂嬰齊告急於晉，晉景公欲救宋，大夫伯宗以為不可。伯宗說辭，高舉天命，以為天命在楚，不可與它爭競，勸晉君含恥忍垢，等待時機。因派解（粵：懈；普：xiè）揚如宋將命，謂晉已傾盡兵力，即將到來，勸宋人不要降楚。解揚路過鄭境，為鄭人所執送交楚王。楚王厚賂解揚，叫他反說晉不救宋。解揚先是不肯，被楚王三度勸誘而許。由不許到許，必經深思。若然不許，必為楚所殺，無法向宋人傳話；假意許諾，反而可見宋人，完成君命。解揚最終得以登上樓車，向宋人傳達晉君之命。楚莊王以解揚失信而將殺之。解揚視死如歸，慷慨陳辭，申明為將命者之道：為人君者發號施令，是為義；為人臣者順承君命，斯為信；君義臣信，國家得利。人臣能以國家利益為首務，捍衛社稷，可為萬民之主。人臣不受二命，既受君命出使，不可棄信，即便是死也要完成使命。自言許楚王之賂，只為完成晉君之命。解揚之言，義正辭嚴，令人心折。

楚莊王採納申叔時的建議，在宋郊築室，分兵歸田，以示不撤宋圍。宋人恐懼，派華元乘夜潛入楚軍營地，登牀劫持子反，逼其結盟。華元對子反述說宋城內慘況：糧食薪柴已盡，以致易子而食、取骸炊火。雖然如此，宋人寧與國亡，也不願屈服而接受城下之盟。語氣悲壯倔強。逼令子反答應後撤三十里，然後與楚媾和。

楚子使申舟聘于齊[1]，曰：「無假道于宋[2]。」亦使公子馮聘于晉[3]，不假道于鄭。申舟以孟諸之役惡宋[4]，曰：「鄭昭、宋聾[5]，晉使不害[6]，我則必死。」王曰：「殺女，我伐之。」見犀而行[7]。及宋，宋人止之[8]。華元曰[9]：「過我而不假道，鄙我也[10]。鄙我，亡也。殺其使者，必伐我。伐我，亦亡也。亡一也。」乃殺之。楚子聞之，投袂而起[11]，屨及於窒皇[12]，劍及於寢門之外，車及於蒲胥之市[13]。秋，九月，楚子圍宋。

注釋

1 **楚子**：楚莊王。**申舟**：楚國大夫，名無畏，字子舟，申是他的食邑。**聘**：聘問，即派遣使節代表本國到他國訪問。2 **無假道于宋**：不向宋國假道，即不請於宋而逕過其地，欲以此挑釁。3 **公子馮**（粵：朋；普：píng）：楚國公子。4 **孟諸之役**：指二十多年前申舟得罪宋昭公的事。孟諸，宋國沼澤名，在今河南商丘東北。**惡**：得罪。5 **昭**：眼明，這裏指明白事理。**聾**：耳不聰，此指糊塗昏聵、不明事理。6 **不害**：沒有危險。7 **見**：引見。**犀**：申犀，申舟之子。這裏指引見於楚莊王而後出使，以示必死。8止：扣留。9華元：宋國執政大臣。10鄙我：視我為其邊鄙之邑縣。古代凡過他國之境必假道，故《儀禮．聘禮》有「過邦假道」之禮。11投：甩。袂（粵：謎；普：mèi）：袖子。12屨（粵：句；普：jù）：鞋。及：追上。窒皇：寢門闕（門樓）。他書未見，蓋楚語。13蒲胥：楚國地名。

譯文

楚莊王派申舟到齊國聘問，說：「不要向宋國請求借路。」同時又派公子馮到晉國聘問，也不向鄭國請求借路。申舟由於在孟諸一役中得罪了宋國，就對楚莊王說：「鄭國是明白事理的，宋國是不明白事理的，去晉國的使者不會被傷害，我就必然會死。」楚王說：「要是宋國殺了你，我就攻打他們。」申舟把兒子申犀引見給楚王後就出行了。到了宋國，宋人就把他扣留了。華元說：「經過我國而不請求借路，這是把我國當成了楚國的邊邑。把我們當作縣城，我們就等於是亡國。殺了楚國的使臣，楚國一定會攻打我國；攻打我國也是亡國。反正一樣是亡國。」便殺了申舟。楚莊王聽到申舟被殺的消息，拂袖而起，往外便走，隨從人員追到寢門闕才讓他穿上鞋子，追到寢宮門外才讓他佩上劍，追到蒲胥街市才讓他坐上車子。秋九月，楚莊王派兵包圍了宋國。

宋人使樂嬰齊告急于晉[1]，晉侯欲救之[2]。伯宗曰[3]：「不可。古人有言曰：『雖鞭之長，不及馬腹。』天方授楚，未可與爭。雖晉之強，能違天乎？諺曰：『高下在心。』川澤納污，山藪藏疾，[4]瑾瑜匿瑕[5]，國君含垢[6]，天之道也。君其待之。」乃止。

注釋

1樂嬰齊：宋國大夫。2晉侯：指晉景公。3伯宗：晉國大夫。4「川澤」二句：藪（粵：首；普：sǒu），草木叢生的沼澤地帶。疾，指害人的東西，毒蛇猛獸。5瑾（粵：謹；普：jǐn）瑜（粵：余；普：yú）：美玉。匿：隱藏。瑕：玉上的斑點、瑕疵。6含垢：指國君宜以社稷的長遠利益為重，不宜小不忍而危害社稷。

譯文

宋人派樂嬰齊向晉國告急，晉景公想救援宋國。伯宗說：「不行。古人有話說：『鞭子雖長，達不了馬腹。』上天正在保祐楚國，不能和它爭鬥。晉國雖然強盛，能夠違背天意嗎？俗話說：『遇事能屈能伸，心中有數。』河流湖泊裏容納污泥濁水，山林草野裏暗藏毒蛇猛獸，美玉隱藏着瑕疵，國君含恥忍辱，這是上天的常道。國君您還是等着吧。」晉景公便停止發兵。

使解揚如宋[1]，使無降楚，曰：「晉師悉起[2]，將至矣。」鄭人囚而獻諸楚。楚子厚賂之，使反其言[3]。不許。三而許之。登諸樓車[4]，使呼宋人而告之，遂致其君命[5]。楚子將殺之，使與之言曰：「爾既許不穀，而反之，何故？非我無信，女則棄之。速即爾刑[6]！」對曰：「臣聞之，君能制命為義[7]，臣能承命為信[8]，信載義而行之為利。[9]謀不失利，以衞社稷，民之主也。義無二信，信無二命。君之賂臣，不知命也。受命以出，有死無霣[10]，又可賂乎？臣之許君，以成命也[11]。死而成命，臣之祿也[12]。寡君有信臣，下臣獲考死[13]，又何求？」楚子舍之以歸。

注釋

1解揚：晉國大夫，字子虎。2悉起：悉，全部。傾國而出。3反其言：使他說晉不來救。4樓車：蓋即巢車，設有瞭望樓的兵車。5致：傳達。6即：接近，接受。7制命為義：制定與發佈命令為君主之事，此為理所當然。8承命為信：承，奉行。接受並執行命令為臣下之事，以此為信守。9載：裝載。行：推行。10霣（粵：允；普：yùn）：同「隕」，墜落。這裏指廢棄。11以成命：欲以完成君之使命。12祿：福。13考死：死得其所。這裏指完成使命而死。考，完成。

譯文

晉國派解揚到宋國去，叫宋國不要投降楚國，告訴他們說：「晉國傾國而出，快到達宋國了。」解揚路過鄭國時，鄭人把他扣留起來獻給楚國。楚莊王重重地賄賂他，讓他把話反過來說。解揚不答應。楚莊王再三勸誘，他才答應了。楚人讓解揚登上樓車，對宋人喊話，告訴他們晉國不會來救。解揚乘機傳達晉君要宋人堅守待援的命令。楚莊王要殺解揚，派人對他說：「你既已答應了我，現在卻反過來，是甚麼緣故？這不是我不講信用，而是你丟棄了它，快去接受你的刑罰吧！」解揚回答說：「下臣聽說：國君能制定正確的命令就是道義，臣子能奉行國君的命令就是信用，信用貫徹了道義然後去做就是利益。謀劃不損害利益，以此保衛國家，就是百姓的主人。道義不能有兩種信用，信用不能接受兩種命令。君王賄賂臣下，就是不懂『信無二命』的道理。我接受國君的命令出使，寧可一死也不廢棄使命，難道可以賄賂嗎？下臣之所以答應君王，是為了藉機完成國君的使命。死而能完成使命，這是下臣的福氣。我們國君有誠信的臣下，臣下又能死得其所，還有甚麼要求呢？」楚莊王赦免了他，放他回國。

夏五月，楚師將去宋[1]，申犀稽首於王之馬前曰：「毋畏知死，而不敢廢王命，王棄言焉[2]。」王不能答。申叔時僕[3]，曰：「築室反耕者[4]，宋必聽命。」從之。

宋人懼，使華元夜入楚師，登子反之牀[5]，起之，曰：「寡君使元以病告[6]，曰：『敝邑易子而食[7]，析骸以爨[8]。雖然，城下之盟[9]，有以國斃[10]，不能從也。去我三十里，唯命是聽。』」子反懼，與之盟而告王[11]。退三十里，宋及楚平。華元為質。盟曰：「我無爾詐，爾無我虞[12]。」

注釋

1去：離開。2棄言：背棄諾言。3申叔時：楚國大夫。僕：指為王駕車。4反耕者：叫種田的人回來。反，同「返」。築室反耕當是古人圍師久留之法。5子反：當時任楚軍主帥。6病：困病已極。7易子而食：交換孩子來吃。指無糧食。8析骸以爨（粵：寸；普：cuàn）：拆開骸骨，燒火做飯。指無燃料。9城下之盟：敵方兵臨城下而被逼簽訂盟約。10有以國斃：寧與國家俱亡。有，助詞，無義。以，與。11與之盟：與華元私盟，承諾退師。12虞：欺騙。我無爾詐，爾無我虞，指兩不相欺。

譯文

夏五月，楚軍準備離開宋國，申犀在楚莊王馬前叩頭說：「毋畏明知死而不敢廢棄君王的命令，現在君王您廢棄了諾言。」楚王無言可答。楚臣申叔時正為楚王駕車，說：「修建房屋，叫種田的人回來，宋國必然聽從君王的命令。」楚王照他的話去做了。宋人害怕起來，派華元在夜裏潛入楚營，登上子反的牀，叫他起來，說：「我們國君派我來把宋國的困境告訴你，說：『敝邑交換孩子殺了吃，拆開骸骨燒火做飯。儘管如此，兵臨城下被逼簽訂的盟約，寧可讓國家滅亡，也不能答應。你們退兵三十里，宋國將一切聽命。』」子反害怕，就與華元盟誓，並報告了楚莊王。楚軍退兵三十里，宋國和楚國媾和。華元當了人質。盟誓上說：「我不騙你，你不欺我。」

十八　齊晉鞌之戰

成公二年（前五八九年）

《傳》具載齊晉鞌之戰的遠因和近因。魯宣公十七年（前五九二年），晉景公為鞏固其霸主地位，召集諸侯舉行盟會，派遣郤克使齊，請齊頃公與會。齊頃公知道郤克是個跛子。郤克到齊國後，齊頃公讓其母蕭同叔子躲在帷帳後偷看郤克。郤克登上臺階，那婦人在房內發出笑聲。郤克發怒，離開時發誓說不報這個恥辱就不能渡過黃河。返晉後，郤克請求攻打齊國，晉景公不答應。此為遠因。到了魯成公二年，齊頃公率兵入侵魯國北面邊境，圍住了龍城。頃公寵臣盧蒲就魁攻城不果被俘。頃公請求不要殺盧蒲就魁，但魯人不聽，不但殺了他，還在城牆上陳屍示眾。頃公親鼓，齊軍攻入龍城，然後南侵。衛穆公趁齊國空虛，派兵襲擊齊國，卻遇上伐魯退還的齊軍，結果被打敗。魯、衛兩國遂向晉國討救兵。晉景公派郤克率八百乘援救魯、衛。齊晉兩國就在鞌正面交鋒。

《傳》寫各場大戰，皆精心結撰，有聲有色。寫鞌之戰，先以對舉方式，詳細交代齊、晉兩軍主帥及戰車左右的名氏。春秋戰車，主帥（齊為頃公，晉為郤克）立於中央鼓下，御者在左（齊為邴夏，晉為解張），持戈盾的勇士（戎右）在右（齊為逢丑父，晉為鄭丘緩）。車上的旗鼓，作為全軍耳目，由主帥執掌，指揮三軍。敍事焦點就放在此等關鍵人物的言行及車馬的動作上。寫齊侯，只用一句話、一個動作，其人神氣活現。齊侯輕敵，揚言姑且消滅晉軍而後返營吃早餐，馬不披甲便進擊晉軍，顯得輕狂驕縱。寫晉人，詳敍他們在激戰時的對話，從側面烘托，表示他們雖陷苦戰，仍同仇敵愾，顯得沉着堅忍。主帥郤克受傷流血，仍然不停擊鼓，鼓舞士氣，進擊敵軍。鄭丘緩說郤克不知道自己推車，映襯出郤克專注於擊鼓。解張受傷，仍勉力御車，一邊激勵郤克拚死奮戰，一邊左手一把握緊繮繩、右手代郤克執槌擊鼓。一句「師之耳目，在吾旗鼓」，表明他心繫全局，壯氣熊熊。《傳》文描畫兩方將帥的言行，對照映襯，張弛有致，齊侯的輕狂適足以反襯晉人的戒懼，孰勝孰負，不言而喻。「馬逸不能止，師從之」，狀寫晉軍在主帥車駕的帶領下，直撲齊軍，氣勢銳不可當。齊師敗績，自是勢所必然。晉軍追擊齊軍，竟繞了華不注山三圈才罷休。

下文憑空特起，以旁溢之法逆敍韓厥之夢，為戰時韓厥易位、齊頃公知而不射作張本。此一插曲，恢奇譎詭，看似題外，無關主旨，實則與情節發展攸關。韓厥在開戰前夕得父報夢，着他明朝避免站於兵車的左右兩側。當時軍制，若非主帥，則御者在中，將在左，而持戈盾的勇士在右。戰時，韓厥依父所言而與御者易位，追趕齊頃公。邴夏望見韓厥儀表氣度，不像御者而像將領，識破其偽，請齊頃公射居中之人。齊頃公指出，明知對方是君子而射他，不合乎禮。頃公先射韓厥的車左，車左墜於車下，再射其車右，車右死於車中。這裏正面寫韓厥、邴夏，實亦從側面寫齊侯臨敵從容、勇而知禮，藉賓形主，烘雲托月。

接着寫綦毋張失車，請求寄乘韓厥之車。韓厥因左右皆死，不使綦毋張立於左右，用肘推撞，使其立於自己身後，又俯身穩定斃於車中的車右。逢丑父見事急，藉此機會與齊侯易位以欺韓厥。追逐到華不注山下，齊侯車乘的驂馬被樹木絆住無法前進。在此危急之際，《傳》文突然追敘前事，插入另一瑣事，記述逢丑父為車右之前，曾卧棧車，以肱擊蛇而為其所傷，隱瞞傷勢。故此時不能下車推車脫險，而被韓厥追及。寫韓厥向齊頃公行俘獲敵國國君之禮，畢恭畢敬，所言禮辭，亦得體可觀。丑父既詐代齊侯，於是藉口取水，支走齊侯，使其免於被俘。丑父捨身救主，可謂忠勇機智，即使面臨被戮，亦毫無懼色。其大聲呼喊，痛陳代君受難之義，正氣凜凜，足以撼動人心，無怪乎郤克也被感動，赦免丑父。

《傳》寫戰後餘波，再以閒筆點綴，寫齊侯為尋找丑父三入三出，英氣颯爽，有情有義，又勉勵守衛，雖敗而不撓。記女子攔路問訊，旁逸歧出。女子詢問國君與其父是否安然無恙，先問君，後問父，深明禮義。齊侯許為有禮，賞之以地。寫女子，實亦寫齊侯，賓主相映。

癸酉[1]，師陳于鞌[2]。邴夏御齊侯[3]，逢丑父為右[4]。晉解張御郤克[5]，鄭丘緩為右[6]。齊侯曰：「余姑翦滅此而朝食[7]。」不介馬而馳之[8]。郤克傷於矢，流血及屨[9]，未絕鼓音[10]。曰：「余病矣！」張侯曰：「自始合[11]，而矢貫余手及肘[12]，余折以御[13]，左輪朱殷[14]。豈敢言病[15]？吾子忍之！」緩曰：「自始合，苟有險[16]，余必下推車。子豈識之[17]？然子病矣[18]！」張侯曰：「師之耳目，在吾旗鼓，進退從之[19]。此車一人殿之[20]，可以集事[21]。若之何其以病敗君之大事也[22]？擐甲執兵[23]，固即死也[24]。病未及死，吾子勉之[25]！」左并轡[26]，右援枹而鼓[27]。馬逸不能止[28]，師從之。齊師敗績。逐之，三周華不注[29]。

注釋

1 癸酉：十七日。2 陳：軍旅佈陣。鞌：齊地，即古之歷下，在今山東濟南偏西。3 邴（粵：丙；普：bǐng）夏：齊國大夫，以邴為氏。御：駕御車馬。齊侯：指齊頃公。4 逢（粵：蓬；普：páng）丑父：齊國大夫。右：車右。5 解（粵：懈；普：xiè）張：晉國大夫，以解為氏，即下文的張侯，張是其名，侯是其字。郤克：即郤獻子，晉國大夫，時任晉中軍主帥，主晉政。6 鄭丘緩：晉國大夫，氏鄭丘，名緩。7 姑：暫且。翦滅：同義連文，消滅。翦，與「剪」相通。此：指晉軍。朝食：早飯，這裏用作動詞，指吃早飯。8 不介馬：不給馬披甲。介，甲，這裏用作動詞，指不給馬披上鎧甲。一說，介指紮尾。馳：使動用法，指使馬奔馳。9屨（粵：句；普：jù）：用麻、葛或革製成的單底鞋。10未絕鼓音：古代車戰，作戰時主帥居車中親掌旗鼓，指揮三軍。擊鼓是前進的號令，郤克受傷後仍然不停擊鼓，指揮軍隊前進。11合：交戰。12貫：穿。肘：胳膊。13折以御：折斷箭桿，繼續駕車，無暇拔出箭鏃。14左輪朱殷（粵：煙；普：yān）：朱，大紅色。殷，赤黑色。朱殷，紅黑色。血色本紅，久則黑。15病：疾甚。指傷得很重。16苟：假設連詞，相當於「如果」。險：險要的地方，這裏指難走的路。17子豈識之：識，知道。雖同在一車中，主將不知車右下推車，足見主將受傷甚重而又專心於擊鼓。18然子病矣：鄭丘緩發現郤克傷勢很嚴重，可能無法堅持擊鼓。19「師之」三句：全軍以旗鼓為耳目，或進或退，都聽從旗鼓的指揮。古代作戰，以鼓進，以金退。20殿：行軍，勇者殿後，引申為鎮守。21集事：成事。22若之何：反問，怎麼能。其：語氣詞。以：因果連詞，因。23擐（粵：運；普：huàn）：穿着。兵：武器。24固：本來，肯定副詞，表示對動作行為的充分肯定。即：就是，引申為就。25勉：努力。26左并轡：御者本來是雙手執轡的，解張為了代替郤克擊鼓，把轡併於左手。27援：拿。枹（粵：浮；普：fú）：鼓槌。《說文》：「枹，擊鼓杖也。」28逸：狂奔。29周：環繞。華不注：不音敷。山名，在今山東濟南東北。

譯文

六月十七日，齊、晉兩軍在鞌地擺開了陣勢。邴夏為齊頃公駕車，逢丑父擔任車右。晉國的解張為郤克駕車，鄭丘緩擔任車右。齊頃公說：「我姑且先消滅了這些晉軍再吃早飯。」馬不披甲，就進擊晉軍。郤克為箭所傷，血流到鞋上，但沒有停止擊鼓，說：「我傷得很重！」解張說：「從一開始交戰，箭就射穿了我的手再穿透胳膊，我折斷了箭桿，繼續駕車。左邊的車輪被血染成了紅黑色，哪裏敢說傷得很重？您忍着點吧！」鄭丘緩說：「從開始交戰，如果遇到難走的路，我必定下去推車，您哪裏知道這些？不過您確實傷得很重！」解張說：「軍隊的耳朵和眼睛都集中在我們的旗幟和戰鼓上，前進後退都聽任其指揮。這輛戰車一人坐鎮，戰事就可以成功。怎麼能因傷重而敗壞國君的大事呢？穿上鎧甲，拿起武器，必定就是去赴死的。傷重沒到死的地步，您還是盡力而為吧！」解張左手把韁繩握在一起，右手拿着鼓槌擊鼓，由於一手控馬，馬狂奔不止，全軍就跟着主帥的車前進。齊軍大敗。晉軍追擊齊軍，繞了華不注山三圈。

韓厥夢子輿謂己曰[1]：「旦辟左右[2]。」故中御而從齊侯[3]。邴夏曰：「射其御者，君子也[4]。」公曰：「謂之君子而射之，非禮也。」射其左，越于車下[5]；射其右，斃于車中。綦毋張喪車[6]，從韓厥曰：「請寓乘[7]。」從左右，皆肘之[8]，使立於後。韓厥俛定其右[9]。

注釋

1 韓厥：晉國大夫，在這次戰役中任司馬。子輿：韓厥之父。2 旦：早晨。這裏指第二天早晨。辟：避開，今作「避」。左右：指戰車左右兩側。這裏是插敘大戰前夜的事。3 中御：立於車的中央（代替御者）執轡駕車。中，方位名詞作狀語。古代軍制，主帥立於兵車之中，在鼓之下。若非主帥，則御者在中，本人在左。韓厥為司馬，不是主帥，也不是御者，應在車左，主射。從：追趕。4 君子：通稱貴族男子或為官者。這句話是說，那輛車上駕車的不是御者，而是將領。5 越：墜。6 綦（粵：旗；普：qí）毋（粵：無；普：wú）張：晉國大夫。姓綦毋，名張。喪車：丟失戰車。7 寓：寄。這裏指請寄乘韓厥之車。8 皆肘之：綦毋張上車，欲立於車左與車右，皆被韓厥推撞，為的是示意這兩處都有危險。9 俛：同「俯」，俯身，彎下身子。定：穩定。指上文「斃于車中」的那個車右，使不致墜下。

譯文

大戰前夜，韓厥夢見其父子輿對自己說：「明天早晨不要站在兵車左右兩側。」因此他就在中間駕車追趕齊侯。邴夏說：「射那個駕車的人，他是君子。」齊侯說：「認為他是君子卻要射殺他，這不合於禮。」射車左，車左死在車下；射車右，車右倒死在車裏。綦毋張丟失戰車，跟上韓厥說：「請允許我搭你的車。」上車，準備站在左邊或右邊，韓厥都用胳膊推撞他，讓他站在身後。韓厥彎下身子，穩住車右的屍體。

逢丑父與公易位[1]。將及華泉[2]，驂絓於木而止[3]。丑父寢於轏中[4]，蛇出於其下，以肱擊之[5]，傷而匿之[6]，故不能推車而及。韓厥執縶馬前[7]，再拜稽首，奉觴加璧以進[8]，曰：「寡君使群臣為魯、衛請，[9]曰：『無令輿師陷入君地[10]。』下臣不幸，屬當戎行[11]，無所逃隱[12]，且懼奔辟，而忝兩君[13]。臣辱戎士[14]，敢告不敏[15]，攝官承乏[16]。」丑父使公下，如華泉取飲[17]。鄭周父御佐車[18]，宛茷為右，載齊侯以免。韓厥獻丑父，郤子將戮之[19]，呼曰：「自今無有代其君任患者，有一於此，將為戮乎[20]？」郤子曰：「人不難以死免其君[21]，我戮之，不祥。赦之，以勸事君者[22]。」乃免之[23]。

注釋

1公：指齊侯。易位：調換位置。就在韓厥「俛定其右」的時候，逢丑父與齊頃公調換了位置，逢丑父居中，齊頃公充當車右。這是逢丑父在危急關頭為救齊侯而採取的調包之計。古代兵服，國君與將佐相同，故易位足以欺騙敵人。2華泉：泉名，在華不注山下。3驂（粵：攙；普：cān）：驂馬。古代用四馬駕車，中間兩馬叫服馬，左右兩旁的馬叫驂馬。絓（粵：掛；普：guà）：《說文》有「繭滓絓頭也」，原指繅（粵：搔；普：sāo）絲（把蠶繭浸水，抽出蠶絲）時，繭絲成結，有所絓礙。引申為挂礙之稱。這裏指為樹木所阻礙。4轏（粵：棧；普：zhàn）：即「棧」，棧車，用竹木編成車廂的輕便車子。5肱（粵：轟；普：gōng）：胳膊從肘至肩的部分。6傷而匿之：（胳膊）受傷，而隱瞞其事。匿，隱瞞。這四句是補敘大戰前夜的事情。7執縶（粵：汁；普：zhí）：手執絆馬索，以示執臣僕之禮。縶，同「馽」，絆馬索。8奉：捧。觴：古代盛酒的容器。璧：一種中間有孔的圓形玉器。進：獻。此為俘獲敵國國君之禮，稱「隕命禮」。《司馬法》：「其有隕命，行禮如會所，爭義不爭利。」9「寡君」句：此句以下皆為典型的外交辭令。10無：通「毋」，不要。令：使，讓。輿師：軍隊。君地：指齊國腹地。11屬：副詞，正好。當：遇上。戎行：軍隊行列。12所：助詞，與「逃隱」構成名詞性的結構。逃隱：同義連文，隱藏。13辟：同「避」。忝：辱。兩君：晉君與齊君。14臣辱戎士：我不配當戎士。辱，使……受辱。15不敏：謙詞，等於說「不才」。敢：表敬副詞，無義。16攝官：代理官職。承乏：謙詞，表示因缺乏人才，故自己暫代其職。17飲：名詞，指水。18鄭周父：與下文的宛茷（粵：佩；普：pèi）都是齊臣。佐車：副車。19郤子：即郤克。郤克知其非齊頃公。20自今：從今以後。將：

欲。21 難：以……為難事。免：使脫身。22 勸：鼓勵。23 乃：關聯副詞，相當於「就」。

譯文

逢丑父和齊侯趁韓厥低頭之際互換位置。將要到達華泉，齊侯戰車的驂馬被樹木絆住停了下來。頭幾天逢丑父在棧車裏睡，有一條蛇從車廂底下爬出來，他用胳膊去打蛇，胳膊受了傷，但他隱瞞了這件事。這樣他受了傷，不能推車前進，這樣才被韓厥追上。韓厥拿着馬繮繩走到齊侯馬前，下拜叩頭，捧着酒杯加上玉璧獻給齊侯，說：「我們國君派下臣為魯、衞兩國請求，說：『不要讓軍隊深入貴國腹地。』下臣不幸，恰巧遇上您的軍隊，沒有地方隱藏。而且也害怕奔走躲避會讓兩國國君蒙受恥辱。下臣不配當戎士，謹向您報告我的不才，但由於缺乏人才，自己只好暫代其職。」假裝是齊侯的逢丑父命令齊侯下車到華泉去取水來給自己喝，藉機逃走。鄭周父駕御齊君的副車，宛茷擔任車右，載上齊侯逃走而使齊侯免於被俘。

韓厥獻上逢丑父，郤克打算殺掉他。逢丑父喊道：「有一個代替他的國君受難的人，想把他殺掉嗎？若然，從今以後沒有代替他的國君受難的人了。」郤克說：「這個人不以用自己的生命使他的國君免禍為難事，我殺了他，不吉利。不如赦免了他，用他來勉勵侍奉國君的人。」於是便赦免了逢丑父。

齊侯免，求丑父，三入三出[1]。每出，齊師以帥退[2]。入於狄卒[3]，狄卒皆抽戈、楯冒之[4]。以入於衛師，衛師免之[5]。遂自徐關入[6]。齊侯見保者[7]，曰：「勉之！齊師敗矣！」辟女子[8]。女子曰：「君免乎？」曰：「免矣。」曰：「銳司徒免乎[9]？」曰：「免矣。」曰：「苟君與父免矣，可若何？」乃奔。齊侯以為有禮[10]。既而問之，辟司徒之妻也[11]。予之石窌[12]。

注釋

1三入三出：第一次入、出晉軍，第二次入、出狄卒，第三次入、出衛軍。狄、衛是晉的友軍。齊頃公因逢丑父代己受難，故出入敵陣以求之。2齊師以帥退：指齊侯每自敵軍出，齊軍均保護他後退。3狄卒：狄人無車兵，只有徒兵，故稱。4抽戈、楯冒之：抽戈和盾掩護齊侯。抽，取出。楯，同「盾」。冒，覆，掩護。5衛師免之：衛軍使齊侯免受傷害。6徐關：齊國地名，在今淄川西。7保者：守衛城邑的人。8辟：通「闢」，使人避道。古代國君出行，有前驅開道，使當道的行人避開。9銳司徒：掌管銳利兵器的官員。銳，總稱矛類的兵器。10有禮：女子先問君，後問父，故齊侯認為她有禮。11辟司徒：掌管軍營壁壘的官員。辟，通「壁」。12石窌（粵：較；普：liáo）：齊國地名，在今山東長清東南。

譯文

齊侯免於被俘，為尋找逢丑父，三入三出敵陣。每次退出，齊軍就簇擁着保護他後退。進入狄步卒之中，狄卒取出戈盾來保護齊侯。進入衞軍之中，衞軍也使他免受傷害。於是從徐關進入齊地。見到守城者，說：「努力吧！齊軍戰敗了。」齊侯的前驅驅使一個女子躲開。女子問：「國君免於禍難了嗎？」說：「免了。」又問：「銳司徒免於禍難了嗎？」說：「免了。」女子說：「如果國君和我父親都免於禍難，還要怎麼樣呢？」就跑開避齊侯。齊侯認為她有禮。後來查問，是辟司徒的妻子，就把石窌賜給她。

十九　楚歸晉知罃

成公三年（前五八八年）

楚莊王向周室問鼎，楚國勢力已直逼中原。魯宣公十二年（前五九七年），晉、楚兩強正面交鋒，發生邲之戰。結果楚大夫熊負羈俘獲了晉將知罃（粵：鶯；普：yīng）（荀罃），知罃之父下軍大夫知莊子（荀首）率領所部反攻楚軍，射殺楚將連尹襄老，搶走了他的屍體，又俘獲楚莊王之子公子穀臣。魯成公三年（前五八八年），即楚共王盟蜀的第二年，晉景公藉口鄭在邲之戰時對晉有惡，帶領諸侯軍隊伐鄭。晉為鄭所敗，鄭皇戌到楚國獻捷。此時，晉、楚勢均力敵，有意尋求和平。於是晉向楚提出用邲之戰俘獲的楚公子穀臣及連尹襄老之屍交換被俘的知罃。當時知罃之父任晉中軍副帥，故楚表示同意。

「荀首佐中軍」為通篇眼目。楚共王在囚禁知罃十年後放他歸晉，無非是因為荀首任中軍副帥，釋放知罃，有助於與晉修好。共王多番追問知罃，歸根結柢全在一個「報」字。

《傳》寫楚共王的四問與知罃的四答，短問長答，終以共王自言作結。共王之問，自往及今，由緩轉急。知罃每次答話，雖無不緊扣問題，卻又與問意相違，出人意表。共王先問知罃被囚十年，是否怨他？知罃答說，兩國交戰，自己才不如人而被俘，楚王不加誅戮，反使回國受刑，這都是楚王的恩惠，又怎敢怨人？共王再問，既然不怨，是否感恩？知罃答說，兩國為社稷人民着想，克制怨恨，互相諒解，釋放俘虜，以結成友好，與己無關，又怎敢感激他人？共王三問知罃，獲釋回國後，拿甚麼報答他？知罃答道，自己不應當怨恨楚王，楚王也不該認為有德於他，無怨無德，未知要報答甚麼。共王一問怨，再問德，三問報，已將心事剖白，知罃卻既不怨，又不德，更不報，答得冷淡從容、渾淪含蓄。共王終於按捺不住，逼迫知罃非答不可。知罃表明，回國後，要是免受國君或宗廟的誅戮，而得以繼宗任事，擔當軍職，即使再遇楚軍，必將不敢迴避，竭力拚死，對晉君克盡臣禮，以此報答共王。此番答辭，化冷淡為濃烈，變含蓄為直白。連用兩個「其」字，再接「無有」、「盡」，語意一氣連貫，堅定不移。鋒芒銳利，卻不失典雅得體的本色。共王不得不慨歎晉不可與爭，對知罃厚加禮遇並放他回國。

晉人歸楚公子穀臣與連尹襄老之尸于楚[1]，以求知罃[2]。於是荀首佐中軍矣[3]，故楚人許之。王送知罃，曰：「子其怨我乎[4]？」對曰：「二國治戎[5]，臣不才，不勝其任，以為俘馘[6]。執事不以釁鼓[7]，使歸即戮[8]，君之惠也。臣實不才，又誰敢怨？」王曰：「然則德我乎[9]？」對曰：「二國圖其社稷，而求紓其民[10]，各懲其忿，以相宥也[11]。兩釋纍囚[12]，以成其好。二國有好，臣不與及[13]，其誰敢德[14]？」王曰：「子歸，何以報我？」對曰：「臣不任受怨，君亦不任受德[15]，無怨無德，不知所報。」王曰：「雖然，必告不穀。」對曰：「以君之靈，累臣得歸骨於晉，寡君之以為戮，死且不朽。若從君之惠而免之，以賜君之外臣首[16]，首其請於寡君[17]，而以戮於宗，亦死且不朽。若不獲命[18]，而使嗣宗職[19]，次及於事[20]，而帥偏師，以修封疆[21]。雖遇執事，其弗敢違，其竭力致死[22]，無有二心，以盡臣禮，所以報也。」王曰：「晉未可與爭。」重為之禮而歸之。

注釋

1 歸：送還。公子穀臣：楚莊王之子。連尹襄老：連尹是官名，襄老是人名。2 知罃：晉國大夫，又稱荀罃，知莊子（荀首）之子。求：索取。3 於是：在這個時候。荀首：晉卿，又稱知莊子，晉中軍帥荀林父之弟。4 其：測度副詞，表示估計推斷語氣，相當於「大概」。5 治戎：治兵，即交戰。6 俘馘（粵：國；普：guó）：俘，所獲生囚，馘，死獲。古代戰爭，割掉所殺敵軍的左耳或頭顱作為證明。知罃實被「俘」，而未被「馘」，此「馘」字是連類而及之詞。7 釁（粵：刃；普：xìn）鼓：取血塗鼓，意思是處死。古代重要器物新成，必殺牲以祭，以血塗之，叫「釁」。古代有用俘虜祭鼓，這裏說「釁鼓」，等於說殺戮，未必真祭鼓。8 **即戮**（粵：六；普：lù）：接受刑戮。9 **德**：作動詞用，感恩。10 **紓**（粵：書；普：shū）：緩和，解除。11 **懲**：戒。**宥**（粵：又；普：yòu）：寬恕，原諒。12 **纍**：囚繫，捆綁。13 **與**（粵：喻；普：yù）**及**：參與其中，相干。14 **其**：疑問副詞，表示反問語氣，相當於「難道」。15 **不任受怨**：不應當受怨恨。**不任受德**：不應當受恩德。任，應當。16 **外臣**：外邦之臣。當時卿大夫對別國國君主自稱為外臣。17 **首**：即知罃之父荀首。君前臣名，故直稱其父之名。**其**：假設連詞，相當於「如果」。18 **不獲命**：沒有獲得國君允許殺戮的命令。19 **宗職**：猶言宗子之事。20 **次及於事**：按次序承擔晉國的政事。21 **偏師**：副帥、副將所屬的軍隊，非主力軍隊。**修**：治理。**封疆**：邊疆。22 **其**：兩句中的其字，都是肯定副詞，表示肯定判斷語氣。

譯文

晉人把楚國公子穀臣和連尹襄老的屍體還給楚國，用來換回知罃。當時荀首擔任晉國的中軍副帥，所以楚人答應了。楚共王送別知罃，說：「您恐怕會怨恨我吧？」知罃回答說：「兩國興兵打仗，下臣沒有才能，不能勝任職務，所以成了你們的俘虜。您的左右沒有把我殺掉取血塗鼓，而讓我回晉國去接受誅戮，這是君王的恩惠。下臣確實不中用，又敢怨恨誰呢？」楚共王問：「那麼感激我嗎？」知罃回答說：「兩國都為自己國家的利益考慮，希望使百姓安定，各自抑制自己的憤怒，以求相互寬恕，雙方釋放囚禁的俘虜，以結成友好。兩國友好，下臣不曾與謀，又敢感激誰呢？」楚共王問：「你回到晉國，拿甚麼來報答我呢？」知罃回答說：「下臣無所怨恨，您也不受恩德，沒有怨恨，沒有恩德，不知道要報答甚麼。」楚共王說：「儘管這樣，你也一定要告訴我你的想法。」知罃回答說：「託君王的福，被囚的下臣能把這把骨頭帶回晉國，我們國君如果加以誅戮，我死而不朽。如果由於君王的恩惠而赦免下臣，把我交給您的外臣荀首，荀首向我們國君請求，在宗廟裏誅戮我，我也死而不朽。如果得不到我們國君誅戮我的命令，而讓下臣繼承宗子的地位，按次序承擔晉國的政事，率領所屬軍隊去治理邊疆，即使遇上您的文武官員，也不敢違禮迴避，將盡心竭力獻出自己的生命，不會有別的想法，以盡到為臣子的職責，這就是我用來報答您的。」楚共王說：「晉國是不能同它爭鬥的。」於是就對他重加禮遇而放他回晉國。

二十　呂相絕秦

成公十三年（前五七八年）

魯成公十一年（前五七六年），秦桓公與晉厲公在令狐約盟。秦桓公隨即背盟，聯狄結楚圖謀擊晉。諸侯與晉和睦。晉人先敗狄於交剛，又派呂相絕秦，把與秦絕交的責任都推到秦桓公身上，然後率領一眾諸侯朝見周王，興師伐秦，敗秦於麻隧（秦地，在今陝西涇陽北）。

呂相絕秦之辭，縱橫捭闔，銳不可當。依時代先後，歷敍秦、晉兩國數十年的恩怨，向秦問罪。辭中自秦現任君主桓公上溯穆公、康公二君之事，所涉各代的晉君，繼有獻公、惠公、文公、靈公、景公及厲公。其敍事、評論，無非着眼於晉的利益，始終站在道德高地，一味數落秦君。所言史事，真假混雜，曲直不辨，為求責數秦君罪過，有時不惜混淆事實，極盡誣蔑詆毀之能事。述說秦、晉交戰的起因，莫不諉過於秦，不必符合事實。如韓之戰，實因晉惠公背約；令狐之役，亦因晉負秦。又如秦、晉圍鄭，「以其無禮於晉，且貳于楚也」，並不是鄭人到秦邊境挑釁。對秦穆公輕褒而重責。記秦穆公之功，只有納文公一點，輕筆帶過。而責數穆公，則義憤填膺，總言「穆公不善」，然後分說：「蔑我死君，寡我襄公，迭我殽地，奸絕我好，伐我保城，殄滅我費滑，散離我兄弟，撓亂我同盟，傾覆我國家。」一連九個排比句，九個「我」字，騰踔而出，一氣噴薄，雄渾淋漓。將欺淩寡弱、侵犯國土、破壞盟好、滅絕同姓之罪一概重壓於秦穆公頭上，不容置辯。指摘秦康公，不念外親的恩情，反而「闕翦我公室，傾覆我社稷，帥我蝥賊，以來蕩搖我邊疆」，一連四個排句，責數其過。接以「我是以有令狐之役」，蓄氣待發。然後再掀波瀾，斥責康公不知悔改，再起事端，「入我河曲，伐我涑川，俘我王官，翦我羈馬」，四句直下，數其連連犯境。前後八個排句，奇偶相雜，錯落有致。最後數落秦桓公，「入我河縣，焚我箕、郜，芟夷我農功，虔劉我邊陲」，句式小變，仍是一氣流轉。寫晉欲與秦好，卻又娓娓道來，曲盡忠誠。如述晉文公為報秦穆公舊德，不遑寧處，登山涉水，征伐東方諸國，然後率領諸侯朝秦。說晉有功於秦，則誇大其辭，如記秦穆公與鄭訂盟，諸侯痛恨，將致死命而討秦，被晉文公勸止，秦軍才能全師而還，不受損害。敍晉、秦交戰，對晉來說，都是百般無奈，為社稷計，不得不爾。即使戰勝，晉亦寬宏大量，赦罪宥過，力求與秦和好。最後，記晉、秦盟於令狐，秦又背盟，並離間狄、楚與晉結仇。卻不說晉因而恨秦，只道狄、楚深恨秦人二三其德、不講信用，其他諸侯也不齒秦的所作所為，無不痛心疾首，大興問罪之師。晉因此率領諸侯以聽從秦命，於婉曲之中露出鋒芒。

全篇辭令，一千餘字，洋洋灑灑，旨在絕秦，卻全然不露自己有半點「絕」意，反說秦連連絕我，立意高妙。

夏四月戊午[1]，晉侯使呂相絕秦[2]，曰：「昔逮我獻公及穆公相好[3]，戮力同心[4]，申之以盟誓[5]，重之以昏姻[6]。天禍晉國[7]，文公如齊[8]，惠公如秦[9]。無祿[10]，獻公即世。穆公不忘舊德[11]，俾我惠公用能奉祀于晉[12]。又不能成大勳[13]，而為韓之師[14]。亦悔于厥心[15]，用集我文公[16]。是穆之成也[17]。文公躬擐甲冑[18]，跋履山川[19]，踰越險阻，征東之諸侯[20]，虞、夏、商、周之胤而朝諸秦[21]，則亦既報舊德矣[22]。鄭人怒君之疆埸，我文公帥諸侯及秦圍鄭。[23]秦大夫不詢于我寡君，擅及鄭盟[24]。諸侯疾之[25]，將致命于秦[26]。文公恐懼，綏靜諸侯[27]，秦師克還無害[28]，則是我有大造于西也[29]。無祿，文公即世[30]，穆為不弔[31]，蔑死我君[32]，寡我襄公[33]，迭我殽地[34]，奸絕我好[35]，伐我保城[36]，殄滅我費滑[37]，散離我兄弟[38]，撓亂我同盟[39]，傾覆我國家。我襄公未忘君之舊勳[40]，而懼社稷之隕，是以有殽之師[41]。猶願赦罪於穆公[42]。穆公弗聽，而即楚謀我[43]。天誘其衷[44]，成王隕命[45]，穆公是以不克逞志于我[46]。穆、襄即世[47]，康、靈即位[48]。康公，我之自出[49]，又欲闕翦我公室[50]，傾覆我社稷，帥我蝥

賊[51]，以來蕩搖我邊疆，我是以有令狐之役[52]。康猶不悛[53]，入我河曲[54]，伐我涑川[55]，俘我王官[56]，翦我羈馬[57]，我以是有河曲之戰。東道之不通[58]，則是康公絕我好也。

注釋

1 **戊午**：五日。2 **晉侯**：指晉厲公。**呂相**：魏錡之子魏相，食采於呂，故魏錡、魏相亦稱呂錡、呂相。**絕**：絕交。3 **逮**：讀為「隸」，古。逮昔，即古昔。**獻公**：指晉獻公。**穆公**：指秦穆公。4 **戮力**：合力，併力。5 **申**：加上。**盟誓**：秦穆公與晉獻公曾有盟誓，但《春秋》三傳未載。6 **重**（粵：蟲；普：chóng）：加上。**昏姻**：婚姻，指秦穆公於魯僖公四年（前六五六年）娶晉獻公之女為妻。7 **天禍**：天降災禍，指驪姬之亂。8 **文公**：即公子重耳。晉文公於魯僖公五年（前六五五年）奔狄，處狄十二年而行，至齊，齊桓公妻之。9 **惠公如秦**：惠公於僖公六年（前六五四年）奔梁，至僖公九年（前六五一年），秦納惠公。10 **無祿**：死亡的委婉語，同「不祿」，命盡無從享祿。這裏指不幸。11 **穆公不忘舊德**：晉獻公死後，晉國內亂，秦、齊兩國派軍隊護送公子夷吾回國，立之為國君。12 **俾**：使。**惠公**：即公子夷吾。**用**：因而。**奉祀**：敬奉祭祀。這裏指立為國君。13 **不能成大勳**：指秦立惠公未竟其功。14 **韓之師**：魯僖公十五年（前六四五年），秦穆公因晉侯背約，出兵伐晉，在晉國的韓原交戰，最後晉惠公被俘。

韓，即韓原，晉國地名，在今山西河津、萬榮之間。師，這裏是戰爭、戰役的意思。15**悔于厥心**：（秦穆公）後悔俘獲晉惠公。厥，其。16**用集我文公**：用，因而。集，成就，成全。指魯僖公二十四年（前六三六年），秦穆公幫助公子重耳返回晉國，立之為晉君。17**成**：成就。18**躬**：身。擐（粵：慣／幻；普：huàn）：貫，穿上。戎衣，在身的叫「甲」，在首的叫「冑」。19**跋履**：跋涉，指登山涉水。20**東之諸侯**：指陳、杞、宋、魯諸國。秦在諸國之西，故稱東。21**胤**（粵：刃；普：yìn）：後代。東方諸侯國的國君大多是虞、夏、商、周的後代。22**舊德**：指秦穆公幫助晉惠公、文公繼位之事。23**「鄭人怒」二句**：秦、晉圍鄭發生在魯僖公三十年（前六三〇年），圍鄭的原因是「以其無禮於晉，且貳于楚也」，並不是「鄭人怒君之疆埸」。怒，發怒。這裏指侵犯。埸（粵：亦；普：yì），與「疆」同義，邊境。指鄭人到秦邊境挑釁。24**擅及鄭盟**：擅自與鄭人訂立盟約。與鄭盟者實為秦穆公，書云：「秦大夫。」不便斥言，措辭委婉。25**疾**：恨。26**致命于秦**：與秦國拚命。想攻打秦軍的實是狐偃。27**綏靜**：使安靜。綏，安。28**克還無害**：能全師而還，不受損害。29**造**：成就。指功勞。西：西方。指秦國。30**文公即世**：晉文公薨於魯僖公三十二年（前六二八年）。31**穆**：指秦穆公。不弔：不淑，不祥。32**蔑死我君**：「蔑我死君」的倒裝。蔑，輕蔑。33**寡**：孤，弱，用作意動，認為孤弱可欺。襄公：指晉文公之子驩（粵：歡；普：huān）。34**迭**：通「軼」，突然侵犯。35奸絕：斷絕。好：指晉國的友好國家。這裏指鄭國。秦軍通過晉國的崤地偷襲鄭國，破壞了晉與鄭的友好關係。36保：同「堡」，小城。保城，同義連文。37殄（粵：tin^{5}；普：tiǎn）滅：滅絕，同義連文。「費滑」即滑國，這裏國名與邑名並舉，為的是使文句整齊。38散離：拆散。兄弟：指與晉國同為姬姓的鄭、滑二國，兄弟之國。下文的「同盟」也指這兩國。39撓亂：攪亂，破壞。40舊勳：指秦穆公幫助重耳返國晉國立之為晉君之事。41殽之師：指秦晉殽之戰。42猶願赦罪于穆公：表示晉國希望向穆公解釋其罪過。赦，同「釋」，解。43即楚：親近楚國。謀我：謀算我晉國。指秦穆公敗於殽後使鬭克歸楚求成之事。44天誘其衷：當時的習慣用語。指天心在我。誘，開啟。衷，內心。45成王：指楚成王。隕命：喪命。魯文公元年（前六二六年），成王為太子商臣所逼，自縊。秦之謀未能成事。46逞志：快意。47穆、襄：秦穆公和晉襄公。48康、靈：秦康公和晉靈公。49我之自出：秦康公是晉獻公之女穆姬所生，是晉文公的外甥，所以說「自出」。50闕翦：損害，削弱。公室：指國君的政權及力量。51蟊（粵：矛；普：máo）賊：本皆為吃莊稼的害蟲，比喻危害國家之人，這裏指秦所納的晉公子雍。52令狐之役：晉襄公去世後，趙盾主張廢太子，立公子雍。於是派人到秦國迎公子雍，但太子夷皋的母親穆嬴堅決反對，趙盾害怕穆嬴，於是改變主意，當秦國帶着公子雍到達晉國邊邑令狐的時候，晉國祕密發兵，打敗了秦軍。可見令狐之役的責任實在晉國。53悛（粵：孫；普：quān）：悔改。54河曲：晉國地名，在今山西永濟東南。55涑（粵：速；普：sù）川：水名，在今山西永濟東北。56俘：掠取人民以為俘虜。王官：晉國地名，在今山西聞喜西。57翦：削。羈馬：晉國地名，在今山西永濟南。黃河自此折而東，故稱河曲。魯文公十二年（前六一五年），秦因為令狐之役的緣故，伐晉，取羈馬，晉人抵禦，與秦軍在河曲追逐。58東道：晉國在秦國東邊，故稱。

譯文

夏四月初五，晉厲公派呂相斷絕與秦國的外交關係，説：「過去我們先君獻公與穆公相互友好，合力同心，既加以盟誓，又加以婚姻。上天降禍晉國，文公逃到齊國，惠公逃到秦國。不幸，獻公去世。穆公不忘從前的恩德，使我們惠公因而回晉國主持祭祀。但是秦國又不能完成重大的勳勞，卻同我們發生了韓原之戰。事後穆公後悔俘獲晉惠公，因而成就了我們文公回國為君，這些都是穆公的成全。文公親自穿上鎧甲頭盔，跋山涉水，經歷艱難險阻，征服東方諸侯國，虞、夏、商、周的後裔都來朝見秦國君主，也就報答了秦國過去的恩德了。鄭國人侵犯您的邊疆，我們文公率領諸侯和秦國一起去包圍鄭國。秦國大夫沒有詢問我們國君的意見，擅自同鄭國訂立盟約。諸侯都憎恨這事，打算和秦國拚命。文公擔心秦國受損，安撫諸侯，秦軍得以安然回國，這就是我們有大功勞於西方之處。不幸，文公去世，穆公不善，蔑視我們已故的國君，認為我們襄公孤弱可欺，突然侵犯我們的殽地，斷絕了我們與鄰國的友好關係，攻打我們的城堡，滅絕我們同姓的滑國，離間我們兄弟之邦的關係，擾亂我們的同盟之國，顛覆我們的國家。我們襄公沒有忘記秦君以往的勳勞，卻又害怕國家顛覆，所以才有殽地的戰役。我們還是希望向穆公解釋我們的罪過。穆公不聽，反而親近楚國來謀算我們。天意保祐我國，楚成王喪命，穆公的陰謀因此不能得逞。穆公、襄公去世，康公、靈公即位。康公是我們先君獻公的外甥，卻又想損害我們公室，顛覆我國，率領我國的內奸，以動搖我國的邊疆，於是我們才有令狐之戰。康公還不肯悔改，入侵我國的河曲，攻打我國的涑川，掠取我國的王官，奪走我國的羈馬，於是我們才有了河曲之戰。東邊的道路不通，那是由於康公同我們斷絕友好關係的緣故。

「及君之嗣也[1]，我君景公引領西望曰[2]：『庶撫我乎[3]。』君亦不惠稱盟[4]，利吾有狄難[5]，入我河縣[6]，焚我箕、郜[7]，芟夷我農功[8]，虔劉我邊陲[9]，我是以有輔氏之聚[10]。君亦悔禍之延，而欲徼福于先君獻、穆[11]，使伯車來命我景公曰[12]：『吾與女同好棄惡，復修舊德，以追念前勳。』言誓未就，景公即世[13]，我寡君是以有令狐之會[14]。君又不祥，背棄盟誓。白狄及君同州[15]，君之仇讎[16]，而我之昏姻也[17]。君來賜命曰：『吾與女伐狄。』寡君不敢顧昏姻，畏君之威，而受命于吏[18]。君有二心於狄[19]，曰：『晉將伐女。』狄應且憎[20]，是用告我[21]。楚人惡君之二三其德也[22]，亦來告我曰：『秦背令狐之盟，而來求盟于我：「昭告昊天上帝、秦三公、楚三王[23]，曰：余雖與晉出入[24]，余唯利是視。」不穀惡其無成德，則用宣之，以懲不壹[25]。』諸侯備聞此言，斯是用痛心疾首，暱就寡人[26]。寡人帥以聽命，唯好是求。君若惠顧諸侯，矜哀寡人[27]，而賜之盟[28]，則寡人之願也，其承寧諸侯以退[29]，豈敢徼亂[30]？君若不施大惠，寡人不佞[31]，其不能以諸侯退矣。敢盡布之執事[32]，俾執事實圖利之[33]。」

注釋

1 君：指秦桓公。嗣：繼承君位，這裏指嗣共公而立。事在魯宣公五年（前六〇四年）。2 景公：指晉景公。引：伸長。領：脖子。3 庶：大概，或許。撫：撫恤。4 惠：表敬副詞，表示對方的行為是對自己的恩惠。稱盟：舉行盟會。5 狄難：指魯宣公十五年（前五九四年）晉滅赤狄潞氏。6 河縣：疑是河曲之變文。7 箕：晉國地名，在今山西蒲縣東北。郜（粵：告；普：gào）：晉國地名，在今山西祁縣西。8 芟（粵：三；普：shān）夷：割除。農功：莊稼。這裏指秦人搶劫收割晉人莊稼。9 虔劉：同義連文，殺害，屠殺。邊陲：邊境。10 輔氏：晉國地名，在陝西大荔東。聚：聚集，引申為戰爭。魯宣公十五年（前五九四年），秦桓公伐晉，駐紮在輔氏，被晉將魏顆打敗。11徼（粵：邀；普：yāo）：求。獻、穆：指晉獻公、秦穆公。12伯車：秦桓公子，名鍼，又稱后子。13景公即世：事在魯成公十年（前五八一年）。14寡君：指晉厲公。令狐之會：指魯成公十一年（前五八〇年）秦、晉令狐會盟。15白狄：狄族的一支。及：與，作介詞用。同州：同在古雍州。16仇讎：這裏指敵國。17我之昏姻：白狄伐廧咎如，獲季隗，納諸晉文公，故稱。18受命于吏：接受來使的辭命。吏，指秦國傳令的使臣。19有：又。20應：接受。且：指狄一面應秦，一面憎惡秦的無信。21是用：因此。告我：告知我（秦君挑撥狄、晉關係）22二三其德：三心二意，反覆無常。23昭告：明告。昊（粵：浩；普：hào）：廣大無邊貌。上帝：天帝。秦三公：指秦國穆公、康公、共公。楚三王：指楚國成王、穆王、莊王。24出入：往來。25不壹：不專一。26暱就：親近。27矜（粵：京；普：jīn）：憐憫，同情。28賜之盟：指願意跟我們結盟。之，指代晉國和諸侯。29其：句首語氣詞，表示委婉語氣。承寧諸侯：與上文「綏靜諸侯」同義。承寧，止息，安靜。30豈敢徼亂：怎麼敢冀望發生戰亂？31不佞：當時習慣用語，自稱謙辭，猶云不才、不敏。32敢：表敬副詞，冒昧地。布：披露。執事：對稱表敬之辭。說語者為對別國國君表示尊敬，不敢直接向對方說話，請侍從其左右的人員轉達。這裏指秦桓公。33實：副詞，認真地。利之：對秦國有利。

譯文

「到了您即位，我們景公伸長脖子望着西邊說：『大概會安撫我們了吧。』但您還是不肯加惠結盟，反而趁我們有狄人禍亂之機，入侵我國河縣，焚燒我國的箕、郜兩地，搶割我國莊稼，殺戮我國邊境的人民，我們因此才有輔氏之戰。您也對兩國戰火蔓延感到後悔，因而想向先君獻公和穆公求福，派遣伯車來命令我們景公說：『我和你同心同德，拋棄仇恨，恢復過去的友誼，以追念過去的勳勞。』盟誓尚未完成，景公去世，我們國君才有令狐的盟會。您又不善，背棄了盟誓。白狄和您同處雍州，是您的仇人，卻是我們的姻親。您前來命令說：『我和你一起攻打狄人。』我們國君不敢顧念姻親之好，畏懼您的威嚴，就給官吏下達攻打狄人的命令。但您又對狄人有了別的念頭，對狄人說：『晉國將要攻打你們。』狄人表面上答應，但心裏卻憎恨你們，因此告訴了我們。楚國人同樣憎恨您反覆無常，也來告訴我們說：『秦國背棄了令狐的盟約，而來向我們請求結盟：「向皇天上帝、秦國的三位先公和楚的三位先王祝告：我雖然和晉國有來往，但我只是唯利是圖。」我們國君討厭秦國的反覆無常，因此把這些事公開，以便懲戒那些用心不專一的人。』諸侯都聽到了這些話，痛心疾首，都來和我們親近。現在我們國君率領諸侯前來聽命，只是為了請求盟好。您如果加惠而顧念諸侯，同情我，而願意跟我們結盟，那是我的願望，我將安撫諸侯而退走，怎麼敢冀望發生戰亂？

您如果不施行大恩大惠，我不才，恐怕就不能率領諸侯退走了。我冒昧地給您把全部情況說出來，使您能認真考慮一下秦國的利益。」

二十一　晉楚鄢陵之戰　成公十六年（前五七五年）

成公十一年（前五八〇年），宋大夫華元居中斡旋，促成了晉、楚兩國和解。成公十二年（前五七九年），晉、楚盟於宋西門之外，鄭伯與盟。成公十五年（前五七六年），楚背棄盟約，伐鄭侵衞及宋。成公十六年（前五七五年），鄭叛晉，與楚王結盟。晉於是興兵伐鄭，而楚救鄭，兩國軍隊在鄢陵相遇。

《傳》文詳敍戰前之事。晉、楚兩軍在鄢陵相遇，晉軍將帥議論出戰與否。郤至主戰，縷述晉軍蒙恥故事，今若避楚，徒增恥辱。范文子反戰，着眼於「內憂」，有楚為外患，反而可使晉戒懼，有助解決「內憂」，表現其深謀遠慮的過人之處。寫楚壓晉軍而陣，帶出晉將帥討論應對之策。范匄認為，晉軍戰地迫狹，大可塞井夷竈，闢出戰地，晉與楚兩國同受天命，不必擔憂。范文子斥責其子無知，申明國家的存亡，有天命存焉。戰後，范文子再引《周書》，道出天命無常，只有秉德者才享有天命。前後合看，方能得見范文子的深意，范匄不知天命，不言而喻。范匄少年英武，范文子老成持重，兩人對比鮮明，互為映襯。欒書指出，楚軍輕浮躁進，主張加固營壘，待其銳氣稍泄才重錘出擊，可獲全勝。郤至指楚軍弱點明顯，因有「六間（粵：諫；普：jiàn，六個弱點）」之說。點畫楚軍形勢及其弱點，詳贍明晰，為戰事實況及取勝關鍵預作鋪寫。寫晉軍將帥，既有謀略，又洞悉敵軍弱點，欒書既言「必獲勝」，郤至又說「必克之」，戰意高昂，勝券在握，凡此皆為戰果預作張本。

接寫晉軍準備迎戰的部署調動及其用意，不用平鋪直敘的手法，而是由楚子登巢車所望見與伯州犁口述帶出，曲折有致。王先臣後，一問一答，勾勒敵軍動靜，繪聲繪影，逼真靈動。尤為生動的是，問句連着「矣」（陳述語氣詞，表示既成狀態，意為「了」）字，而答語概用「也」（表示解釋語氣）字，中綴王問「戰乎？」頓起波瀾，跌宕有致。再綴以伯州犁告王晉厲公親兵情況收束對晉軍的描寫。接敘楚軍陣勢，由晉臣苗賁皇口中說出。又虛寫一筆，記筮得之卦辭，預示楚共王將被箭傷目，逆攝後事，曲折入妙。繼而藉陣前有泥沼，敘列晉厲公、楚共王、鄭成公車駕上御者及戎右名字，接以厲公戎車陷入泥沼由欒鍼救起一事，表現晉軍將士謹守崗位、各盡所能。然後插敘戰前瑣事，寫楚神射手潘黨與養由基的射藝、共王預言彼等將死於藝，以及呂錡夢射月，並是以虛寫實，預言戰時實況。

諸事交代完畢，便以「及戰」引入戰事，先記呂錡射王中目、養由基射殺呂錡，後敘郤至三遇楚王之事。郤至見楚王，必「免胄而趨風」，又得體地應對楚王使者。於兩軍交戰、兵刃相見之際，仍不忘君臣之禮，表現出郤至守禮達權、臨戰從容的一面。下寫晉將帥追擊鄭成公，「不以再辱國君」（韓厥語）、「傷國君有刑」（郤至語）兩語，表明不能乘危羞辱國君，在在彰顯其人知禮。在鄭伯危急之時，戎右唐苟情急生智，把旌旗收納弓袋裏，在囑咐石首護君之後，以身阻擋敵軍而戰死，表現唐苟的忠烈。楚師敗退，迫於險地。插敘楚勇士叔山冉勸勉養由基射敵，並捕捉晉人投車折軾，阻止晉軍進擊，顯示楚軍士的果毅勇猛。下敘欒鍼遇子重，使人進飲，兑現昔日所言晉人之勇在於臨戰不亂、從容不迫。用「旦而戰，見星未已」總結兩軍鏖（粵：ou^{1}\ngou^{1}；普：áo）戰，筆力千鈞。

此後分寫楚、晉兩軍重整旗鼓，準備明日再戰。楚軍抖擻精神，原有決一死戰之意，郤因晉人藉楚囚挫傷楚人信心，而子反醉酒，未能與王謀劃，王慨歎天命不在楚而宵遁。

戰後，錄范文子語，呼應戰前的論說，表露出對國事的擔憂，又拈出一個「德」字，勸說晉侯不忘戒懼，貫徹《左傳》尚德的主張。

六月，晉、楚遇於鄢陵[1]。范文子不欲戰[2]。郤至曰[3]：「韓之戰[4]，惠公不振旅[5]；箕之役[6]，先軫不反命[7]；邲之師[8]，荀伯不復從[9]，皆晉之恥也。子亦見先君之事矣。今我辟楚，又益恥也。」文子曰：「吾先君之亟戰也[10]，有

故[11]。秦、狄、齊、楚皆彊，不盡力，子孫將弱。今三強服矣[12]，敵，楚而已。唯聖人能外內無患[13]。自非聖人[14]，外寧必有內憂。盍釋楚以為外懼乎[15]？」

注釋

1 **鄢陵**：鄭地，原為鄢國，妘姓，為鄭武公所滅，在今河南鄢陵西北四十里。2 **范文子**：即士燮，士是他的姓，士會之子。初，士會受封於隨，故以邑為氏，稱隨武子，後又封於范，又稱范武子，或稱范叔。3 **郤至**：晉國大夫，時任新軍佐。晉國在城濮之戰中作三軍，鞌之戰後成公三年又增加了上、中、下三軍，成六軍。鄢陵之戰時，新的上、中、下軍已取消，新軍只剩下一支中軍。4 **韓之戰**：晉與秦戰於韓，晉戰敗，晉惠公被俘。事見僖公十五年（前六四五年）。5 **振旅**：軍隊凱旋時整治隊伍。春秋軍禮，出曰治兵，「入而振旅，歸而飲至，以數軍實」。（臧僖伯語，《左傳》隱公元年）。不振旅，即戰敗。6 **箕之役**：僖公三十三年（前六二七年），狄伐晉，晉敗狄於箕。7 **先軫**：箕之戰中晉軍主帥。**不反命**：不能回國覆命於君。因為這次戰役中，先軫死於狄陣中。8 **邲**（粵：拔；普：bì）**之師**：宣公十二年（前五九七年），晉、楚戰於邲，晉軍大敗。邲，鄭國地名，在今河南鄭州東。9 **荀伯**：即荀林父，邲之戰中晉軍主帥。**不復從**：不能追逐楚軍，實即戰敗逃跑。從：追逐。10 **亟**：屢次。11 **故**：原因。12 **三強**：指上文的秦、狄、齊。13 **患**：憂患。14 **自**：假設連詞，多用於否定句。自非，如果不是。15盍：何不的合音。釋：放。這裏指放開楚國不管，即不和楚交戰。懼：指戒懼。

譯文

六月，晉、楚兩國軍隊在鄢陵相遇。范文子不想同楚軍交戰。郤至說：「秦、晉韓原一戰，惠公不能勝利歸來；晉、狄箕之戰，主帥先軫不能回國復命；晉、楚邲之戰，主帥荀伯不能再追逐楚軍；這些都是晉國的恥辱！你也見過先君這些戰事，現在我們逃避楚軍，這又增加恥辱了！」范文子說：「我們先君多次作戰是有原因的。秦、狄、齊、楚都是強國，不盡自己的力量，子孫後代將被削弱。現在秦、狄、齊三強已經順服，敵人只有楚國罷了。只有聖人才能做到國家內部和外部都沒有憂患。如果不是聖人，外部安定，內部必然有憂患，何不放掉楚國不管，把它作為外部的戒懼？」

甲午晦[1]，楚晨壓晉軍而陳[2]。軍吏患之[3]。范匄趨進[4]，曰：「塞井夷竈[5]，陳於軍中，而疏行首[6]。晉、楚唯天所授[7]，何患焉？」文子執戈逐之，曰：「國之存亡，天也，童子何知焉？」欒書曰：「楚師輕窕[8]，固壘而待之[9]，三日必退[10]。退而襲之，必獲勝焉。」郤至曰：「楚有六間[11]，不可失也：其二卿相惡[12]，王卒以舊[13]，鄭陳而不整[14]，蠻軍而不陳[15]，陳不違晦[16]，在陳而囂[17]，合而加囂[18]，各顧其後，莫有鬬心。舊不必良，以犯天忌[19]，我必克之。」

注釋

1 晦：每月的最後一天。這裏指甲午是晦日。2 壓：逼近，緊靠着。陳：同「陣」，即排列陣勢。楚軍逼近晉軍營壘佈陣，則晉軍佈陣的地方必然狹窄，不利於作戰，所以下文說「軍吏患之」。3 患之：擔心無法擺開陣勢。4 范匄（粵：蓋；普：gài）：范文子士燮（粵：泄；普：xiè）之子，又稱范宣子。趨進：小步快走向前，以示禮敬，乃卑者見尊者之禮。5 塞：填。夷：平。竈（粵：zou3；普：zào）：同「灶」。屯軍必鑿井結竈以自給，因楚軍壓營列陣，晉軍戰地迫狹，故塞井夷竈，闢出戰地。6 軍：指軍隊的宿營地。疏行（粵：杭；普：háng）首：古人作戰，行列欲其疏闊。疏，疏闊。行首，行道，指陣前的行道。7 天所授：這裏指晉、楚的條件是一樣的。8 輕窕（粵：tiu5；普：tiǎo）：即輕佻，指士卒輕浮急躁。9 固壘：加固營壘。10 三日必退：楚軍僅靠一時銳氣，故欒書說先不與戰。11 間：讀去聲，間隙，空子，指弱點。12 二卿：指令尹子重（左師將）和司馬子反（中軍將）。相惡：不和。故戰敗後子重逼迫子反自殺。此一間。13 王卒以舊：楚王的親兵用的是舊家子弟，不必精良。此二間。以，用。14 鄭陳而不整：跟楚軍一起作戰的鄭軍雖有陣勢，卻不整齊嚴肅。此三間。15 蠻軍而不陳：指楚國帶來的南方蠻夷少數民族軍隊，不列陣。此四間。16 陳不違晦：楚軍結陣不避晦日。此日為月終，古人認為不宜佈陣作戰。此五間。17 在陳而囂：士兵在陣中喧嘩吵鬧，無紀律，不嚴肅。囂，喧嘩。18 合而加囂：陣合應靜，而楚軍更加喧嘩。此六間。合，陣合。19 以犯天忌：指晦日佈陣。以，並列連詞，相當於「又」。

譯文

五月三十日晦日，楚軍早晨就逼近晉軍營壘佈陣。晉國軍吏擔心無法擺開陣勢。范匄快步向前，說：「填井，平灶，就在軍營中擺開陣勢，放寬陣列間的通道。晉、楚兩國都是上天授命的國家，擔心甚麼呢？」范文子聽了氣得拿起戈驅逐他，說：「國家的存亡，這是天意，小孩子知道甚麼？」欒書說：「楚軍輕浮急躁，我們加固營壘等待他們，三天之後楚軍一定撤退。乘他們退走而加以攻擊，一定得勝。」郤至說：「楚軍有六個弱點，不可以放過機會：兩卿不和；楚王的親兵用的是舊家子弟；鄭國軍隊雖然擺開陣勢卻不嚴整；楚軍中雖有蠻人卻不列陣；佈陣不避晦日；士兵在陣中喧嘩，合陣後更加吵鬧。各軍彼此觀望後顧，沒有鬥志，舊家出身的楚王親兵不一定精良，晦日出兵又犯了天忌。我們一定能戰勝他們！」

楚子登巢車[1]，以望晉軍。子重使大宰伯州犂侍于王後[2]。王曰：「騁而左

右[3]，何也？」曰：「召軍吏也。」「皆聚於中軍矣。」曰：「合謀也。」「張幕矣。」曰：「虔卜於先君也[4]。」「徹幕矣[5]。」曰：「將發命也。」「甚囂，且塵上矣。」[6]曰：「將塞井夷竈而為行也[7]。」「皆乘矣，左右執兵而下矣[8]。」曰：「聽誓也。」「戰乎？」曰：「未可知也。」「乘而左右皆下矣。」曰：「戰禱也。」伯州犂以公卒告王。苗賁皇在晉侯之側[9]，亦以王卒告。皆曰[10]：「國士在[11]，且厚[12]，不可當也[13]。」苗賁皇言於晉侯曰：「楚之良[14]，在其中軍王族而已。請分良以擊其左右，而三軍萃於王卒[15]，必大敗之。」公筮之[16]，史曰[17]：「吉。其卦遇『復[18]』，曰[19]：『南國蹙，射其元王，中厥目。』[20]國蹙王傷，不敗何待？」公從之。

注釋

1楚子：指楚共王。巢車：或作轈車，高如鳥巢用以瞭望敵情的兵車。2大宰：官名。伯州犂：晉國大夫伯宗之子。魯成公十五年（前五七六年），伯宗因郤氏進讒言而被殺，於是伯州犂逃到楚國當了太宰。因為他了解晉國軍情，所以子重讓他在楚共王身後侍奉。3騁而左右：晉軍兵車向左右兩方馳騁。4虔：誠。卜：用龜甲、獸骨占卜。古代行軍，必將先君主位載於車上同行。此乃在先君主位前誠心問卜。5徹：同「撤」，撤除。6「甚囂」二句：晉軍很喧嘩，塵土上揚。即晉軍開始列陣，所以塵土飛揚。7為行（粵：杭；普：háng）：以為行列，即佈陣。8左右：古代兵車，只有元帥之車元帥在中，御者在左。一般兵車，御者在中，將帥在左。此左右，當指一般兵車的將帥與車右。下：跳下兵車。指全軍除晉侯、范文子及各車御手外，都跳下戰車聽誓。9苗賁（粵：奔；普：bēn）皇：楚國令尹鬭椒之子。宣公四年（前六〇五年）逃到晉國。此人熟悉楚國情況，故在晉侯之側，亦以楚王之軍情告晉侯。10皆：指晉侯之左右。11國士：指伯州犂。12厚：眾多。13當：抵擋。14良：精兵。15三軍：當作四軍，指上、中、下、新四軍。萃（粵：睡；普：cuì）：草木叢生之義。這裏指群英會集。16筮（粵：逝；普：shì）：用蓍（粵：詩；普：shī）草占卜。17史：掌管占卜的官員。18復：《周易》卦名，坤在上，震在下。19曰：以下是繇辭。20「南國蹙」三句：這三句是卜者對卦者的解說。南國，指楚國。蹙（粵：促；普：cù），局迫。蹙、目押韻。元王，元首，指楚共王。厥，其，借作第三人稱代詞。

譯文

楚共王登上巢車瞭望晉軍。子重讓大宰伯州犂侍立在楚王身後。楚王問：「晉軍車子向左右馳騁，這是怎麼回事？」伯州犂答說：「這是召集軍吏。」楚王說：「都聚集到中軍了。」伯州犂說：「這是在一起謀劃。」楚王說：「帳幕張開了。」伯州犂說：「這是在先君神主前占卜。」楚王說：「撤去帳幕了。」伯州犂說：「這是快要發佈命令了。」楚王說：「非常喧嘩，而且塵土也飛揚起來了。」伯州犂說：

「這是準備填井平灶擺開陣列。」楚王說：「都登上了戰車，左右兩邊的人又拿着武器下車了。」伯州犁說：「這是聽主帥發佈號令。」楚王問：「要開戰了嗎？」伯州犁答說：「還不知道。」楚王說：「又上了戰車，左右兩邊的人又都下來了。」伯州犁說：「這是戰前向鬼神祝禱。」伯州犁把晉侯親兵的情況報告楚共王。苗賁皇在晉厲公身旁，也把楚共王親兵的情況報告晉厲公。晉厲公左右的將士都說：「有國中傑出的人物在那裏，而且軍陣厚實，不可抵擋。」苗賁皇對晉厲公說：「楚國的精兵，在於中軍的王族罷了。請您把精銳部隊分開擊攻他們的左右軍，三軍往中軍王卒那裏聚集，一定能把他們打得大敗。」晉厲公讓太史占筮，太史說：「吉利。得到『復』卦，繇辭說：『南方的國家受到局迫，射它的國王，射中他的眼睛。』國家局迫，國王受傷，不打敗仗還等甚麼呢？」晉厲公聽從了。

有淖於前[1]，乃皆左右相違於淖[2]。步毅御晉厲公[3]，欒鍼為右[4]。彭名御楚共王，潘黨為右。石首御鄭成公，唐苟為右。[5]欒、范以其族夾公行，陷於淖。欒書將載晉侯，曰：「書退[6]！國有大任[7]，焉得專之[8]？且侵官[9]，冒也[10]；失官，慢也[11]；離局[12]，姦也[13]。有三罪焉，不可犯也。」乃掀公以出於淖[14]。

注釋

[1]淖（粵：鬧；普：nào）：泥沼。這裏指晉軍營壘前有泥沼。[2]左右相違於淖：晉軍或左或右避開泥沼而行。違，避開。[3]步毅：郤毅，郤至之弟。[4]欒鍼：欒書之子。[5]彭名、潘黨、石首、唐苟：前兩位是楚國大夫，後兩位是鄭國大夫。[6]書退：欒鍼使其父退後。依當時之禮，在國君面前，群臣之間，皆直呼其名，欒鍼於其父亦直呼其名。[7]大任：大事。[8]專之：指欒書既當大任（元帥），又安得專命，復為戎御。[9]官：職權，職守。[10]冒：冒犯，指侵犯他人職權。[11]失官，慢：若載晉侯於身為元帥之車，己為戎御，是拋棄職責，這是怠慢。[12]局：部屬，指自己的部下。[13]姦：拋棄自己職責，必離開部屬，這是姦。姦，亂。[14]掀：舉出。

譯文

前頭有泥沼，於是晉軍或左或右地避開泥沼。步毅為晉厲公駕御戰車，欒鍼作為車右。彭名為楚共王駕御戰車，潘黨作為車右。石首為鄭成公駕御戰車，唐苟作為車右。欒、范率領他們家族的部隊夾護着晉侯前進，晉侯的戰車陷在泥沼裏。欒書打算讓晉侯乘自己的戰車，他兒子欒鍼說：「欒書退下！國家有大事，你哪能一人包辦？並且侵奪別人的職權，這是冒犯；丟棄自己的職責，這是怠慢；離開自己的部下，這是擾亂。有三項罪名，這是不能碰的。」於是用手將晉侯的戰車抬出泥沼。

癸巳[1]，潘尫之黨與養由基蹲甲而射之[2]，徹七札焉[3]。以示王，曰：「君有二臣如此，何憂於戰？」王怒曰：「大辱國[4]！詰朝，爾射死藝！」[5]呂錡夢射月[6]，中之，退入於泥[7]。占之，曰：「姬姓，日也；異姓，月也，[8]必楚王也[9]。射而中之，退入於泥，亦必死矣[10]。」及戰，射共王，中目。王召養由基，與之兩矢，使射呂錡，中項，伏弢[11]。以一矢復命。

注釋

1 **癸巳**：二十九日，甲午前一天，此補敘前一日事。2 **潘尫**（粵：汪；普：wāng）**之黨**：即潘尫之子潘黨。當時習慣，有同名者，特舉其父以資區別。**養由基**：楚國大夫，善射。**蹲甲**：把鎧甲堆起來。蹲，聚。3 **徹**：穿透。**七札**：革甲內外厚薄複疊七層，當時革甲一般皆七層。札，本指簡冊的小木片，這裏指甲片。4 **大辱國**：真丟人。當時口頭罵人俗語。責備兩人因此誇口，不尚智謀而誇言射藝。5 **詰朝**：明早。6 **呂錡**（粵：奇；普：qí）：呂相之父，廚武子魏錡。7 **退入於泥**：自己往後退，陷進泥裏。8「**姬姓**」四句：日月有內外之意。當時以姬姓為內為尊，為「日」，異姓為外為卑，故為「月」。晉為姬姓，屬同姓；楚為熊姓，屬異姓。9 **必楚王也**：呂錡夢見射中月亮，這一定是射中楚王。10 **必死**：因為人死要埋入地下，所以以「入於泥」為死之象。11 **項**：頸項。**伏弢**（粵：滔；普：tāo）：伏在弓套上死去。弢，弓套。

譯文

五月二十九日，潘尪的兒子黨和養由基把鎧甲堆起來射它，穿透了七層。拿去給楚王看，說：「君王有這樣兩個臣下在此，還有甚麼戰事可擔心的呢？」楚王發怒說：「真丟人！明早打仗，你們若射箭，將因善射而死！」呂錡夢見自己射月亮，射中，自己往後退，陷進泥裏。占卜，說：「姬姓，是太陽；異姓，是月亮，呂錡射中月亮，這一定是射中楚王。射中了他，自己又退進泥裏，也一定會死。」等到作戰，呂錡射楚王中了眼睛。楚王召喚養由基，給他兩枝箭，讓他射呂錡，射中脖子，呂錡伏在弓套上死了。養由基拿着剩下的一枝箭見楚王復命。

郤至三遇楚子之卒，見楚子，必下，免冑而趨風[1]。楚子使工尹襄問之以弓[2]，曰：「方事之殷也[3]，有韎韋之跗注，[4]君子也。識見不穀而趨[5]，無乃傷乎[6]？」郤至見客[7]，免冑承命[8]，曰：「君之外臣至從寡君之戎事[9]，以君之靈[10]，間蒙甲冑[11]，不敢拜命[12]。敢告不寧，君命之辱[13]。為事之故，敢肅使者！[14]」三肅使者而退。

注釋

1 免冑：除去頭盔。趨風：當時習語。快步向前，趨走如風，以示敬意。2 工尹：

官名。襄：其名。問：問候，問好。古代問好，必致送禮物以表示情意。3 方：正當，正值。事：指戰事。般：盛。這裏指猛烈。4「有韎韋」句：韎（粵：妹；普：mèi），黃赤色。韋，柔牛皮。跗（粵：呼；普：fū），腳背。注，屬。跗注是當時軍服，如今之褲，長至腳背。一說韎韋之跗注是淺紅色柔牛皮所製軍衣。5 識：通「適」，時間副詞，剛才。不穀：此楚共王派遣工尹襄向郤至問訊時語。6 無乃：表示測度委婉的語氣，相當於「恐怕是」。7 客：即工尹襄。8 承命：承受楚王的問候。9 至：郤至自稱。10 以君之靈：託您的福。靈，福。11 間：讀去聲，參與。蒙：披上。12 敢：表敬副詞。拜：一種禮節，先跪而拱手，頭俯至於手，與心平。命：問候之命。13 寧：傷。不寧，表示自己未受傷。辱：此言辱承慰問，實不敢當。14 肅：肅禮，不跪，亦不拜，與婦人的「肅拜」不同，應是立而低頭下手，如作揖般。

譯文

郤至三次碰到楚王的士兵，看見楚王，一定下車，除去頭盔趨走如風。楚王派工尹襄送上一張弓慰問他，說：「正當戰事猛烈，有個穿赤黃色柔皮軍服的人，是君子啊！剛才見到我就快步走，恐怕是受傷了吧？」郤至見到客人，脫下頭盔，接受楚王的問候，說：「貴國君王的外臣郤至跟隨我們國君作戰，託您的福，披上軍服參與戰事，不敢拜謝命令，大膽地向您報告沒有受傷。感謝君王惠賜給我的命令。因為您使人來問訊的緣故，冒昧地向使者肅拜。」於是向使者行了三次肅拜禮才退走。

晉韓厥從鄭伯[1]，其御杜溷羅曰[2]：「速從之？[3]其御屢顧，不在馬，可及也。[4]」韓厥曰：「不可以再辱國君[5]。」乃止。郤至從鄭伯，其右茀翰胡曰[6]：「諜輅之[7]，余從之乘，而俘以下。[8]」郤至曰：「傷國君有刑[9]。」亦止。石首曰：「衛懿公唯不去其旗[10]，是以敗於熒[11]。」乃內旌於弢中[12]。唐苟謂石首曰：「子在君側，敗者壹大，我不如子，[13]子以君免，我請止。[14]」乃死。

注釋

1從：追趕。2溷（粵：運；普：hùn）：「混」的異體字。3此為問話。杜溷羅請示韓厥是否快追。4「其御」三句：顧，回頭看。及，趕上。5再：第二次。因為韓厥在齊晉鞌之戰的時候（成公二年），曾趕上齊頃公，而臣辱君為非禮，所以他這樣説。一説，「再辱國君」只就一戰而言，楚王傷目是已辱國君，所以不可再辱鄭伯。6茀：粵：忽；普：fú。7諜輅之：別遣輕兵抄到前邊去迎擊。諜，本義為刺探或偵察敵方軍情，或刺探敵方軍情的人。這裏指派去混雜在鄭軍中的輕捷快速的偵察兵。輅，通「迓（粵：nga^6；普：yà）」，兩車迎面相對，此指迎戰。之：指鄭伯。8「余從之」二句：我從後面趕上他，登上其車，活捉他再跳下車。9有刑：受刑罰。10衛懿公：衛國國君，魯莊公二十五年（前六六九年）即位。閔公二年（前六六〇年），狄人伐衛。「（衞）及狄人戰於熒澤」，衞師大敗，衞公不去其旗，因而被殺。古代旗幟上各有不同的標誌，望旗便可知其人，不摘掉其旗，衞侯所在便成了敵方主攻的目標，所以大敗。唯：由於。11熒（粵：形；普：yíng）：熒澤，衞國的沼澤，在當時黃河以北。12內：同「納」，收進。旌：旗的一種。這裏指鄭伯車上所樹的旗。13「子在」三句：你在國君身邊（趕車），敗則事大（君恐不免），我（趕車）不如你。壹，語助詞，無義。大，甚大。14以：與。

譯文

晉國的韓厥追趕鄭伯，他的御者杜溷羅說：「趕快追上去？鄭成公的御者頻頻回頭看，注意力不在趕馬上（這樣車子就跑不快），我們可以趕上。」韓厥說：「不能再次羞辱國君。」於是就停止追趕。郤至追趕鄭伯，他的車右茀翰胡說：「另派輕兵抄到前邊去迎擊，我從後面趕上他，登上他的車子，把他活捉再跳下來。」郤至說：「傷害國君會受刑罰。」也停止追趕。石首說：「衞懿公由於不摘掉他的旗子（成為敵方主攻的目標），所以才在熒地戰敗。」於是就把鄭伯車上所樹的旗放進弓袋裏。唐苟對石首說：「你在國君身邊趕車，敗則事大（君恐不免），我趕車不如你，你帶着國君脫身逃走，我請求留下來做掩護。」就這樣戰死了。

楚師薄於險[1]。叔山冉謂養由基曰[2]：「雖君有命[3]，為國故，子必射。」乃射。再發，盡殪[4]。叔山冉搏人以投，中車，折軾。[5]晉師乃止，囚楚公子茷[6]。

注釋

1薄：同「迫」，逼近。險：險要之地。2叔山冉：叔山為氏，冉為名。3命：指上文「爾射，死藝」的話，即不讓養由基逞能射箭的命令。4殪（粵：衣；普：yì）：死，指晉軍被射中而死。5「叔山冉」三句：搏，捕捉。中（粵：眾；普：zhòng），投中。軾（粵：式；普：shì），古時車廂前端的橫木。6公子茷（粵：乏；普：fèi）：公子發鉤，名鉤，字發。

譯文

楚軍逼近險要之地。叔山冉對養由基說：「雖然國君有不讓你逞能射箭的命令，為了國家，您一定要射箭！」於是養由基射向晉軍，再射，被射的人都被射死。叔山冉抓住晉人，擲過去擊中戰車，把車的軾木砸斷了。晉軍於是停下來，囚禁了楚國的公子茷。

欒鍼見子重之旌，請曰[1]：「楚人謂夫旌，子重之麾也，彼其子重也。[2]日臣

之使於楚也[3]，子重問晉國之勇。臣對曰：『好以眾整[4]。』曰：『又何如[5]？』臣對曰：『好以暇[6]。』今兩國治戎[7]，行人不使[8]，不可謂整。臨事而食言[9]，不可謂暇。請攝飲焉[10]。」公許之。使行人執榼承飲[11]，造于子重[12]，曰：「寡君乏使[13]，使鍼御持矛，是以不得犒從者[14]，使某攝飲[15]。」子重曰：「夫子嘗與吾言於楚[16]，必是故也。不亦識乎[17]？」受而飲之。免使者而復鼓[18]。旦而戰[19]，見星未已[20]。

注釋

1 請：指向晉侯請求。2「楚人」二句：楚人，指楚國的戰俘。麾，旗。彼、其同義。3 曰：在句中作狀語，往日。4 好（粵：耗；普：hào）以眾整：眾，指軍隊。整，嚴整。即晉軍臨戰不亂。5 又何如：指晉軍之勇還有甚麼表現。6 暇：本義表示兩事之間的空隙、閒暇。這裏指作戰從容不迫。7 治戎：興兵作戰。8 行人：使者。使：出使。9 事：指戰事。食言：指說過「好以眾整」而不履行。10 請攝飲焉：請求派人代為取酒給子重喝。攝，代。11 榼（粵：合；普：kē）：盛酒之器。承：捧着。12 造：至。一般指到尊貴者那裏去。13「寡君」二句：御，侍；御持矛，侍其側而持矛。指欒鍼為車右。14 從者：這裏不直接說「子重」而說「從者」，是為了表示尊敬。15 某：使者自稱其名，蓋微者，故後來記事的人便用「某」來代替。16 夫子：指欒鍼。17 不亦……乎：

副詞性結構。用反問形式，表示肯定。識：記，指其記性好。18 免：放走。19 旦：日出之時。20 見星：星星出現，指天黑。已：停止，結束。

譯文

欒鍼見到子重的旌旗，向晉侯請求說：「楚人說那面旗子是子重的旗，那個人就是子重吧。以前我出使楚國，子重問起晉國的勇武表現在哪裏，下臣回答說：『晉人喜歡用嚴整的面貌去打仗。』子重說：『還有甚麼？』下臣回答說：『作戰從容不迫。』現在兩國交戰，不派遣使者，不能說是軍容嚴整。臨到戰事而說話不算數，不能說是從容不迫。請派人給子重進酒。」晉侯同意了他的請求。派使者執榼捧酒，到子重那裏，說：「我們國君缺乏使者，欒鍼執矛侍立在他左右，所以抽不出身來犒勞您的部下，派我前來送酒。」子重說：「過去他曾和我在楚國說過好整以暇之事，一定是這個原因，他的記性不是很好嗎？」於是接過酒來喝了，放走使者又擊鼓作戰。日出開始作戰，直到星星出現還沒有結束。

子反命軍吏：「察夷傷，補卒乘，繕甲兵，展車馬，[1]雞鳴而食[2]，唯命是聽。」晉人患之。苗賁皇徇曰[3]：「蒐乘、補卒，秣馬、利兵，修陳、固列，蓐食、申禱，[4]明日復戰！」乃逸楚囚[5]。王聞之[6]，召子反謀。穀陽豎獻飲於子

反[7]，子反醉而不能見。王曰：「天敗楚也夫[8]！余不可以待[9]。」乃宵遁。

注釋

1「察夷傷」四句：察，察看。夷，後代作「痍」，創傷，夷、傷同義。卒，步兵。乘，車兵。繕，修治。展，陳列。2 雞鳴：指夜半以後、天亮以前的一段時間。3 徇（粵：殉；普：xùn）：巡行軍中，宣示命令。4「蒐乘」四句：蒐，檢閱。秣（粵：抹；普：mò），本義是牲口的飼料，這裏用作動詞，餵養。利兵，把兵器磨鋒利。陳，同「陣」。蓐（粵：褥；普：rù），厚，蓐食指飽食，戰前必令士卒飽餐。申，再次。5 逸：本義是逃走。這裏是使動用法，故意放鬆看守，使他們逃走。晉人這樣做是為了讓楚囚回去報告晉軍已經有所準備，以挫傷楚軍決一死戰的信心。6 王：指楚王。之：指晉軍備戰的情況。7 穀陽豎：子反童僕。豎，童僕。8 夫：句尾語氣詞，表示感歎。9 待：等待，待着。

譯文

子反命令軍吏：「仔細視察受傷情況，補足步兵和車兵，修理鎧甲兵器，擺列戰車馬匹，雞鳴的時候吃飯，一心只聽將帥的命令。」晉國因此擔心。苗賁皇說：「檢閱車兵，補足步兵；餵好馬匹，磨利兵器；修整戰陣，鞏固行列；飽餐一頓，再次禱告，明天再戰！」晉軍故意放鬆看守，讓楚國的囚犯逃走。楚王聽說了晉軍備戰的情況，召見子反一起商量。穀陽豎獻酒給子反，子反喝醉了不能進見。楚王說：「這是上天要讓楚國失敗啊！我不能等着。」於是趁夜逃走了。

晉入楚軍，三日穀[1]。范文子立於戎馬之前[2]，曰：「君幼，諸臣不佞，何以及此？[3]君其戒之[4]！《周書》曰[5]：『唯命不于常。』有德之謂。」

注釋

1 三日穀：食楚穀三日。如城濮之戰。2 戎馬：戰車之馬。這裏指晉厲公戰車之馬。3「君幼」三句：佞，才、才能。等於說我們這次打勝仗是僥倖的。因為楚、晉甲午交戰後，勝負並未見分曉，次日雙方還要決一雌雄，只是由於子反嗜酒而醉，晉才以勝歸，所以范文子這樣說。4 其：語氣詞，表示委婉的語氣。5 周書：《尚書．康誥》。

譯文

晉軍進入楚軍軍營，吃楚軍留下的糧食吃了三天。范文子站在晉厲公的車馬面前，說：「國君年幼，卿大夫們不才，靠甚麼取得了勝利呢？君王還是要警惕呀！《周書》說：『天命不是恆久不變的。』說的是有德的人才享有天命。」

二十二　祁奚舉賢 襄公三年（前五七〇年）

《傳》文記晉中軍尉祁奚請求告老退休，晉悼公向祁奚詢問繼任人。祁奚薦舉其仇解狐，悼公將立解狐為中軍尉，而解狐恰好去世。悼公再問祁奚誰可繼任，祁奚自舉其子祁午。當其時，中軍佐羊舌職去世。悼公於是向祈奚詢問繼任人，祁奚說羊舌赤可代父職。結果祁午獲任命為中軍尉，而羊舌赤則任其佐。祁奚舉解狐，不為媚仇；立祁午，不為阿私；舉部屬，不為結黨。此叔向所謂「外舉不棄讎，內舉不失親」（襄公二十一年（前五五二年），《呂氏春秋·去私》，《禮記·儒行》、《韓非子·說疑》均載有此語而用字小異）。

「君子」之辭，揭出「唯善，故能舉其類」（唯有善人能舉其善類）為一篇之警策，以此一意貫徹其中。先斷言祁奚能舉善。再申述祁奚自身之善，即不諂、不比、不黨，並引《商書》稱重其公正無私。接言其立一軍官（軍尉與佐同屬中軍）而成三事（得舉、得位、得官），為能舉善。然後以「唯善，故能舉其類」綰合上文，並引《詩》證明唯有善德之人能舉類己之善人，再以祁奚有此善德收結，首尾呼應。

祁奚舉賢，千古傳頌，成為為政者的典範。唐太宗就借鑒了祁奚的做法。據唐人吳兢《貞觀政要》所記，唐太宗認為，只要能求得有德有才之人，不必顧慮親戚故舊之嫌，以此勉勵朝臣提拔人才，說：「古人『內舉不避親，外舉不避仇』，而為舉得其真賢故也。但能舉用得才，雖是子弟及有仇嫌，不得不舉。」唐太宗之所以能開創「貞觀之治」，正是善於舉人的成果。祁奚這種舉賢任能、一視同仁的做法，不受時空的限制，值得今人借鏡。

祁奚請老[1]，晉侯問嗣焉[2]。稱解狐[3]，其讎也[4]。將立之而卒[5]。又問焉。對曰：「午也可[6]。」於是羊舌職死矣[7]，晉侯曰：「孰可以代之[8]？」對曰：「赤也可[9]。」於是使祁午為中軍尉，羊舌赤佐之[10]。

注釋

1 祁奚：高粱伯之子，字黃羊。祁是晉邑，故城在今山西祁縣東南。請老：求致仕，即告老、退休。祁奚此時為中軍尉。2 晉侯：指晉悼公。嗣：指繼任人。3 稱：舉薦。解狐：晉國的大臣，解揚族人，食邑於解，以邑為氏。4 讎：同「仇」。5 立：任命。6 午：祁午，祁奚之子。7 羊舌職：晉國的大臣，當時任中軍佐，姓羊舌，名職。

8孰：誰。代：接代，繼任。9赤：羊舌赤，字伯華，羊舌職之子。10佐之：輔佐他。這裏指擔當中軍佐。

譯文

祁奚請求退休，晉悼公向他詢問接替人選。祁奚舉薦解狐，而解狐是他的仇人。晉悼公打算任命解狐，解狐卻去世了。晉悼公又問祁奚。祁奚回答說：「祁午可以勝任。」正在這個時候羊舌職死了，晉悼公問祈奚：「誰可以接替他？」祈奚回答說：「羊舌赤可以。」就這樣，晉悼公任命祁午為中軍尉，羊舌赤輔佐他。

君子謂祁奚於是能舉善矣[1]。稱其讎，不為諂[2]；立其子，不為比[3]；舉其偏[4]，不為黨[5]。《商書》曰：「無偏無黨，王道蕩蕩。」[6]其祁奚之謂矣。解狐得舉，祈午得位，伯華得官，建一官而三物成[7]，能舉善也。夫唯善，故能舉其類。《詩》云：「惟其有之，是以似之。」[8]祁奚有焉。

注釋

1君子：《呂氏春秋．去私》云：「孔子聞之曰：『善哉！祁黃羊之論也，外舉不避讎，內舉不避子。』祁黃羊可謂公矣。」或以為此「君子」即孔子。但叔向早說過「祁大夫外舉不棄讎，內舉不失親」（襄公二十一年）。於是：即「於是乎」，與「遂」、

「乃」之意相當。舉：推薦。善：賢能的人。2 諂（粵：cim²；普：chǎn）：諂媚，討好。3 比（粵：避；普：bì）：為私利而勾結。4 偏：佐，副職，部屬。5 黨：阿附。6「無偏」二句：見於《尚書．洪範》。王道，理想中的政治。蕩蕩，平坦廣大的樣子。這裏指公正無私。7 一官：中軍尉。三物：三事，指得舉、得位、得官。8「惟其」二句：出自《詩經．小雅．裳裳者華》。有、似，古音同在之部，押韻。

譯文

君子以為祁奚在這件事上能舉薦賢人。舉薦他的仇人，卻不是諂媚；舉立他的兒子，卻不是偏私；薦舉他的副手，卻不是結黨。《商書》說：「不偏私，不結黨，君王之道坦蕩蕩。」說的正是祁奚這樣的人。解狐得到舉薦，祈午得到任命，羊舌赤得到官職；立了一個中軍尉的官，而成就了得舉、得位、得官三件事，這正是由於他能夠推舉賢人的緣故啊。只有賢人，才能舉薦類似他的人。《詩》說：「正因為他有美德，才能推舉和他相似的人。」祁奚有這樣的美德。

二十三　祁奚請免叔向 襄公二十一年（前五五二年）

晉平公之時，晉國發生欒氏之亂，結果欒盈奔楚，范匄（宣子）拘殺了欒盈的黨徒多人，包括叔向之弟羊舌虎，叔向則被囚待罪。

篇中先記敘叔向的從者（「人」、「其」、「室老」）問叔向、「咎」叔向，從此等俗人畏罪怕死，只考慮個人安危，而不知叔向，反襯出叔向秉德守善，故能從容不迫。晉平公寵臣樂王鮒主動找叔向，提出可代他請求赦罪，叔向不回應；樂王鮒離開時，他也不拜送，表現冷漠。從者眼見叔向在生死關頭卻不接受樂王鮒代其求情，都心急如焚，責備叔向。二者情態不同，冷熱緩急，互相映襯。叔向稱重祁奚有德行，「其獨遺我乎」，表示堅信祁奚必能營救自己，為後文敘寫祁奚請免叔向埋下伏筆，點出祁奚與叔向二人相知相得。

叔向深知樂王鮒的為人，樂王鮒既知叔向無罪，就應當直接向晉侯訴說，卻私見叔向而承諾代他求情，顯然是出於私心。叔向看穿樂王鮒偽善，故不回應樂王鮒代己請求赦罪。樂王鮒見無法拉攏叔向，便原形畢露，趁晉平公問叔向之罪時，說他可能因兄弟親情而與羊舌虎同謀，欲置叔向於死地。在此危急關頭，已退休的祁奚聞知此事，迫不及待，乘傳車去見范宣子，請求赦免叔向。祁奚援引《詩》、《書》，說明有謀略、有訓誨的人，應當得到信任和保護，叔向兼有謀、訓，堪為社稷之臣。即使十世子孫有罪亦應赦免，藉以勉勵有能之士。如今未能免他一死，棄社稷不顧，不免使人困惑。然後列舉三代故事，以鯀、禹之事，證明不以父罪而廢其子；引伊尹、太甲之事，證明不以一時之怨而廢大德；據管、蔡二叔與周公之事，證明兄弟之罪不相及。接問為何要因羊舌虎而拋棄社稷之臣。末尾以反問語調道出多殺無益，赦免叔向反使他人知所奮勉，說中尚賢重才的范宣子的心意。祁奚之辭，完全着眼於國家社稷，無一字涉及私情，說理周密，足以服人。

祁奚請免叔向，只為保護社稷之臣。《左傳》曾記「君子」讚美祁奚說「唯善，故能舉其類」，即唯有善人能舉其善類。叔向與祁奚，皆知人之善，故能相知如此。因此，祁奚說服范匄赦免了叔向，不見叔向而歸家；叔向也不向祁奚告知獲赦而直接上朝。施恩者也好，受恩者也好，兩兩相忘。

賢士相交，貴乎知心。祁奚賞識叔向，視他為社稷的棟樑，而叔向認為祁奚知人，必會設法營救自己。二人的共通點在於處事皆以社稷利益為念，了無半點私心攙雜其間。古人云：「人之相知，貴相知心。」（李陵〈答蘇武書〉）信哉斯言。

欒盈出奔楚[1]。宣子殺箕遺、黃淵、嘉父、司空靖、邴豫、董叔、邴師、申書、羊舌虎、叔羆，囚伯華、叔向、籍偃[2]。

注釋

1欒盈：晉國大夫，與范宣子是政敵。2宣子：范宣子，姓祁，氏范，名匄，字宣子。為士氏旁支，故又稱士匄。箕遺以下十三人皆晉國大夫，欒盈之黨。此蓋古人連坐之罪。叔向：羊舌職之子，又名羊舌肸（粵：日；普：xī）、叔肸。

譯文

欒盈逃亡到楚國。范宣子殺了箕遺、黃淵、嘉父、司空靖、邴豫、董叔、邴師、申書、羊舌虎、叔羆，囚禁了伯華、叔向、籍偃。

人謂叔向曰：「子離於罪[1]，其為不知乎[2]？」叔向曰：「與其死亡若何？[3]《詩》曰：『優哉遊哉，聊以卒歲。』[4]知也。」

注釋

1離：通「罹」，遭遇。2其：表示揣測的語氣。知：同「智」。3「死亡」句：指雖然被囚，猶勝於被殺。4「優哉」二句：為逸詩。今《詩經・小雅・采菽》最後一章有：「優哉遊哉，亦是戾矣。」不但末句不同，詩義亦異。優、遊，悠閒的樣子。人以叔向不附范氏為不智，叔向以不介入各大家族之爭、優遊卒歲為智。叔向被囚，只因身為羊舌虎兄長的緣故。

譯文

有人對叔向說：「你遭受罪過，恐怕是不明智吧？」叔向說：「比起死亡來怎麼樣？《詩》說：『自在逍遙，姑且這樣來度過歲月。』這正是明智啊。」

樂王鮒見叔向[1]，曰：「吾為子請。」叔向弗應。出，不拜。[2]其人皆咎叔向[3]。叔向曰：「必祁大夫[4]。」室老聞之[5]，曰：「樂王鮒言於君，無不行。求赦吾子，吾子不許。祁大夫所不能也，而曰必由之，何也？」叔向曰：「樂王鮒，從君者也[6]，何能行？祁大夫，外舉不棄讎，內舉不失親，其獨遺我乎[7]？《詩》曰：『有覺德行，四國順之。』[8]夫子[9]，覺者也。」

注釋

1樂王鮒：氏樂，名王鮒，晉侯寵臣。2出，不拜：指樂王鮒出，叔向不拜送。3其人：叔向的從者。4「祁大夫」二句：指能救我者必祁奚。5室老：古時卿大夫有家臣，室老為家臣之長。6從：順從。7其：反問副詞，用法同「豈」，難道。遺：棄。8「有覺」二句：出自《詩經・大雅・抑》。有覺，正直，形容德行正直。9夫子：第三人稱，這裏指祁奚。

譯文

樂王鮒去見叔向，說：「我為您去求情。」叔向不回答。樂王鮒退出，叔向不拜送。叔向的手下都責備他。叔向說：「一定要祁大夫才能救我。」家臣頭領聽了這話，說：「樂王鮒對國君說的話，沒有不照辦的。他要去請求赦免您，您卻不答應。這是祁大夫所辦不到的，您卻說一定要由他去辦，這是為甚麼呢？」叔向說：「樂王鮒，是個甚麼都順從國君的人，怎能辦得到？祁大夫舉薦宗族以外的人時不丟棄仇人，舉薦族內的人時不失去親人，難道獨獨會丟下我嗎？《詩》說：『有正直的德行，四方的國家都歸順。』祁大夫就是這樣正直的人啊。」

晉侯問叔向之罪於樂王鮒。對曰：「不棄其親，其有焉？」[1]於是祁奚老矣，聞之，乘馹而見宣子[2]，曰：「《詩》曰：『惠我無疆，子孫保之。』[3]《書》曰：『聖有謩勳，明徵定保。』[4]夫謀而鮮過、惠訓不倦者，叔向有焉。社稷之固也[5]。猶將十世宥之，以勸能者[6]。今壹不免其身[7]，以棄社稷，不亦惑乎？鯀殛而禹興[8]；伊尹放大甲而相之[9]，卒無怨色；管、蔡為戮，周公右王。[10]若之何其以虎也棄社稷[11]？子為善，誰敢不勉？多殺何為？」宣子說，與之乘[12]，

以言諸公而免之。不見叔向而歸，叔向亦不告免焉而朝。

注釋

1「不棄」二句：此因叔向不應，故反而落井下石。其親指羊舌虎。2駔（粵：日；普：rì）：古代驛站用的馬車，即傳車。當此時祁奚所居或遠離晉都新絳，故乘傳車，取其快速。3「惠我」二句：出自《詩經．周頌．烈文》。意謂嘉惠百姓，無窮無盡，子子孫孫永遠保有。4「聖有」二句：逸《尚書》文，偽古文載入〈胤征〉。指有謀略、有訓誨的人，應當相信和保護。謩，同「謨」，謀略。勳，借為「訓」。5固：屏障。6世：代。宥：寬恕。勸：勉勵。7壹：乃。8鯀（粵：滾／菌；普：gǔn）：禹父，因治水無功為舜所殺。殛（粵：激；普：jí）：誅戮。9伊尹：商初大臣。大甲：即太甲，商王湯之孫。太甲即位荒淫，不理朝政，伊尹逐之。居於桐宮三年，太甲改過，而使之復位，己為相，太甲終無怨色。10「管、蔡」二句：管叔鮮與蔡叔度，皆武王之弟。相傳武王死，成王幼，周公攝政。管、蔡流言於國中曰：「公將不利於孺子。」其後挾紂子武庚造反。周公出兵，殺武庚、管叔，放蔡叔，亂始平。此數句先言父子不相及，次言君臣不相怨，再言兄弟不相同。11虎：即羊舌虎。棄社稷：指殺害社稷之臣。12與之乘：祁奚乘傳車，不可以朝，故士匄與之乘。

譯文

晉平公（晉侯）向樂王鮒詢問叔向的罪過。樂王鮒回答說：「不丟棄他的親人，他可能是參加策劃叛亂的。」當時祁奚已退休在家了，聽說這件事，就坐上驛站的傳車去拜見范宣子，說：「《詩》說：『賜給我們的恩惠沒有邊際，子子孫孫永遠保有它。』《書》說：『智慧的人有謀略訓誨，應當相信和保護。』說到謀劃而少有錯誤，教訓別人而不知疲倦，叔向是具備的。他是國家的屏障，即使他的十代子孫犯了罪也應赦免，以勉勵有能力的人。現在乃不免於禍而死，棄社稷於不顧，這不也會使人困惑嗎？鯀被誅戮而他的兒子大禹興起；伊尹放逐了太甲後來卻又做了他的宰相，太甲始終沒有怨恨伊尹；管叔、蔡叔被誅戮，周公卻輔佐成王。您為甚麼因叔向的兄弟羊舌虎的緣故就要殺他，而拋棄國家的屏障呢？您做了好事，誰敢不努力？何必要多殺人呢？」宣子聽了這話很高興，和祁奚共乘一輛車子入朝，勸說晉侯赦免了叔向。祁奚不去見叔向就回家去了，叔向也不向祁奚告知獲赦就直接上朝去了。

二十四　子產告范宣子輕幣

襄公二十四年（前五四九年）

春秋之時，小國朝聘盟主，例須納幣。大國或恃勢凌人，苛索重幣。晉侯復興霸業，范宣子執政，向諸侯索取重幣。鄭國首當其衝，飽受其苦，於是鄭卿子產寫信給范宣子，勸説他減輕諸侯的貢賦。

子產之書，環環相扣，層次分明。篇首開門見山，直指范宣子治理晉國，諸侯沒聽説其令德，只聽説其索取貢賦甚重，對此大惑不解。點題之後，便將「賄」（貢賦）與「名」（名聲）對舉，申説賄之不可有、名之不可無的道理。首先，極言聚賄之害。説諸侯之賄聚於晉公室，則諸侯離心；若范宣子以此為己利，則晉國內部亦有離心。諸侯離心，則晉為盟主，亦將受害；晉國內部有離心，則范宣子之家亦將受害。責問范宣子何故不諳利害關鍵所在，再反問到時賄還有甚麼用處。其次，極言名不可無，由名而推衍德之不可缺。名載德而行，而德為國家之基，有德則國家不致敗壞，得以長久。然後引出「恕」可以明德，只要諒解諸侯所受重幣之苦，自是有德，名隨之而至，則遠方諸侯來朝，而鄰近諸侯安心。又分說「生（養活）我」、「浚（榨取）我」二語，重將賄、名之異複述一遍，更以象有牙為喻，總結有「賄」之害。整篇書信，因晉苛索重幣、鄭人不勝負荷而作，用意在於請求輕幣，卻無一字說出原意，只着力於辨析「賄」、「名」與為政成敗的關係，處處從晉國及范宣子着想。其規勸之意深切，而語調卻又委婉平和，易於使聽者靜思己過、自我反省。

范宣子為政[1]，諸侯之幣重，[2]鄭人病之[3]。二月，鄭伯如晉[4]，子產寓書於子西[5]，以告宣子，曰：「子為晉國[6]，四鄰諸侯不聞令德[7]，而聞重幣，僑也惑之。僑聞君子長國家者[8]，非無賄之患，而無令名之難[9]。夫諸侯之賄聚於公室，則諸侯貳[10]。若吾子賴之[11]，則晉國貳。諸侯貳，則晉國壞；晉國貳，則子之家壞，何沒沒也[12]！將焉用賄？

注釋

1為政：執政，主持國政。為，治理。2晉為霸主，諸侯朝聘，例須納幣。幣，財貨，泛指諸侯向霸主晉國貢獻的玉器、皮帛、馬匹等貢品。3病：意動用法，指因此而感到困苦、為難。4鄭伯：指鄭簡公。5子產：公孫僑。寓書：託人帶書信。子西：公孫夏，公子騑（粵：非；普：fēi）之子，當時隨鄭伯到晉國去，故子產託他帶信給宣子。寓，寄、託。6 子：敬稱對方。為：治。7 令德：美德。令，美。8 長：作動詞用，領導，掌管。國家：春秋時，諸侯統治區稱為國，卿大夫所轄區域稱為家。9「非無賄」二句：互文見義，正常的語序應該是「非患無賄，而難無令名」。賄，財貨。10 貳：離心。晉君聚斂財貨，則諸侯會有離心。11 賴：利，即以此為己利。12 沒沒：猶言昧昧，昏聵，糊塗。

譯文

晉國范宣子執政，對諸侯加重徵收繳納給晉國的貢品，鄭人對此感到困苦。二月，鄭簡公到晉國去，子產託隨行的子西帶一封信給范宣子。信中說：「您治理晉國，四鄰諸侯沒聽說您的美德，卻聽說加重徵收貢品，我對此感到困惑。我聽說君子領導國家和家族，不是擔心財貨不足，而是擔心沒有美好的名聲。諸侯的財貨都聚集在晉君寶庫，諸侯就有離心。如果您佔有這些財貨，晉國的內部就有離心。諸侯有離心，晉國就受到損害；晉國的內部有離心，您的家室就受到損害，為甚麼這麼糊塗！還哪裏用得着這些財貨？

「夫令名，德之輿也；[1] 德，國家之基也。有基無壞，無亦是務乎[2]！有德則

樂，樂則能久。《詩》云：『樂只君子，邦家之基。』[3]有令德也夫[4]！『上帝臨女，無貳爾心』[5]，有令名也夫！恕思以明德，則令名載而行之，是以遠至邇安。[6]毋寧使人謂子：『子實生我』，而謂：『子浚我以生乎』？[7]象有齒以焚其身[8]，賄也。」宣子說，乃輕幣。

注釋

1「夫令名」二句：夫，語氣詞，用於句首，表示要闡發議論的語氣，句末以「也」相呼應。輿，車、轎子。2無亦是務乎：「無亦務是」的倒裝。無，用法同「不」，務，專力。3「樂只」二句：見《詩經．小雅．南山有臺》。和樂君子，是國家和家族的基礎。只，句中語助詞，無義。樂只君子，是「君子樂只」的倒裝。4也夫：語氣詞，表示感歎。5「上帝」二句：見《詩經．大雅．大明》。上帝監臨，須一心一德。6「恕思」三句：恕思，同義連文，表示體諒、諒解的意思。邇，近。恕，推己及人，己所不欲勿施於人，晉不欲納重幣於人，而欲人納重幣於己，則不恕。7「毋寧」四句：毋寧，寧願。浚（粵：進；普：jùn），榨取，剝削。8焚：通「僨（粵：憤；普：fèn）」，倒斃。因象牙值錢。

譯文

「美好的名聲，是裝載美德的車子；美德，是國家和家族的基礎。國家有了基礎，就不至於毀壞，不也應該致力於這一切嗎？執政者有美德，人民就快樂；人民快樂，國家就能長久。《詩》說：『和樂君子，是國家和家族的基礎。』說的是有美德吧！『上帝監視着你，你不要有離異之心』，說的是有美好的名聲吧！用體諒來發揚美德，就會使美好的名聲四處傳揚，這樣遠方便來歸附，近鄰便會安心。寧可讓人對您說『您確實養活了我』，豈可讓人對您說『你榨取我來養活自己』？象有牙而毀了自己，就是由於財貨的緣故。」范宣子很高興，就減輕了諸侯的貢品。

二十五　晏子不死君難

襄公二十五年（前五四八年）

齊莊公荒淫無道，私通執政大臣崔杼之妻，被崔杼的甲士弒於其家，從莊公而死者頗眾。《傳》記晏嬰立於崔氏門外與其從者的對話，藉從者問晏嬰際此巨變如何應對，引出晏嬰對君臣之義的一番見解。從者先問是否殉死。晏子答說，己與眾無異，不必獨為君死。從者再問是否逃亡。晏子稱非己罪，不必逃亡。從者三問是否歸里。晏子答云君死，無處可歸，然後陳說君臣之義。為君者之義，在於為社稷（國家）之主；為人臣者之義，不為俸祿，而為奉養社稷。因此，如君為社稷而死，則臣亦殉之，君為社稷而亡，則臣亦亡之；如君之死或亡，只為自己，則除其親暱之人外，無人敢於承擔責任。晏嬰答辭，痛快淋漓，多由反詰句串連而成，結語更一氣連用三個反詰句，將不死、不亡、不歸再說一遍，語氣堅定。崔氏大門開啟後，晏子入內，枕莊公屍之股而號哭，又三踊，成禮後才離開。《傳》文以有人與崔杼的對話作點綴，只為凸顯晏嬰得民心。又重書一筆，記崔杼盟國人於太公廟，讀盟辭，到「有不親附崔氏、慶氏的」，晏嬰立即插言，更改其辭說：「嬰若不親附對國君忠誠、對社稷有利的人，有上帝為證！」雖臨死地，亦不阿附崔、慶二氏，真骨凌霜，正氣凜凜。

晏嬰清楚界定國君與社稷的分別，申明為人臣者所竭盡忠誠的對象是社稷而非國君，而晏嬰自己就是其說的最佳踐行者。但在後世人的眼中，這一條界線又變得模糊不清。

司馬遷對晏嬰可謂推崇備至，甚至表示甘願做其僕役，為其效勞。《史記·管晏列傳》云：「方晏子伏莊公屍而哭之，成禮然後去，豈所謂『見義不為，無勇』者邪？至其諫說，犯君之顏，此所謂『進思盡忠，退思補過』者哉！假令晏子而在，余雖為之執鞭，所忻慕焉。」晏嬰回答從者之問，表明自己面對齊莊公之死，既不殉死也不逃亡，反映他認為齊莊公非為社稷而死。雖然如此，晏嬰還是毫不畏懼地走進崔杼家哭君之喪，克盡臣禮。如此作為，確實稱得上「見義勇為」（《論語·為政》）。「進思盡忠，退思補過」，見《左傳》宣公十二年士貞子諫殺荀林父。荀林父在朝則想着竭盡忠誠，在野則想着補救過失，堪稱「社稷之衞」，晏嬰又何嘗不是這樣。

齊棠公之妻，[1]東郭偃之姊也。東郭偃臣崔武子[2]。棠公死，偃御武子以弔焉。見棠姜而美之[3]……遂取之[4]。莊公通焉[5]……（崔子）遂弒之。

晏子立於崔氏之門外[1]，其人曰[2]：「死乎？」曰：「獨吾君也乎哉[3]，吾死也？」曰：「行乎[4]？」曰：「吾罪也乎哉，吾亡也？」曰：「歸乎？」曰：「君死，安歸[5]？君民者，豈以陵民[6]？社稷是主[7]。臣君者，豈為其口實？社稷是養。[8]故君為社稷死，則死之[9]；為社稷亡，則亡之；若為己死，而為己亡[10]，非其私暱[11]，誰敢任之[12]？且人有君而弒之[13]，吾焉得死之？而焉得亡之[14]？將庸何歸[15]？」門啟而入，枕尸股而哭[16]。興，三踊而出[17]。人謂崔子：「必殺之！」崔子曰：「民之望也，舍之，得民。」

注釋

1 齊棠公：齊棠邑大夫。棠，疑在今山東平度東南。2 臣：作動詞用，為其家臣。崔武子：崔杼，齊國重臣，官至正卿，執齊政。3 棠姜：已死的棠公的遺孀。美：意動用法，以之為美。4 取：通「娶」，娶之為妻。5 通：凡淫曰通，私通，通姦。

譯文

齊國棠公的妻子，是東郭偃的姐姐。棠公死，東郭偃駕車送崔武子去弔唁。崔武子見到棠姜，覺得她很美……就娶了她。齊莊公和棠姜私通……（崔武子）就殺死了齊莊公。

注釋

1 晏子：又稱晏嬰，字平仲，齊國維邑（今山東高密）人。2 其人：指晏嬰的隨從。3 獨吾君也乎哉：指己與眾臣無異，不必獨為君死。也，語助詞，表示疑問語氣。4 行：出走，指離開齊國。5 安歸：歸於所處。安，表處所的疑問代詞。6 陵：加於其上。7 社稷是主：即主社稷。8「臣君者」三句：口實，指俸祿。養，奉養。9 死之：為之死。後文的「亡之」結構相同。10 而：與。11 私暱：個人所寵愛的人。12 誰敢任之：畏懼時人及後人議論，故說誰教。13 人：指崔杼。14 焉得：何能。指崔杼立之，又殺之，我何能為之死為之逃。15 將：且。庸何：同義連文，指哪裏，何處。16 尸股：屍身的大腿。17 興：站起來。哭時仆地，哭畢而起。踊：頓腳，跳躍。喪禮中最哀慟的表示。一踊三跳，三踊為九跳。

譯文

晏子站在崔家的門外，他的隨從問：「您準備去死嗎？」晏子說：「他只是我一個人的國君嗎，我要死？」隨從問：「逃亡嗎？」晏子說：「他死是我的罪過嗎，我要逃亡？」隨從問：「回去嗎？」晏子說：「國君死了，回哪兒去？作為百姓的君主，難道是用他的地位來凌駕於百姓之上？應當主持國政。作為國君的臣子，難道是為了他的俸祿？應當奉養國家。所以國君為國家而死，臣子就為他而死；國君為國家而逃亡，臣子就跟着他逃亡；國君為自己而死，為自己而逃亡，不是國君個人寵愛的人，誰敢承擔責任？況且別人有了國君又殺死他，我哪裏能為他而死，哪裏能為他而逃亡？但是我又能回到哪裏去呢？」大門打開，晏子就進去，把頭枕在莊公屍身的大腿上號哭，然後站起來，跳躍了三次才出去。有人對崔武子說：「一定要殺掉他！」崔武子說：「他是百姓所仰望的人，放了他可以得到民心。」

叔孫宣伯之在齊也[1]，叔孫還納其女於靈公[2]，嬖，生景公[3]。丁丑[4]，崔杼立而相之，慶封為左相，盟國人於大宮[5]，曰：「所不與崔、慶者——」[6]晏子仰天歎曰：「嬰所不唯忠於君、利社稷者是與，有如上帝！」乃歃[7]。

注釋

1 叔孫宣伯：叔孫僑如，魯國大夫。因私通穆姜，逃亡於齊。2 叔孫還：齊國公子。女：宣伯之女。3 景公：齊莊公同父異母弟。4 丁丑：五月十九日。5 大宮：齊太公之廟。6「所不」句：讀盟書未完，而晏嬰搶先插話。所，假設連詞，若。用於誓辭，表示假設。7 歃（粵：霎；普：shà）：歃血。古代會盟，以牲血塗嘴邊。

譯文

叔孫宣伯在齊時，叔孫還把其女送給齊靈公，受到寵愛，生景公。十九日，崔武子立他為國君而輔助他，慶封當左相，與國內的人在太公廟結盟，說：「有不親附崔氏、慶氏的——」晏子向天歎氣說：「嬰若不親附對國君忠誠、對社稷有利的人，有上帝為證！」於是就歃血為盟。

二十六　蔡聲子論晉用楚材

襄公二十六年（前五四七年）

《傳》文記敘蔡聲子說服楚令尹子木讓伍舉返回楚國。開篇追敘前事，交代伍舉與聲子為世交。伍舉娶申公子牟之女為妻。申公子牟得罪而亡，謬傳伍舉縱送其出亡。伍舉懼禍奔鄭，後又欲往晉，與聲子遇於鄭郊，言及回楚之事。聲子勉勵伍舉往晉，並承諾必能使其歸國。聲子使晉返楚後，令尹子木問起晉大夫與楚相比誰更賢明的問題。聲子先言晉卿不如楚，隨即又說晉大夫賢能，都是卿材，而這些人才，跟木材皮革一樣，都是產於楚而用於晉，再用「雖楚有材，晉實用之」點破其意。其言抑揚頓挫，出人意表。子木問晉何故必用外材，難道無宗族姻親可用？聲子順接說，晉雖有之，但多用楚材，然後泛論楚材亡晉與楚多淫刑的關係。辭中暢談三代之治道，說明有禮，國家才不會敗壞，而禮之大節在於「勸賞」、「畏刑」、「恤民」，更以重言申明若刑賞失中，寧可賞僭也不要刑濫。直言楚多淫刑，罪及無辜，致使人才逃亡敵國，為其謀士，危害楚國。續舉楚材晉用的四大事例，包括析公、雍子、子靈、苗賁皇四人。

先說析公，析公教晉勝楚，致使鄭國不敢南向，楚失北爭中原之機。再談雍子，雍子助晉，以致楚失東方小國，而子辛被殺。又言子靈，子靈教晉與吳通好，吳由是成為楚患，使楚疲於奔命。最後看苗賁皇，苗賁皇教晉勝楚，楚不能定鄭而失諸侯，吳國勢日盛。聲子此番論說，氣酣勢暢，汪洋恣肆，義理綿密，事證確鑿，切中楚之病根，尤令人悚慄。子木這才恍然大悟。聲子忽以「今又有甚於此」陡然轉入伍舉之事，說伍舉懼罪而奔鄭，想望獲赦而終不可得，而今在晉，將為晉所重用，而加害楚國。然則前面高談闊論，只為伍舉作襯托，不直接說該復伍舉，而詳寫析公等四人，藉賓形主，將虛帶實。子木驚魂未定，聽罷，更是恐懼難耐，立即稟明楚王，增加了伍舉的爵祿，讓他返國。聲子使椒鳴（伍舉之子）迎接其父歸國，實踐了對伍舉許下的諾言。

人才是國家的命脈，是國家興衰存亡之所繫。雖然時移世易，但聲子道出的「楚材晉用」人才外流的利害關鍵，在今日國際間的角力或商業競爭上，仍有值得借鑒的意義。而蔡聲子與伍舉這段友情，也通過「班荊道故」此一成語，被世人傳為美談。

初，楚伍參與蔡大師子朝友[1]，其子伍舉與聲子相善也[2]。伍舉娶於王子牟[3]。王子牟為申公而亡[4]，楚人曰：「伍舉實送之[5]。」伍舉奔鄭，將遂奔晉。

聲子將如晉，遇之於鄭郊，班荊相與食[6]，而言復故[7]。聲子曰：「子行也，吾必復子。」

注釋

1伍參：伍奢之祖父，伍子胥之曾祖父。大：同「太」。子朝：公子朝，蔡文公之子，蔡景公之弟，為蔡國太師。2伍舉：伍奢之父，伍子胥祖父。聲子：子朝之子，即公子歸生。3王子牟：楚國公子，曾為申公，故又稱申公子牟。4申公：申縣尹。5送：縱放。子牟出奔，楚之君臣皆以為伍舉縱放而去之，伍舉懼怕罪及於己，因而出奔。6班：佈，鋪墊。荊：灌木名，這裏指其枝條。班荊，把荊的枝條鋪在地上，聊以代席，藉以為座。7復故：返回楚國之事。故，事。

譯文

當初，楚國的伍參與蔡國太師子朝友好，伍參的兒子伍舉也與子朝的兒子聲子交好。伍舉娶了王子牟的女兒做妻子。王子牟當申邑長官時獲罪逃亡，楚人說：「伍舉確實縱放了他。」伍舉逃亡到鄭國，打算再逃到晉國。聲子赴晉途中，在鄭國的郊外碰上伍舉，兩個人佈荊於地上坐着一起吃東西，談到返回楚國的事。聲子說：「您走吧，我一定會讓您回到楚國的。」

及宋向戌將平晉、楚[1]，聲子通使於晉，還如楚。令尹子木與之語[2]，問晉故焉，且曰：「晉大夫與楚孰賢？」對曰：「晉卿不如楚，其大夫則賢，皆卿材也。如杞梓、皮革[3]，自楚往也。雖楚有材，晉實用之。」子木曰：「夫獨無族、姻乎[4]？」對曰：「雖有，而用楚材實多。歸生聞之：善為國者，賞不僭而刑不濫[5]。賞僭，則懼及淫人[6]；刑濫，則懼及善人。若不幸而過，寧僭，無濫。與其失善，寧其利淫。無善人，則國從之。《詩》曰：『人之云亡，邦國殄瘁。』[7]無善人之謂也。故《夏書》曰[8]：『與其殺不辜，寧失不經[9]。』懼失善也。《商頌》有之曰：『不僭不濫，不敢怠皇。命于下國，封建厥福。』[10]此湯所以獲天福也。古之治民者，勸賞而畏刑[11]，恤民不倦[12]。賞以春夏，刑以秋冬。是以將賞，為之加膳，加膳則飫賜[13]，此以知其勸賞也。將刑，為之不舉，不舉則徹樂[14]，此以知其畏刑也。夙興夜寐，朝夕臨政，此以知其恤民也。三者，禮之大節也。有禮，無敗。今楚多淫刑，其大夫逃死於四方，而為之謀主[15]，以害楚國，不可救療[16]，所謂不能也[17]。子儀之亂，析公奔晉[18]，晉人寘諸戎車之殿[19]，以為謀主。繞角之役[20]，晉將遁矣，析公曰：『楚師輕窕[21]，易震蕩也。若多鼓鈞聲[22]，以夜軍之[23]，楚師必遁。』晉人從之，楚師宵潰。晉遂侵蔡，襲沈[24]，獲其君[25]，敗申、息之師於桑隧[26]，獲申麗而還[27]。鄭於是不敢南面[28]。楚失華夏，則析公之為也。雍子之父兄譖雍子[29]，君與大夫不善是也[30]，雍子奔晉。晉人與之鄐[31]，以為謀主。彭城之役[32]，晉、楚遇於靡角之谷[33]，晉將遁矣，雍子發命於軍曰：『歸老幼，反孤疾，二人役，歸一人[34]。簡兵蒐乘[35]，秣馬蓐食[36]，師陳焚次[37]，明日將戰。』行歸者，而逸楚囚[38]，楚師宵潰，晉降彭城而歸諸宋，以魚石歸[39]。楚失東夷[40]，子辛死之[41]，則雍子之為也。子反與子靈爭夏姬[42]，而雍害其事[43]，子靈奔晉，晉人與之邢[44]，以為謀主，扞禦北狄[45]，通吳於晉，教吳叛楚，教之乘車、射御、驅侵，使其子狐庸為吳行人焉[46]。吳於是伐巢，取駕，克棘，入州來[47]，楚罷於奔命[48]，至今為患，則子靈之為也。若敖之亂[49]，伯賁之子賁皇奔晉[50]，晉人與之苗[51]，以為謀主。鄢陵之役[52]，楚晨壓晉軍而陳。晉將遁矣，苗賁皇曰：『楚師之良在其中軍王族而已，若塞井夷竈，成陳以當之，欒、范易行以誘之[53]，中行、二郤[54]必克二穆[55]，吾乃四萃於其王族[56]，必大敗之。』晉人從之，楚師大敗，王夷、師熸[57]，子反死之。鄭叛、吳興，楚失諸侯，則苗賁皇之為也。」子木曰：「是皆然矣。」聲子曰：「今又有甚於此。椒舉娶於申公子牟，子牟得戾而亡[58]，君大夫謂椒舉：『女實遣之。』懼而奔鄭，引領南望曰：『庶幾赦余。』亦弗圖也。今在晉矣。晉人將與之縣，以比叔向[59]。彼若謀害楚國，豈不為患？」子木懼，言諸王，益其祿爵而復之。聲子使椒鳴逆之[60]。

注釋

1向戌：宋國大夫，又稱左師。平：媾和。晉、楚之和在明年，此是先作溝通工作，聲子亦參與。2子木：屈建，屈到之子。3杞梓：楚國出產的兩種優質木材。4夫：彼，指晉。族：同宗。姻：親戚。5僭（粵：濺／佔；普：jiàn）：奢、過。濫：泛濫，皆過份而不當。這裏指不當賞而賞，不當罰而罰。6淫：邪。7「人之」二句：出自《詩經．大雅．瞻卬》。指這個人不在了，國家就會遭受災害。云，語中助詞。殄瘁，同義連文，困病。8《夏書》：逸《書》，偽《古文尚書》載入〈大禹謨〉。9不經：不守正法的人。10「不僭不濫」四句：出自《詩經．商頌．殷武》。指不過份不濫用，不敢懈怠偷閒，上天命令我下國，大大地建立福和祿。怠，懈怠。皇，今本《詩經》作「遑」，閒暇，這裏指不敢偷閒。封，大。11勸：借為歡。一説，讀如字，勸勉。樂行賞而憚用刑。12恤：憐恤、體恤。13飫（粵：jy^3；普：yù）賜：飽餐之後把多餘酒菜賜給臣下。飫，飽。14舉：飲食豐富，兼以樂助食。徹樂：徹，同「撤」。撤去音樂。15之：指四方的國家。謀主：主要謀士。16療：治，這裏指治病。17能（粵：耐；普：nài）：借為耐、忍，不能即不相忍，因多淫刑。18「子儀」二句：子儀，楚國大臣鬬克的字。析公：楚國大臣。事見《左傳》魯文公十四年（前六一三年）。19戎車：指國君的戰車。殿：後。20繞角：蔡國地名，在今河南魯山東。事見《左傳》魯成公六年（前五八五年）。21輕窕：輕佻，不厚重，不堅韌。22鈞聲：相同的聲音。

鈞，等同。23軍之：猶言全軍合攻之。24沈：諸侯國名，在今安徽臨泉北。25君：指沈國國君沈子揖初。事見《左傳》魯成公八年（前五八三年）。26桑隧：地名，在今河南確山東。27申麗：楚國大夫。28南面：不敢從楚，楚在鄭南，故稱南面。29雍子：楚國大臣。譖（粵：浸；普：zèn）：中傷，誣陷。30不善是：不能正。善，能。是，正。31鄐（粵：畜；普：chù）：晉國邑名，在今河南溫縣附近。32彭城：在今江蘇徐州。33靡角之谷：宋國地名，在彭城附近。事見《左傳》魯成公十八年（前五七三年）。34「歸老幼」四句：老者幼者及孤兒病人，與兄弟二人同役者之一皆回家。35簡兵蒐乘：簡，擇。兵，步兵。蒐，閱。乘，車兵。36秣：餵飼。蓐：厚。這裏指飽食、飽餐。37陳：同「陣」，列陣。次：營帳，臨時住所。38歸者：老幼孤弱等。逸：逃逸。故意放鬆楚囚的看守，讓他們趁機逃逸。39魚石：逃到楚國的宋國大臣。見《左傳》襄公元年（前五七二年）。40東夷：親附楚國的東方小國。41子辛：楚國令尹，實際上被楚共王殺掉。42子靈：巫臣，曾為申尹，故又稱申公巫臣，氏屈，又稱屈巫。夏姬：鄭穆公之女，陳國大夫御叔的妻子。爭夏姬，見《左傳》成公二年（前五八九年）。43雍害其事：指破壞了子靈和夏姬的婚事。雍，同「壅」。壅害，阻礙，破壞。44邢：晉國邑名，在今河南平皋故城。45扞（粵：捍；普：hàn）禦：抵禦。46行人：外交使節。47「吳於是」四句：巢，楚國的屬國，在今安徽巢縣東北。駕，楚國邑名，在今安徽無為境內。棘，楚國邑名，在今河南永城南。州來，國名，在今安徽鳳臺。48**罷**：同「疲」。49**若敖**：指楚國令尹子文的氏族。若敖之亂，見宣公四年（前六〇五年）。50**伯賁**：楚國令尹鬬椒的字。51**苗**：晉國邑名，在今河南濟源西。52**鄢陵之役**：事見《左傳》成公十六年（前五七五年）。53**欒、范**：指欒書、范文子統率的中軍。易行：中軍改變行列，不夾國君而行，率領私族家兵先進，以誘楚軍。54**中行**：指晉國上軍佐。二郤：指晉國上軍統帥郤錡和新軍佐郤至。55**二穆**：指楚國左軍統帥子重和右軍統帥子辛，兩人都是楚穆王的後代，故稱。56**吾乃四萃於其王族**：指既敗其左右軍，則晉中、上、下、新四軍皆能集中攻擊楚的中軍五族。萃，集中。57**夷**：痍，傷。**熸**（粵：尖；普：jiān）：火滅。比喻楚軍士氣不振。58**椒舉**：即伍舉。**戾**（粵：例；普：lì）：罪。59**比叔向**：使他的祿秩可與叔向相比。叔向，晉國上大夫。蓋以上大夫處伍舉。60**椒鳴**：伍舉之子，伍奢之弟。**逆**：迎。

譯文

等到宋國的向戌準備調解晉國和楚國的關係，聲子出使到晉國，回國後到楚國。令尹子木同聲子談話，問起晉國的情況，並問：「晉國的大夫和楚國大夫比，誰更賢明？」聲子回答說：「晉國的卿不如楚國，晉國的大夫都很賢明，都是做卿的人材。正像杞木、梓木、皮革，都是從楚國運去的。雖然楚國有人材，卻是晉國在使用他們。」子木說：「難道晉國就沒有同宗和親戚嗎？」聲子回答說：「雖然有，但使用楚國的人材的確很多。我聽説過，善於治理國家的人，賞賜不過份而刑罰不濫用。賞賜過份，就怕賞賜給壞人；刑罰濫用，就怕懲罰了好人。如果不幸失度，寧可過份，不要濫用；與其失掉好人，寧可有利於壞人。沒有好人，國家就跟着受害。《詩》説：『這個人不在，國家就會遭受災害。』這話説的就是國家沒有好人。所以《夏書》説：『與其殺害無辜，寧可放過有罪的人。』這是怕失去好人。《詩》説：『不過份不濫用，不敢懈怠偷閒。而下國發佈命令，大大地建立他的福祿。』這就是商湯獲得上天賜福的原因。古代治理百姓的人，樂於賞賜而懼怕刑罰，為百姓操心而不知疲倦。在春夏行賞，在秋冬行刑。因此，在將要行賞時就為它加膳，加膳後把多餘的酒菜賜給臣下，從這裏可以知道樂於賞賜。將要用刑時就為它減膳，減膳就撤去進餐時的音樂，從這裏可以知道他懼怕用刑。早起晚睡，早晚親自上朝處理政事，從這裏就可以知道他為百姓操心。樂於賞賜、懼怕刑罰、為百姓操心這三件事，是禮儀的大節。有了禮儀就不會敗壞。現在楚國濫用刑罰，大夫逃亡到四方的國家，成了他們的主要謀士，以危害楚國，無法挽救治療，這就是説對濫刑不能容忍。子儀發動叛亂，析公逃到晉國。晉人把他排在國君的戰車後面，讓他做主要的謀士。繞角一戰，晉人準備逃跑，析公説：『楚軍輕佻，容易動搖。如果同時發出同樣的擊鼓聲，在夜裏全軍出擊，楚軍必然逃走。』晉人聽從了析公的話，結果楚軍在夜裏敗逃了。晉國於是侵襲蔡國，偷襲沈國，俘獲了沈國國君，在桑隧打敗申、息兩邑的軍隊，俘虜了楚國大夫申麗後回國。鄭國不敢向南親附楚國。楚國失去了中原諸侯的親附，這全是析公幹出來的。雍子的父親和哥哥誣陷雍子，國君和大夫也不為他們調解，雍子就逃到晉國，晉人把鄐邑封給他，讓他當主要的謀士。彭城一戰，晉軍和楚軍在靡角之谷相遇，晉軍準備逃走，雍子卻向晉軍發佈命令說：『把年老的和年幼的都放回去，孤兒和有病的都回去，兄弟兩個服役的回去一個。精選徒兵，檢閱車兵，餵飽馬匹，讓兵士飽餐一頓，擺開陣勢，燒掉營帳，明天將要決戰。』晉軍讓該回去的人走了，故意放走了楚軍俘虜，楚軍在夜裏潰敗了。晉軍降服了彭城，把它歸還給了宋國，帶着俘獲的魚石回國。楚國失去東夷，子辛也為此而死，這都是雍子幹出來的。子反和子靈爭奪夏姬而阻撓子靈的婚事，子靈逃亡到晉國。晉人把邢邑封給他，讓他當主要謀士，抵禦北狄，使吳國和晉國通好，讓吳國背叛楚國，教吳人乘車、射箭、駕車奔馳作戰，讓他的兒子狐庸做吳國的使者。吳國在這時攻打巢地，奪取駕地，攻克棘地，侵入州來，楚國疲於奔命，到現在吳國還是楚國的禍患，這都是子靈幹出來的。若敖的叛亂，伯賁的兒子賁皇逃到晉國，晉人把苗地封給他，讓他當主要謀士。鄢陵一戰，楚軍早晨逼近晉軍擺開陣勢。晉軍打算逃走，苗賁皇說：『楚軍的精銳部隊，只是中軍的王室親兵罷了，如果填井平灶，擺開陣勢抵擋他們，欒、范兩軍簡易行陣，用家兵引誘楚軍，中行和郤錡、郤至一定能戰勝子重、子辛，我們就把四軍集中攻擊他們的王族，一定能夠把他們打得大敗。』晉人聽從了苗賁皇的話，楚軍大敗，楚王受傷，軍隊潰敗，子反為此而死。鄭國叛離，吳國興起，楚國失去諸侯的親附，這都是苗賁皇幹出來的。」子木說：「確實是那樣的。」聲子說：「現在還有比這些更厲害的。伍舉娶了申公子牟的女兒做妻子，子牟得罪而逃亡，國君和大夫對伍舉說：『確實是你把他放走了。』伍舉害怕而逃到鄭國，伸長脖子望着南面，說：『也許可以赦免我。』但楚國不放在心上。現在伍舉在晉國，晉人準備封給他縣邑，使他可以和叔向並列。他如果謀劃危害楚國，難道不成為禍患嗎？」子木害怕，對楚王說了，楚王增加了伍舉的爵祿並讓他回國，官復原職。聲子讓椒鳴去迎接伍舉。

二十七　季札觀樂

襄公二十九年（前五四四年）

公子季札聘問中原列國，以告吳王餘祭嗣立，互通友好。季札到訪魯國，知魯受周室四代（虞、夏、商、周）之樂舞，故請求觀賞周樂。魯樂工於是為季札表演各種歌詩樂舞。季札對各地各國的音樂、歌詞一一加以評點，並依據聲音與政情相通的原則，評論樂舞中所反映的政治興衰與風俗厚薄。季札的評論，依循樂工的表演次序，先論《周南》、《召南》以至於《鄶》等風詩的音樂與歌詞，再評《雅》、《頌》，最後談四代的樂舞，眉目了然。季札以「和」為論樂的極則，「勤而不怨」，「思而不懼」，「樂而不淫」，「險而易行」，「思而不貳，怨而不言」，以至論《頌》時，先總括說：「至矣哉！」接而連用十四個此類詞組（「直而不倨」至「行而不流」），簡言之，無非是一個「和」字。季札歎賞雅樂達致五聲調和、八音克諧，可謂淋漓盡致。歸根結柢，要達致「和」，關鍵在於有「德」。「德」實為一篇的眼目，季札論樂，善於從美的體驗審視當中所包含的「德」，反映「德」正是治亂興衰、風俗厚薄之所繫。談到《唐》風，說它仍有堯的美德，又說三《頌》為「盛德之所同」，觀賞〈韶箾〉後更感歎「德至矣哉」，盡善盡美至於最大的限度，故而請求「觀止」。對「德」反覆吟詠，一唱三歎。在其評語中，語氣詞的運用，至為豐富。最多用的有「哉」、「乎」、「也」，或讚美感歎，或嗟歎懷想，或論定判斷，變化多姿。

季札論樂與孔子及其後儒家的樂教思想前後一貫。《樂記》指出「音由心生」，音樂是由人的情感所產生出來的，如實地反映人的心聲。《樂記》又提出「音與政通」的思想，「治世之音安以樂，其政和；亂世之音怨以怒，其政乖；亡國之音哀以思，其民困。」音樂與風俗、政情是分不開的。我們還可以從上海博物館所藏楚竹書《孔子詩論》裏找到季札論樂的思維方式和用語。

吳公子札來聘[1]……請觀於周樂[2]。使工為之歌《周南》、《召南》[3]，曰：「美哉[4]！始基之矣[5]，猶未也，然勤而不怨矣[6]。」為之歌《邶》、《鄘》、《衛》[7]，曰：「美哉淵乎[8]！憂而不困者也。吾聞衛康叔、武公之德如是[9]，是其《衛風》乎？」為之歌《王》[10]，曰：「美哉！思而不懼[11]，其周之東乎！」為之歌《鄭》[12]，曰：「美哉！其細已甚[13]，民弗堪也[14]。是其先亡乎[15]！」為之

歌《齊》，曰：「美哉，泱泱乎[16]！大風也哉！表東海者[17]，其大公乎[18]！國未可量也。」為之歌《豳》[19]，曰：「美哉，蕩乎[20]！樂而不淫，其周公之東乎[21]！」為之歌《秦》，曰：「此之謂夏聲[22]。夫能夏則大[23]，大之至也，其周之舊乎！」為之歌《魏》[24]，曰：「美哉，渢渢乎[25]！大而婉[26]，險而易行[27]，以德輔此，則明主也。」為之歌《唐》[28]，曰：「思深哉！其有陶唐氏之遺民乎[29]！不然，何其憂之遠也？非令德之後[30]，誰能若是？」為之歌《陳》[31]，曰：「國無主，其能久乎！」自《鄶》以下無譏焉[32]。為之歌《小雅》[33]，曰：「美哉！思而不貳[34]，怨而不言，其周德之衰乎？猶有先王之遺民焉[35]。」為之歌《大雅》[36]，曰：「廣哉，熙熙乎[37]！曲而有直體[38]，其文王之德乎！」為之歌《頌》[39]，曰：「至矣哉！直而不倨，曲而不屈，邇而不偪，遠而不攜[40]，遷而不淫，復而不厭，哀而不愁，樂而不荒[41]，用而不匱[42]，廣而不宣[43]，施而不費[44]，取而不貪，處而不底[45]，行而不流[46]。五聲和[47]，八風平[48]。節有度[49]，守有序[50]，盛德之所同也。」

注釋

1 公子札：吳王壽夢第四子，名札，又稱季札，受封於延陵，故又稱延陵季子。聘：訪問。2 觀於周樂：魯以周公之故，受天子禮樂，有虞、夏、商、周四代之樂舞，故季札請觀之。古禮於所聘之國，本有請觀之禮。3 工：樂工。歌：弦歌，即以各國的樂曲伴奏歌唱。《周南》、《召南》：《詩經》十五國風開首二篇。以下提到的都是國風中各國的詩歌。4 **美哉**：美其聲。論其音樂。5 **始基之**：（為王業）奠定基礎。始基以下，論其歌詞。6 **勤而不怨**：勤，勤勞。怨，怨恨。7 **邶**（粵：貝；普：bèi）：周代諸侯國，在今河南湯陰南。鄘：周代諸侯國，在今河南新鄉西南。邶鄘衞本三國，合稱三監。三監叛國，被周公平定後併入於衞，故季札只言衞。8 **淵**：深。指其聲深遠。9 **康叔**：周公之弟，衞國開國君主。武公：康叔的九世孫。衞武公時，遭幽王褒姒之難，故有憂患。但武公曾領兵助周平戎，故不困頓。10 **《王》**：即《王風》，是東周雒邑王城的樂曲。11 **思而不懼**：宗周隕滅，故憂思；猶有先王之遺風，故不懼。12 **鄭**：周代諸侯國，在今河南新鄭一帶。13 **細**：瑣碎。指歌辭所言多男女間瑣碎之事，少關政治。**已**：太。14 **民弗堪**：風化如此，政情可見，故民不能忍受。15 **是其先亡**：鄭亡於前三七六年，即周安王二十六年。16 **泱泱**：氣魄宏大。17 **表東海**：為東海諸侯國之表率。表，表率。18 **大公**：太公，指齊國開國國君呂尚，即姜太公。19 **豳**（粵：賓；普：bīn）：西周舊國，公劉所都，在今陝西彬縣東北二十餘里。20 **蕩**：博大的樣子。21 **淫**：過度。**周公之東**：指周公東征。22 **夏聲**：西方之聲。夏，古指西方為夏。23 **夏**：大。24 **魏**：諸侯國名，在今山西芮縣北。25 **渢渢**（粵：逢／風；普：féng／fēng）：浮泛輕飄。26 **大**：粗。**婉**：婉約。27 **險**：艱險不平。**易**：平易。指樂曲的變化。28 **唐**：在今山西太原。晉國開國國君叔虞初封於唐。29 陶唐氏：指帝堯。晉國是陶唐氏舊地。堯本封陶，後徙於唐，則唐舊為堯都。30 令德之後：美德者的後代，指陶唐氏的後代。31 陳：國都宛丘，在今河南淮陽。32 鄶（粵：潰 \kui^3；普：kuài）：亦作「檜」。在今河南鄭州南，被鄭武公所滅。無譏：不復譏評，因其微小。33《小雅》：指《詩經．小雅》中的詩歌。34 思而不貳：思文、武之德而無背叛之心。35 先王：指周代的文、武、成、康諸王。36《大雅》：指《詩經．大雅》中的詩歌。37 熙熙：和樂的狀態。38 曲而有直體：指其樂聲有抑揚頓挫高下之妙，而主調則平直。39《頌》：指《詩經》中的《周頌》、《魯頌》和《商頌》，以其成功告於神明。40「直而」四句：直，正直。倨，傲慢。曲而不屈，能委曲而不屈折。偪，同「逼」，侵迫。攜，攜貳，有二心。41「遷而」四句：遷，變遷。淫，邪亂。復，反覆往來。厭，厭倦。荒，過度。42 用而不匱：其德宏大，故使用不匱乏。43 廣而不宣：心寬廣而不自顯。宣，顯露。44 施：施惠。45 處：不動。底：停滯。46 行而不流：行動而不流蕩。47 五聲：指宮、商、角（粵：各；普：jué）、徵（粵：止；普：zhǐ）、羽。和：和諧。48 八風平：指樂曲協調。八風，八方之風。平，協調。49 節：節拍。度：法度。50 守有序：音階調和，無相奪倫。

譯文

吳國公子札前來魯國訪問……請求觀賞周王室的音樂舞蹈。魯人讓樂工為他歌唱《周南》、《召南》，季札說：「美妙啊！開始奠定了基礎，還沒有完成，但百姓勤勞而不怨恨了。」為他歌唱《邶風》、《鄘風》、《衛風》，季札說：「美妙而多麼深厚啊！雖有憂患而不困頓。我聽說衛國的康叔、武公的德行就像這樣子，這大概就是《衛風》吧！」為他歌唱《王風》，季札說：「美妙啊！雖有憂思卻不至於恐懼，這大概是周室東遷之後的樂歌吧！」為他唱《鄭風》，他說：「美妙啊！它的音節瑣碎得過份了，百姓忍受不了。這恐怕會最先亡吧！」為他唱《齊風》，他說：「美妙啊，宏大啊！這是大國的樂歌吧！作為東海諸侯國的表率，恐怕是太公的國家吧！國家的前程不可限量。」為他唱《豳風》，他說：「美妙啊，博大啊！歡樂而不過度，大概是周公東征時的樂歌吧！」為他唱《秦風》，他說：「這就叫西方的夏聲。夏就是大，大到了極點，恐怕是周室故地的樂歌吧！」為他唱《魏風》，他說：「美妙啊，浮泛輕飄啊！粗獷而又婉曲，艱難而平易，加上德行的輔助，成為賢明的君主。」為他唱《唐風》，他說：「思慮深遠啊！大概有陶唐氏的遺民吧！不然的話，憂思為甚麼會這樣深遠呢？不是美德者的後代，誰能像這樣？」為他唱《陳風》，他說：「國家沒有主人，難道能夠長久嗎？」從《鄶風》以下的樂歌，季札就不作評論了。為他唱《小雅》，他說：「美妙啊！有憂思而沒有背叛之心，有怨恨而不言說，這大概是周朝德政衰微時的樂歌吧！還有先王的遺民啊。」為他唱《大雅》，他說：「寬廣啊，和美啊！抑揚曲折而本體剛健勁直，這大概是歌頌文王的德行吧！」為他唱《頌》，他說：「美極了！正直而不傲慢，曲折而不卑下，親近而不侵逼，疏遠而不離心，流放而不邪亂，反覆而不使人厭倦，哀傷而不使人憂愁，歡樂而不荒淫，使用而不匱乏，寬廣而不張揚，施捨而不耗損，收取而不貪婪，靜止而不停滯，行動而不流蕩。五聲和諧，八音協調。節拍有法度，樂器先後有序，這都是盛德之人所共有的。」

見舞〈象箾〉、〈南籥〉者[1]，曰：「美哉！猶有憾。」見舞〈大武〉者[2]，曰：「美哉！周之盛也，其若此乎！」見舞〈韶濩〉者[3]，曰：「聖人之弘也，而猶有慚德[4]，聖人之難也。」見舞〈大夏〉者[5]，曰：「美哉！勤而不德[6]，非禹，其誰能修之[7]？」見舞〈韶箾〉者[8]，曰：「德至矣哉，大矣！如天之無不幬也[9]，如地之無不載也。雖甚盛德[10]，其蔑以加於此矣[11]。觀止矣[12]。若有他樂，吾不敢請已。」

注釋

1 象箾（粵：簫；普：xiāo）：舞名，武舞。蓋奏簫而為象舞。箾，同「簫」。南籥（粵：若；普：yuè）：舞名，文舞。籥，似笛的管樂器。蓋奏南樂以配籥舞。

2 **大武**：周武王的樂舞。3 **韶濩**（粵：獲；普：hù）：商湯的樂舞。4 **慙德**：慙，同「慚」。德行有缺失，指心中內疚。5 **大夏**：夏禹的樂舞。6 **不德**：不自誇有功。7 **修**：作。8 **韶箾**：亦作〈簫韶〉，相傳為虞舜的樂舞。9 **幬**（粵：杜；普：dào）：覆蓋。10 **雖**：通「唯」，句首語氣詞，用於加重語氣。11 **蔑**：無，沒有。12 **觀止**：盡善盡美至於最大限度。

譯文

季札見到跳〈象箾〉和〈南籥〉兩種樂舞，說：「美好啊！但還有遺憾。」見到跳〈大武〉，說：「美好啊！周朝興盛的時候，大概就是這樣子吧！」見到跳〈韶濩〉舞，說：「聖人如此偉大，尚有所內疚，做聖人真的不容易啊。」見到跳〈大夏〉舞，說：「美好啊！勤於民事而不自誇其功。不是禹還有誰能做到呢？」見到跳〈韶箾〉舞，說：「道德到達頂點了，偉大啊！像上天無不覆蓋，像大地無不承載。盛德到達頂點，沒能再增加了。盡善盡美在這裏到達止境了！即使有別的樂舞，我也不敢再請求觀賞了。」

二十八　子產壞晉館垣 襄公三十一年（前五四二年）

鄭子產執政後，隨鄭簡公到晉國聘問，晉平公藉口同姓魯國有襄公之喪，不接見他們。子產使其人盡毀晉賓館的牆壁，以容納他們帶來的車馬。晉侯世為霸主，諸侯朝聘不絕於道，賓館儘管狹窄，也不至於不能藏幣。子產盡壞賓館之垣，舉措驚人，是想逼晉人回應，藉以詰問晉人。士文伯責備子產，全在「寇盜」上立論。他指出盜賊橫行猖獗，賓館若無牆垣，雖然鄭君從者知所戒備，但其他到晉來朝聘的諸侯便得不到保護。晉為盟主，修繕圍牆，只為接待賓客，要是都毀了，將無法供給賓客所求。士文伯責問拆毀牆壁的理由，侃侃而談，似難置對。子產卻從容不迫，先訴說鄭服事晉的苦況。鄭國狹小，夾在大國之間，大國不時責求鄭國納貢。鄭國不敢安居，搜集了全部貨財，前來朝會，何等敬慎！豈料晉侯不得閒，亦不告知見期，卻是何等傲慢！既無所藏幣，若勉強輸送贄幣，不合陳列庭實的常禮，不符鄭君臣此行的原意，而見期又杳，只怕贄幣因暴露於野而腐爛蟲蛀，招致罪尤，何等進退兩難！言下之意，毀垣之舉，實非得已。不直接為自己辯解，而聽者自能意會。再宕開一筆，對比今昔，以昔日晉文公的重禮反襯今日晉平公的輕慢。將文公待諸侯之禮細細述說，昔日招待人員各司其職，何其周到，百官陳物，盡顯隆重，賓至客館，自用備給，如歸自家，並無災患。說主人不故意使賓客滯留，隱然有借古諷今之意。如今，晉侯離宮崇大廣袤，更遑論正宮，但諸侯來賓所館之處卻如隸人之舍。今古對比，何啻天壤之別！這才說出賓見無時，接見之命又未知何時發佈，如不拆毀圍牆，則無處藏幣，而加重罪咎。再點明，若說晉憂魯公之喪，鄭與晉同為魯之同姓，原不必因此而留賓不見。最後回應士文子的責備，提出只要輸幣成事，必先修好牆垣才離去。其辭委婉而多含冷刺。《傳》文記述時賢叔向讚歎子產善於辭令，因而得到晉國君臣的禮遇，其餘諸侯亦得其利，以此證明辭令作用無窮。

公薨之月[1]，子產相鄭伯以如晉[2]，晉侯以我喪故[3]，未之見也[4]。子產使盡壞其館之垣而納車馬焉[5]。士文伯讓之[6]，曰：「敝邑以政刑之不修[7]，寇盜充斥[8]，無若諸侯之屬辱在寡君者何[9]，是以令吏人完客所館[10]，高其閈閎[11]，厚其牆垣，以無憂客使。今吾子壞之，雖從者能戒，其若異客何[12]？以敝邑之為盟主，繕完、葺牆[13]，以待賓客。若皆毀之，其何以共命[14]？寡君使匄請命[15]。」對曰：

「以敝邑褊小[16]，介於大國，誅求無時[17]，是以不敢寧居，悉索敝賦[18]，以來會時事。逢執事之不閒[19]，而未得見，又不獲聞命，未知見時。不敢輸幣[20]，亦不敢暴露[21]。其輸之[22]，則君之府實也，非薦陳之[23]，不敢輸也。其暴露之，則恐燥濕之不時而朽蠹[24]，以重敝邑之罪。僑聞文公之為盟主也，宮室卑庳[25]，無觀臺榭[26]，以崇大諸侯之館[27]，館如公寢[28]；庫廄繕修[29]，司空以時平易道路[30]，圬人以時塓館宮室[31]；諸侯賓至，甸設庭燎[32]，僕人巡宮[33]；車馬有所，賓從有代[34]，巾車脂轄[35]，隸人、牧、圉[36]，各瞻其事[37]；百官之屬，各展其物[38]；公不留賓[39]，而亦無廢事[40]；憂樂同之，事則巡之[41]；教其不知，而恤其不足[42]。賓至如歸，無寧菑患[43]；不畏寇盜，而亦不患燥濕。今銅鞮之宮數里[44]，而諸侯舍於隸人[45]，門不容車，而不可逾越[46]；盜賊公行，而天厲不戒[47]。賓見無時，命不可知[48]。若又勿壞，是無所藏幣以重罪也。敢請執事：將何所命之？雖君之有魯喪，亦敝邑之憂也。若獲薦幣[49]，修垣而行，君之惠也，敢憚勤勞[50]！」文伯復命。趙文子曰[51]：「信[52]。我實不德，而以隸人之垣以贏諸侯[53]，是吾罪也。」使士文伯謝不敏焉[54]。

注釋

1 公：指魯襄公。薨（粵：轟；普：hōng）：諸侯死去叫薨。魯襄公薨於三十一年夏六月。2相：輔佐。鄭伯：指鄭簡公。以：連詞，順承。3晉侯：指晉平公。我：魯國自稱。4未之見：即未見之。古漢語代詞賓語在否定句裏前置。5納：入。指把車馬趕進去。館：賓館，客館。6士文伯：晉國大夫，名匄，與范宣子士匄同族同名。蓋此時為司功，掌管諸侯賓館。讓：責備。7敝邑：在他國人面前謙稱自己的國家。8寇盜：泛指搶劫、偷竊財貨的人。充斥：充滿，常用於貶義。9「無若」句：屬，臣屬，屬官。辱，表敬副詞。在，存問。這裏指朝聘。10完：這裏指修葺完整。館：動詞，居住。11閈（粵：汗；普：hàn）閎（粵：宏；普：hóng）：門閭。指館舍的大門。12從者：隨從。這裏指子產的隨從人員。戒：警戒，戒備，防盜賊。其：疑問副詞。異客：他國賓客。若……何：怎麼辦。13繕完葺：二字義近，指修治。繕，修補，整治。完，修治使牢固。葺（粵：輯；普：qì）：本指用草蓋牆，此指修治。14共命：共，同「供」，供應，供給。命，這裏指各諸侯或其臣屬的命令、需求。供給賓客所求。這是客氣的說法。15請命：請求你的命令，即請問壞館垣的理由。16褊（粵：扁；普：biǎn）：狹小。17誅求：同義連文，責求，勒索貢物。無時：沒有定時。18悉：盡，全部。索：搜索。敝賦：敝國的財物。賦，本為租賦、貢賦，這裏泛指收繳得來的財物。19不閒：無暇，沒空兒。20輸：送。幣：禮物。這裏泛指獻給晉國的禮物。21暴露：日曬夜露。22其：若，假設連詞。23薦陳：指按照固定的聘享禮儀進獻。

薦，獻。陳，陳列。諸侯互相聘問，必將禮物陳列庭內，稱「庭實」。庭實多以車馬載之，加之以束帛玉璧。24 **朽**：腐爛，只因受潮而腐爛。**蠹**（粵：妒；普：dù）：本義為蛀蟲，引申為被蟲蛀壞。這裏泛指敗壞。25 **卑庳**（粵：婢；普：bì）：同義連文，低矮。26 **觀**（粵：罐；普：guàn）**臺榭**：指高大講究的遊賞建築物。觀，指高大華麗的建築物。臺，土築高壇。榭，建在高臺上的敞屋，周圍一般為木質結構。27 **崇**：高。28 **公寢**：國君住的宮室。29 **庫**：以藏幣帛。**廄**：以納車馬。30 **司空**：主管建築工程的官員。**以時**：按時。**平易**：平整。31 **圬**（粵：烏；普：wū）**人**：泥工。**塓**（粵：覓；普：mì）：塗抹，粉刷。**宮室**：指房屋。32 **甸**：甸人，掌管柴火的官。**庭燎**：庭中照明的火炬。33 **僕人**：奴僕。**巡**：巡察，即警衛。34 **所**：處所，指停放車馬的處所。**代**：名詞，客役。35 **巾車**：管理車輛的官員。**脂轄**：使轄不生鏽並使車輪轉動滑利。脂，膏脂，這裏用作動詞，上油。轄，車軸頭上穿着的小鐵棍，管住車輪使不脱落。36 **隸人**：隸僕，掌管宮室洒掃的人。**牧**：放飼牲畜的人。**圉**（粵：語；普：yǔ）：圉人，養馬的人。37 **瞻**：看視。38 **展**：陳列，指將其掌管的東西陳列出來（以便招待賓客）。39 **公**：指晉文公。**不留賓**：不讓來賓無故滯留。40 **事**：事故，指發生事故。41 **巡**：巡行。42 **恤**：體恤、周濟。43 **無寧菑患**：無寧，無、寧是助詞，無義，只起湊足音節的作用。44 **銅鞮**（粵：低；普：dī）**之宮**：晉侯的別宮，在今山西沁縣南二十五里。45 **隸人**：指像隸僕所居住的地方。46門不容車，而不可逾越：門狹小不容車入，車又不能踰牆而入，反駁「高其閈閎」。47厲：借為「癘（粵：荔；普：lì）」，疾疫。不戒：不防備。48命：晉侯接見之命。49薦：獻。50憚（粵：但；普：dàn）：怕。51趙文子：趙武，晉國大夫。52信：確實，可信，正如子產所說。53垣：借代房舍。贏：受。54謝：表示歉意。不敏：不敏捷。這裏指辦事不利索。

譯文

魯襄公去世的那個月，子產輔佐鄭簡公到晉國去，晉平公因為魯國有喪事的緣故，沒有接見他們，子產派人拆毀賓館的圍牆，安放車馬。晉國大夫士文伯責備子產，說：「敝邑由於政事和刑罰不能修明，到處都是盜賊，無奈諸侯的屬官來向我們國君朝聘，因此派了官員修葺來賓居住的館舍，館舍的大門造得很高，圍牆築得很厚，為的是不讓賓客使者擔憂。現在您把它拆毀，即使您的隨從能夠戒備，但別國的賓客怎麼辦呢？由於敝邑是盟主，是以修繕圍牆，以接待賓客。如果都毀了，怎樣供給賓客所求呢？我們國君派我來請問拆牆的理由。」子產回答說：「敝邑狹小，夾在大國中間，大國不斷責求我們交納貢物，所以我們不敢安居，便把敝邑的財物全部搜集起來，前來朝會。碰上您沒有空，沒能見到，又得不到命令，不知道甚麼時候進見。我們不敢進獻財物，又不敢讓它日曬夜露。如果進獻，那它就成了貴國國君府庫中的財物，可是不經過在庭中陳列的儀式，就不敢進獻。如果讓它日曬夜露，又怕時而乾燥時而潮濕，因而生蟲腐壞，這樣就會加重我們的罪過。我聽說文公做盟主的時候，宮室矮小，沒有可供遊賞的臺榭，卻把接待賓客的館舍修得又高又大，好像國君的寢宮一樣；庫房馬廄都修得很好，司空按時修整道路，泥工按時粉刷牆壁；諸侯的賓客到了，甸人點起庭中的火炬，僕人巡視館舍，車馬有存放的處所，賓客的隨從有代勞的人員，管理車子的官員給車轄上油，隸人、牧人和圉人，各自照看好自己份內的事情；百官各人將其掌管的東西陳列出來；文公不讓賓客滯留，辦事快當，賓主皆無廢事；與賓客同憂共樂，有事就加以巡視；賓客有不懂的就加以教導，有不足的就予以周濟。賓客到了這裏就好像回到家裏一樣，沒有甚麼災患；賓客不怕有人搶劫偷盜，也不怕乾燥潮濕。現在晉侯的銅鞮別宮綿延數里，卻讓諸侯賓客住在像奴僕住的房子裏，車輛進不了大門，又不能踰牆而入；盜賊公然橫行，疾疫也不防備。沒有定時接見賓客，接見的命令不知道何時發佈。如果還不拆毀圍牆，就沒有地方存放禮物，這樣就會加重我們的罪過。敢問執事：對我們將有甚麼指示？雖然貴國恰逢魯國的喪事，可這也是我們所傷心的事情。如果能讓我們獻上禮物，我們願把圍牆修好才走，這是貴國國君的恩惠，豈敢害怕辛勤勞苦。」士文伯覆命。趙文子說：「的確是這樣。我們實在德行有虧，用像奴僕住的房子來招待諸侯，這是我們的罪過啊。」就派士文伯前去為辦事不利索表示歉意。

晉侯見鄭伯，有加禮，厚其宴好而歸之[1]。乃築諸侯之館。叔向曰：「辭之不可以已也如是夫[2]！子產有辭，諸侯賴之[3]，若之何其釋辭也[4]？《詩》曰：『辭之輯矣，民之協矣；辭之繹矣，民之莫矣。』[5]其知之矣[6]。」

注釋

1宴：通「燕」，燕禮。好：好貨。2不可以已：指其作用無窮。3賴：利。這裏指諸侯亦得其利。4若之何：如何。釋辭：捨棄辭令。5「辭之輯矣」四句：出自《詩經·大雅·板》。「協」，今本作「洽」。「繹」，今本作「懌」。莫，借為「慔」。6其知之矣：詩人知道辭之有益。

譯文

晉平公接見了鄭簡公，禮節特別隆重，宴會和禮品都格外豐厚，然後讓鄭簡公回國。接着修築了接待諸侯的賓館。叔向說：「辭令不捨棄就像這樣吧！子產善於辭令，諸侯因他的辭令而得利，為甚麼要捨棄辭令呢？《詩》說：『言辭和順，百姓融洽；言辭動聽，百姓勉力。』詩人懂得這個道理。」

二十九　子產不毀鄉校　襄公三十一年（前五四二年）

開首記鄭人在鄉校遊玩，議論政事的得失，然明因而建議毀棄鄉校，引出子產的一番議論。子產之辭，說理透闢，語調溫婉。先問為甚麼要毀鄉校，然後說明鄉人議政可為執政者提供民意。施政為民，人民喜歡的就推行，不喜歡的就改正。要之，執政者可藉民意的向背照見施政的得失。再問為甚麼要毀鄉校。鄉校不可毀，不言而喻。又以正反相提，點明民怨可以忠善減損，不可以逞威防止。然後取譬於防川，申明防民之口甚於防川的道理。止謗正如防川，與其堵塞河川，決堤傷人，不如用小決予以疏導，使水暢流；與其堵塞謗議，不如虛心傾聽以為治政的藥石。兩個「不如」一氣相承，顯得委婉有致。然明聽罷，深受啟發，連連讚美子產，指他確實可以侍奉，有此德政，不特諸大夫得益，鄭國亦有利。《傳》文敘此，無非是為了以賓襯主，增強子產之辭的感染力。結附孔子後來的評論，強調子產得仁。

子產改革鄭國稅制，實施丘賦。當知道國人肆意毀謗他時，子產不以為意，只說：「苟利社稷，死生以之。」（《左傳》昭公四年）表明只要對社稷（即國家）有利，死生都不計較。林則徐（一七八五—一八五〇）將子產這句話嵌入其〈赴戍登程口占示家人〉一詩中，說「苟利國家生死以，豈因禍福避趨之」，詩意是說，只要對國家有利，不計較一己的生死，難道會有禍就躲避、有福就迎受嗎？孔子讚許子產得仁，良有以也。

現代政治強調施政要以民意為依歸，子產論不毀鄉校實已開創平民議政的先河。鄉校猶如今日形形色色的政治論壇，為人民提供發聲的平臺和與政府溝通的渠道，既可以激發人民主動參政議政的民主風氣，製造社會輿論壓力，發揮監察政府的作用，也可以讓政府掌握民意，相機而作，施政時自能更有效率、更有效果。

鄭人遊于鄉校[1]，以論執政[2]。然明謂子產曰[3]：「毀鄉校，何如？」子產曰：「何為？夫人朝夕退而遊焉[4]，以議執政之善否[5]。其所善者，吾則行之；其所惡者，吾則改之，是吾師也，若之何毀之？我聞忠善以損怨[6]，不聞作威以防怨[7]。豈不遽止[8]？然猶防川[9]：大決所犯[10]，傷人必多，吾不克救也[11]；不如小決使道[12]。不如吾聞而藥之也[13]。」然明曰：「蔑也今而後知吾子之信可事也[14]。小人實不才[15]。若果行此，其鄭國實賴之，豈唯二三臣？[16]」

仲尼聞是語也[17]，曰：「以是觀之，人謂子產不仁，吾不信也。」

注釋

1 鄉校：鄉之學校，既是學校，也是鄉人聚會議事的公共場所。2 論執政：議論執政的得失。3 然明：鄭國大夫鬷（粵：宗；普：zōng）蔑的字。4 夫（粵：芙；普：fú）：發語詞，無義。退：歸。遊：遊玩，閒逛。焉：兼語，於此。5 善否（粵：鄙；普：pǐ）：好壞。6 忠善：盡力做善事。忠，盡心。損：減少。7 作威：逞威風。8 豈不遽（粵：巨；普：jù）止：（堵塞民怨，）民怨可以馬上被制止。遽，急速。9 防：原指堤岸，此用作動詞，指築堤堵水。川：河流。10 大決：大規模的決堤。11 克：能。12 道：同「導」，疏通，引導。13 藥之：以之為藥，用它做治病的藥。14 蔑：然明自稱其名。信：確實，的確。可事：可以奉事。15 小人：謙稱自己。不才：沒有才能。16 二三臣：幾位大臣。17 仲尼：孔子之字。孔子生於襄公二十二年（一說二十一年），此時僅約十歲，當是後來聽聞其事而作此評論。

譯文

鄭人到鄉校遊玩聚會，議論執政者施政的得失。鄭國大夫然明對子產說：「廢掉鄉校，怎麼樣？」子產說：「為甚麼？人們早晚來到這裏遊玩，議論一下施政的好壞。他們認為好的，我就推行；他們認為不好的，我就改正，他們是我的老師，我為甚麼要廢掉它？我聽說盡力做善事可以減少怨恨，沒聽說過依權仗勢來防止怨恨。如果用堵塞的方法，民怨可以馬上制止。但那樣做就像堵塞河流一樣：河水大規模決堤造成損害，受傷害的人必然很多，我沒法挽救；不如開個小口疏通。不如讓我聽取這些議論後把它當作治病的良藥。」然明說：「現在才知道您確實是可以奉事的。小人實在沒有才能。如果真的這樣做下去，這實在對整個鄭國有利，豈止有利於我們幾位大臣？」

孔子後來聽到了這番話，說：「照這些話看來，別人說子產不仁，我不相信。」

三十　子產卻楚逆女以兵 昭公元年（前五四一年）

楚令尹公子圍（即後來的楚靈王），野心勃勃，圖謀乘到鄭國聘問兼親迎新婦之機，襲取鄭國，打通諸侯與楚國之間的通道。依當時常禮，「若嘉好之事，君行師從，卿行旅從」（定公四年衞子魚語），一師二千五百人，一旅五百人。可見朝聘會盟，卿的隨行人員竟有五百之眾。按照《儀禮・士昏禮》的規定，昏禮六大儀節中，以親迎為最要。就《左傳》所見，卿大夫娶婦，亦須親迎，如是諸侯，則使卿出境代迎，然後為禮。公子圍時為上卿，到鄭聘問，兼親迎公孫段之女，隨行徒眾甚多，可想而知。鄭人怕公子圍有詐，請他們舍於城外。楚人依從。既聘之後，「將以眾逆」。此四字，敍寫公子圍與其徒眾躊躇滿志、急不可待、奸計畢露。子產擔心公子圍一行人不懷好意，藉機襲鄭，於是派子羽阻止他們入城，因此引出子羽與伯州犁的對話。兩人辭令精到，堪稱勁敵。伯州犁之辭，據禮力爭，專攻鄭人「野賜」一端。公子圍親迎，告先君之廟而來。若然除墠在城外清除地面作墠受婦，而不是迎之於女家之廟，於己於人，皆有不當。一則鄭人將國君賞賜棄於荒野，再則自己亦有欺蒙先君之罪。伯州犂所言，情理俱備，鄭人置辯不易。子羽避禮不談，單刀直入，卻只針對公子圍此行的動機而言。「包藏禍心」四字，一針見血，戳破楚人奸計。再曉以利害，指出鄭若失國，楚將失信於諸侯，諸侯離心頓生，俱引鄭不設備為戒，楚國之命亦將壅塞不行。二人辭令，對比明顯，伯州犂之辭委婉而有勁，子羽之辭則徑直而不讓。伍舉知鄭人已有防備，無法逞志，只好將錯就錯，倒轉裝兵器的袋子而入城迎婦。

元年春，楚公子圍聘于鄭[1]，且娶於公孫段氏[2]。伍舉為介[3]。將入館[4]，鄭人惡之[5]，使行人子羽與之言[6]，乃館於外。既聘，將以眾逆[7]。子產患之，使子羽辭[8]，曰：「以敝邑褊小，不足以容從者，請墠聽命[9]。」令尹命大宰伯州犂對曰[10]：「君辱貺寡大夫圍[11]，謂圍：『將使豐氏撫有而室[12]。』圍布几筵[13]，告於莊、共之廟而來[14]。若野賜之[15]，是委君貺於草莽也[16]，是寡大夫不得列於諸卿也[17]。不寧唯是[18]，又使圍蒙其先君[19]，將不得為寡君老[20]，其蔑以復矣[21]。唯大夫圖之。」子羽曰：「小國無罪，恃實其罪。將恃大國之安靖己[22]，而無乃包藏禍心以圖之[23]？小國失恃，而懲諸侯，使莫不憾者，距違君命，而有所壅塞不行是懼。[24]不然，敝邑，館人之屬也，其敢愛豐氏之祧[25]？」伍舉知其有備也，請垂櫜而入[26]。許之。

注釋

1 公子圍：又稱王子圍。2 公孫段氏：公孫段家之女。3 介：副使。4 入館：入住城內客館。5 惡：患。6 行人：官名，外交使節，負責接待賓客。7 眾：兵眾。逆：迎。古代婚禮中的親迎。8 辭：拒絕。9 墠（粵：善；普：shàn）：經過整治在城外的平地。古代親迎，婿受婦於女家之祖廟。子產不想他們入城，想除地為墠，代替豐氏之廟，行親迎之禮。10 令尹：楚官名，公子圍的官職，相當於宰相。11 貺（粵：放；普：kuàng）：賜予。寡大夫：伯州犁稱公子圍，猶異國人稱其國君曰寡君。12 豐氏：即公孫段，因賜氏為豐，故稱。撫有：同義連文，指有。而：同「爾」，你。室：妻室。13 布：陳列。几：古代席地而坐，几用以憑靠。筵：坐神之席。14 莊、共：指楚莊王和楚共王，他們分別是公子圍的祖父和父親。15 野賜：墠僅係城外一平地，故稱野。16 委：棄。君：鄭君。莽：草深曰莽，指荒野。17 不得列於諸侯：指公子圍不得從卿禮。18 不寧唯是：不僅如此。寧，音節助詞，僅為湊足音節，無義。唯，獨。19 蒙：欺騙。告先君而來，卻不得成禮於女氏之廟，故以為欺誣先君。20 不得為寡君老：因欺誣先君而遭黜退。老，大臣、上卿。21 蔑：無。復：覆命。22 安靖：同義連文，安定。

23而：同「爾」，你。24「小國失恃」五句：指怕鄭國失楚國這個依靠，將使諸侯對楚戒懼而生恨心，因而抗拒叛離，楚國之命將壅塞不行。25其：豈。祧（粵：挑；普：tiāo）：廟的通稱。26垂櫜（粵：高；普：gāo）：表示內無兵器。櫜，古時裝兵器的袋子。

譯文

元年春，楚國的公子圍到鄭國聘問，同時迎娶公孫段家的女兒。伍舉擔任副使。將要進入鄭國都城內的賓館，鄭人懷疑他們有詐而厭惡他們，派行人子羽婉辭拒絕，於是就住在城外的館舍。聘禮結束後，公子圍準備帶領兵士入城迎親。子產擔心這件事，派子羽推辭說：「由於敝邑狹小，不足以容納您的隨從，請求在城外清除地面作墠，再聽取您的命令。」令尹公子圍派太宰伯州犁回答說：「貴君賜給寡大夫圍恩惠，告訴圍說：『將讓豐氏做你的妻室。』圍陳列几筵，告祀莊王、共王的神廟才來。如果在野外賜給圍，這是將貴君的賞賜丟在草叢裏，這就使寡大夫不能置身於卿的行列了。不僅如此，又使圍欺騙先君，將不能再擔任我們國君的大臣，恐怕也無法回國覆命了。請大夫考慮一下。」子羽說：「小國沒有罪過，如果依靠大國而不設防備就是它的罪過。本來打算依賴大國安定自己，又恐怕大國包藏禍心來打自己的主意。小國唯恐失去依賴，致使諸侯心懷戒備而怨恨大國，拒絕違抗貴君的命令，使貴君的命令不能貫徹，無法施行。不然的話，敝邑就等於貴國的賓館，豈敢愛惜豐氏的祖廟而不讓入內呢？」伍舉知道鄭國有了防備，就請求讓兵士倒轉裝兵器的袋子入城。鄭國答應了。

三十一　晏嬰叔向論齊晉季世 昭公三年（前五三九年）

齊景公派晏嬰到晉國去請求繼室。訂婚後，晏嬰接受饗賓之禮，席間與叔向交流對各自國家政局的看法。兩人在交談中，各自預言國家的未來，都流露出對國家前景的憂慮。晏嬰分析齊國的政治形勢，直言齊國正處於衰世，並預言其國將為陳氏所有。然後交代其說的依據在於齊侯失民心而陳氏卻得民心。人民勞動所得，大部分用於交納賦稅，剩餘的根本不敷日用。但齊侯只顧聚斂，即使財貨堆積而腐爛蛀蟲，仍不知饜足，導致人民不得溫飽。連三老也要捱餓，更遑論其餘。「國之諸市，屨賤踊貴」，國都市場上踊（假腳）要比屨（鞋）貴，深刻地揭示刑法嚴苛，人民動輒遭受刖刑。反觀陳氏卻積極施惠於民，收買人心。陳氏所用的量器及計量單位（家量），比齊舊制（公量）大。陳氏以家量（大斗）借出，而用公量（小斗）收回，人民樂於向陳氏借貸。山海物產的市場價格不高於原產地，人民皆受其利。陳氏關心人民，對人民像父母般呵護備至，盡得人民的擁戴。晏嬰收結說陳氏的遠祖已受祭。此語啟示深遠，餘韻無窮。

陳氏不斷坐大，二十多年後，逆勢更盛。晏嬰曾對齊侯直陳其事，預言若後世齊君一旦懈怠，齊國將為陳氏所有：「陳氏雖無大德，而有施於民。豆、區、釜、鍾之數，其取之公也薄，其施之民也厚。公厚斂焉，陳氏厚施焉，民歸之矣。《詩》曰：『雖無德與女，式歌且舞。』陳氏之施，民歌舞之矣。後世若少惰，陳氏而不亡，則國其國也已。」（昭公二十六年，前五一六年）。

跟晏嬰一樣，叔向也直言晉國已屆衰世，也預言晉國衰亡為時不遠。叔向指出，諸卿已不率公室軍隊，甚至連公室的車乘也無御者與戎右。人民生活困頓，但公室卻驕縱奢侈；餓殍載道，而嬖寵之家卻富貴過甚。八大公族已淪為賤吏，政權旁落於大夫之手，人民失去依靠。國君不知悔改，只顧苟安逸樂。公室衰亡，迫在眉睫。《傳》文再藉晏子問叔向如何自處，引發叔向的一番慨歎。叔向歎言，晉的公族衰亡殆盡，並申說公族與公室互為依存，猶如木根與枝葉不可相離。如今晉公族殆盡，異姓臣充斥朝廷，將傷及公室，猶如枝葉凋盡，將傷及本根。公室與公族全靠「親親之道」來維繫彼此間的關係。叔向之前，已有賢者闡明此義。昔日，宋昭公準備殘害部分公族，樂豫諫止，說：「公族，公室之枝葉也；若去之，則本根無所庇蔭矣。」（文公七年，前六二〇年）樂氏為宋公族之一，其言與叔向如出一轍，所謂心同理同。叔向預言，晉公室不依法度，將逐步走向衰亡；同宗十一族中，幸存的只有羊舌氏一支而已，但後繼無人，只冀望自己能得善終，不奢望得到後代的祭祀。雖不免為無力挽狂瀾於既倒而感到無奈，也表現出對自身命運的豁達。

晏嬰與叔向的預言皆靈驗。昭公二十八年（前五一四年），晉滅祁氏、羊舌氏。哀公十四年（前四八一年），陳恆弒其君齊簡公，奪取齊國政權。到了春秋末年（前四五三年），晉國政權亦為韓、趙、魏三大夫所瓜分。

晏子說「其愛之如父母，而歸之如流水」，點明了為政者如父母般愛護人民，自然得到人民的擁護。《詩經・大雅・泂酌》云「豈弟君子，民之父母」，《小雅・南山有臺》亦云「樂只君子，民之父母」，詩文表達了對有德君子的期許。上海博物館藏戰國楚竹書《民之父母》，記孔子與子夏就「民之父母」這一論題展開討論。其實，為政者皆得為「民之父母」，放諸古今四海而皆準。政府官員施政之時，必須時刻以「民之父母」為念，方能造福百姓，從而建構和諧的官民關係。

齊侯使晏嬰請繼室於晉[1]……既成昏[2]，晏子受禮[3]，叔向從之宴，相與語[4]。叔向曰：「齊其何如[5]？」晏子曰：「此季世也[6]，吾弗知齊其為陳氏矣[7]。公棄其民，而歸於陳氏。齊舊四量：豆、區、釜、鍾[8]。四升為豆，各自

其四[9]，以登於釜[10]。釜十則鍾[11]。陳氏三量皆登一焉，[12]鍾乃大矣[13]。以家量貸，而以公量收之。[14]山木如市，弗加於山；[15]魚鹽蜃蛤[16]，弗加於海。民參其力，二入於公，而衣食其一。[17]公聚朽蠹[18]，而三老凍餒[19]。國之諸市，屨賤踊貴[20]。民人痛疾，而或燠休之[21]。其愛之如父母，而歸之如流水。欲無獲民，將焉辟之？[22]箕伯、直柄、虞遂、伯戲[23]，其相胡公、大姬[24]已在齊矣。」叔向曰：「然。雖吾公室[25]，今亦季世也。戎馬不駕，卿無軍行，[26]公乘無人，卒列無長[27]。庶民罷敝，而公室滋侈[28]。道殣相望，而女富溢尤[29]。民聞公命，如逃寇讎。欒、郤、胥、原、狐、續、慶、伯降在皂隸[30]。政在家門，民無所依。[31]君日不悛，以樂慆憂[32]。公室之卑[33]，其何日之有？〈讒鼎之銘〉曰[34]：『昧旦丕顯，後世猶怠。』[35]況日不悛，其能久乎？」晏子曰：「子將若何[36]？」叔向曰：「晉之公族盡矣[37]。肸聞之，公室將卑，其宗族枝葉先落，則公室從之[38]。肸之宗十一族[39]，唯羊舌氏在而已。肸又無子[40]，公室無度[41]，幸而得死[42]，豈其獲祀[43]？」

注釋

1 齊侯：即齊景公，名杵臼。繼室：齊女少姜嫁給晉平公做妾，少姜死後，齊國還想和晉國保持姻親關係，於是派晏嬰去説親，請以他女繼少姜。2 成昏：定婚。成，定。昏，同「婚」。3 受禮：受饗賓之禮。4 相與：一起。5 其：疑問副詞，表示疑問語氣。6此：今。季世：末世，衰微之世。7弗知齊其為陳氏矣：陳氏，即田氏。「陳」與「田」古音相通。田氏的祖先陳完因陳國內亂，逃到齊國，在齊國任職。弗知，古人成語，猶今言不保。其，測度副詞，表示估計、推斷的語氣，相當於「大概」。8豆、區（粵：歐；普：ōu）、釜、鍾：齊國的四種量器。9各自其四：各種量器本身的四倍。這裏的「各」指「豆」、「區」和「釜」，即四豆為一區，四區為一釜。自，用。10以登於釜：以進至釜。登，升，成，指由小量升至大量。11釜十則鍾：十釜就成為一鍾。則，為。12「陳氏」句：陳氏的三種量器（指豆、區、釜）都在齊國舊量的基礎上加一。登一，加一，指由四進位增加為五進位。13鍾乃大矣：於是鍾也就相應地增大了。14「以家量」二句：陳氏用大斗借出，用小斗收回。厚貸而薄收，收買民心。家量，私家用的量器。公量，齊侯的量器。15「山木」二句：把山上的木材運到市場上去賣，市場價格不比產地的貴。16蜃（粵：慎／腎；普：shèn）蛤（粵：鴿；普：gé）：蛤蜊，指海產。17「民參其力」三句：人民把他們勞動所得分成三份，兩份交給公室，而自己的衣食只佔一份。參，用作動詞，分成三份。其力，指人民的勞動所得。18聚：聚斂的財貨。朽蠹：腐爛蟲蛀。19三老：年老退休者。餒（粵：女；普：něi）：飢餓。20屨（粵：句；普：jù）：麻或革所製的鞋。踊（粵：勇／臃；普：yǒng）：古時受過刖刑（砍掉腳）的人所穿。這裏指受刑者眾多。21或：有人，指陳氏。燠（粵：

郁；普：yù）休（粵：許；普：xǔ）：同「噢咻」，安撫病者的聲音。這裏表示慰問關切。一說，燠，厚；休，賜。指陳氏因人民困苦而厚賜之。之：指人民。22「欲無」二句：焉，疑問代詞，哪裏。辟，同「避」，免。23 箕伯、直柄、虞遂、伯戲：四人皆舜的後代，都是陳氏的祖先。24 相：助。胡公：以上四人的後代，陳國開國君主。大姬：周武王之女，胡公之妃。25 公室：諸侯及其政權。26「戎馬」二句：卿：春秋時，天子諸侯所設官位的最高級別，卿分上中下三級，在公之下，大夫之上。軍行：軍職。27 卒：古代軍隊編制，百人為卒。28 罷（粵：皮；普：pí）敝：指人力物力受到嚴重消耗而不充足。罷，通「疲」。滋：增益。29 殣（粵：gen6；普：jìn）：餓死在路上的人。女富：指國君嬖寵之家（妻妾的娘家）都很富貴。溢：同「益」。尤：甚。30 欒：欒枝。郤：郤芮。胥：胥臣。原：原軫，先軫。狐：狐偃。五人皆為卿，皆晉之舊族。續：續簡伯。慶：慶鄭。伯：伯宗。這三人都是大夫。此八人本皆姬姓。31「政在」二句：家，大夫的封邑叫「家」。指韓、趙諸氏專政。32 以樂慆（粵：滔；普：tāo）憂：慆，通「韜」，隱藏。指以行樂隱藏憂患。33 卑：衰微，沒落。34 讒鼎：鼎名。銘：銘文。35「昧旦」二句：昧旦，天將亮未亮之時，凌晨。丕顯，偉大光明。這裏指使德政顯明。丕，語助詞，無義。36 子：男子美稱，指叔向。37 公族：與國君同姓的子弟。盡：完，都已衰亡。38 宗族：同一父系的家族。39 宗：同祖為宗，指大族的宗主及其全族。族：氏，宗以下各分支。40無子：無賢子，未能繼統。41無度：無法度。42得死：獲死，獲終，以老壽而善終。43其：將，指必不得享祀。

譯文

齊景公派晏嬰到晉國去請求晉國國君以他女繼少姜……訂婚之後，晏嬰接受了晉國的享禮。叔向跟他飲宴，一起談話。叔向問：「齊國怎麼樣？」晏嬰回答說：「現今是末世了，齊國大概要屬於陳氏的了。國君不愛護他的百姓，讓他們歸附陳氏。齊國原來有豆、區、釜、鍾四種量器。四升為一豆，各自以四進位，以成一釜。十釜為一鍾。陳氏的豆、區、釜三種量器都在齊國舊量的基礎上加一，於是鍾也就相應地增大了。陳氏用私家的大量器借出糧食，而用公家的小量器收回。山上的木材運到市場去賣，價格不高於山上；魚鹽蛤蜊等海產品運到市場去賣，價格不高於海邊。百姓把勞動所得分成三份，兩份交給公室，而自己的衣食只佔一份。國君聚斂的財貨已腐爛生蟲，而老人卻捱凍受餓。國都的市場上，鞋價便宜而假肢昂貴。百姓有了痛苦疾病，陳氏就厚加賞賜，如同父母般愛護百姓，而百姓歸附如同流水。陳氏想要不獲得百姓的擁護，怎麼免得了呢？陳氏遠祖箕伯、直柄、虞遂、伯戲，跟隨着胡公和大姬，已經在齊國接受祭祀了。」叔向說：「是的。即使是我們的公室，現在也到末世了。戰馬不駕兵車，卿不率領軍隊；公室的戰車沒有御者和戎右，軍隊中缺乏長官。百姓困苦，而國君所住的宮室更加奢侈。道路上餓死的人到處都能看到，而嬖寵女家非常富貴。百姓聽到國君的命令，就像逃避仇敵一樣。欒、郤、胥、原、狐、續、慶、伯這八個大家族的後人已經淪為低級的差役。政權落在各大夫手中，百姓無所依靠。國君沒有一天想過悔改，用行樂來隱藏憂愁。晉國公室的卑弱，還能等多久呢？〈讒鼎之銘〉說：『淩晨即起，務求修明德政，而子孫還會懈怠。』何況國君從不思悔改，國家能夠長久嗎？」晏子說：「您打算怎麼辦？」叔向說：「晉國的公族完結了。我聽說，公室將近卑弱的時候，它宗族的枝葉先凋落，那麼公室也就跟着完結了。我的一宗有十一族，只有羊舌氏一支還在。我又沒有賢子，公室沒有法度，我能夠得到善終就是萬幸，難道還會指望得到後代的祭祀？」

三十二　伍員奔吳　昭公十九、二十年（前五二三—前五二二年）

楚平王繼靈王而立。即位首五年，依禮治國，對內予民休息，對外結好四鄰，國勢得以恢復。但其後重用佞臣，貪圖女色，對外既不能振興國威，對內又不善治家，為楚國招來禍患。《傳》文追敘前事，交代楚平王為蔡公（縣尹）（昭公十一年〔前五三一年〕事）與郥（粵：gwik[7]；普：jú）陽封人女姘居而生太子建。平王即位（昭公十四年〔前五二八年〕）之後，派伍奢（伍尚、伍員之父）、費無極分別擔任太子建的師（太傅）與少師（少傅）。《傳》文平鋪而述，至此忽接以「無寵焉，欲譖諸王」，兩語陡然而起，令人悚然心驚。「無寵焉」點明禍階，「欲譖諸王」則衍生下文情事。費無極得不到太子的寵信，於是處心積慮，密謀定計，誣陷太子，殘害伍奢。先是請為太子娶妻。平王為太子聘秦女為妻，費無極參加迎親，乘機慫恿平王自娶此女，重演當年衛宣公為急子娶齊女卻據為己有的故事（桓公十六年〔前六九六年〕）。為的是使父子產生嫌隙。又勸說平王擴大城父的城牆，派太子鎮守，可以經營北方、通好諸侯，配合平王收取南方，復興霸業。費無極假意為楚設想，實則重施驪姬陷害申生的奸計（莊公二十八年（前六六六年））。平王未能識破奸計，派太子出居城父。部署妥當之後，費無極隨即誣告太子與伍奢將據方城之外地反叛。平王相信，質問伍奢。伍奢諫言，平王娶為太子所聘之女已是過錯，不應再輕信讒言。平王拘禁伍奢，又派城父司馬奮揚去殺太子。奮揚知太子蒙冤，事先通知太子，讓他逃走。太子逃亡到宋國。奮揚自行投案，對放走太子之事直認不諱，並為自己辯護。奮揚表明，放走太子，是為了恪盡職守；敢於投案，是不敢再犯王命，其辭委婉曲折，其義正直不屈。平王善其言，恢復其原職。費無極為絕後患，以伍奢二子如在吳將害楚為由，勸說平王藉赦免其父名義召回二人。伍尚對伍員說，至親無辜被戮不可不復仇，而自己能力不及伍員，故勉勵其弟負起復仇重任，不可回楚。其陳說孝、仁、知（智）、勇四端，慷慨激昂，大義凜凜，雖奔赴死地而毫無懼色，其言其行，感人至深。伍奢及伍尚被害後，伍員奔吳。伍員遂向吳王僚陳說伐楚的好處，公子光對此不贊同，謂其倡言伐楚，非為楚謀，只為復私仇而已。伍員識破公子光心意，知其有弒王自立之志，於是引薦勇士鱄設諸給公子光，而自耕於郊野，以等待時機。此段敍事，為公子光弒吳王僚自立、伍員教吳伐楚得復父兄之仇作引導。

此《傳》表現人物特徵，傳神入妙，伍奢忠而戇直，伍尚孝而有勇，伍員智而深謀，奮揚耿直機敏，費無極奸險狡詐，楚平王昏聵無能，個個栩栩如生，躍然紙上。

伍員為父兄復仇的故事，傳誦千古，固然是可歌可泣，而伍尚慷慨赴死，其孝其勇，似乎更值得歌頌。張元濟（一八六七—一九五九）為喚醒國人，藉建立高尚人格，抵禦外侮，編注了《中華民族的人格》。他從古籍中擷取八篇歷史故事，標舉歷史人物至高無上的英雄人格，其中取自《左傳》的就有伍尚。伍尚堪稱志士仁人而無愧色，其人格堪當中華人格的楷模。

楚子之在蔡也[1]，郹陽封人之女奔之[2]，生大子建[3]。及即位，使伍奢為之師[4]，費無極為少師[5]，無寵焉[6]，欲譖諸王[7]，曰：「建可室矣[8]。」王為之聘於秦。無極與逆[9]，勸王取之。正月，楚夫人嬴氏至自秦[10]。

注釋

1楚子：指楚平王，即公子棄疾。在蔡：為蔡公，即蔡縣尹，昭公十一年（前五三一年）楚靈王滅蔡置縣，使其弟棄疾為蔡公。2郹陽：蔡國地名，在今河南新蔡。封人：管理邊境的官員。奔：私奔，不依禮娶女，猶今語姘居。3大子建：太子建，即王子建，楚平王太子。4伍奢：伍舉之子，楚國大夫，伍尚、伍員之父。師：教導和輔佐太子的官，相當於太傅。5費無極：楚大夫。少師：教導和輔佐太子的官，相當於少傅。6無寵焉：指得不到太子的寵信。焉，兼詞，指於太子。7譖：誣陷，誣告。

8室：作動詞用，娶妻，成家。9與逆：參加迎親。逆，迎。10楚夫人：指原先為楚太子建禮聘的秦女，王自娶之，故稱夫人。

譯文

楚平王在蔡國時，蔡國郹陽封人的女兒私奔到他那裏，生下太子建。平王即位，派伍奢當太子建的師傅，派費無極當輔佐太子的少師。費無極得不到寵信，想要向楚王誣陷太子，說：「太子建可以娶妻了。」於是楚王為太子建在秦國聘了一個女子。費無極參加迎親，卻勸說楚平王自己娶這個女子。正月，楚平王的夫人嬴氏從秦國來到了楚國。

楚子為舟師以伐濮[1]。費無極言於楚子曰：「晉之伯也[2]，邇於諸夏，而楚辟陋[3]，故弗能與爭。若大城城父[4]，而寘大子焉，以通北方，王收南方，是得天下也。」王說，從之。故大子建居于城父。

注釋

1舟師：水軍。濮（粵：僕；普：pú）：百濮，南夷，在今湖北石首。2伯：通「霸」。3辟：同「僻」。4城：作動詞用，築城。城父：楚國邑名，在今河南寶豐東四十里。

譯文

楚平王組建了水軍以攻打濮人。費無極對楚平王說：「晉國稱霸的時候，親近中原各國；而楚國偏僻簡陋，所以不能同晉國爭雄。如果擴大城父的城牆，而把太子安置在那裏，以便和北方各國通好，君王收取南方，這樣就可取得天下。」楚平王很高興，聽從了費無極的話。太子建因此住在了城父。

費無極言於楚子曰：「建與伍奢將以方城之外叛[1]，自以為猶宋、鄭也，齊、晉又交輔之，將以害楚，其事集矣[2]。」王信之，問伍奢。伍奢對曰：「君一過多矣[3]，何信於讒？」王執伍奢，使城父司馬奮揚殺太子[4]。未至，而使遣之[5]。三月，大子建奔宋。王召奮揚，奮揚使城父人執己以至[6]。王曰：「言出於余口，入於爾耳，誰告建也？」對曰：「臣告之。君王命臣曰：『事建如事余。』臣不佞[7]，不能苟貳[8]。奉初以還[9]，不忍後命，故遣之。既而悔之，亦無及已。」王曰：「而敢來[10]，何也？」對曰：「使而失命，召而不來，是再奸也[11]。逃無所入。」王曰：「歸，從政如他日。」

注釋

1 方城：楚國北部的長城，在今河南方城北至鄧州一帶。2 集：成。3 一過：一次過錯，指娶了為太子建所聘的女子。多：嚴重。4 城父司馬：蓋即都司馬。5 遣：送。

6城父人：城父大夫。7不佞：不才。8苟貳：苟且懷有二心。9奉初：接受頭一次命令。還（粵：旋；普：xuán）：周旋。10而：同「爾」，你。11再奸：二次違命。

譯文

費無極對楚平王說：「太子建和伍奢打算率領方城外的人背叛，自以為可像宋國和鄭國一樣，齊、晉兩國又一起輔助他們，將會危害楚國，這事情快成功了。」楚平王相信了他的話，就責問伍奢。伍奢回答說：「君王有一次過錯就很嚴重了，為甚麼還要聽信讒言？」楚平王把伍奢拘禁起來，派城父司馬奮揚去殺太子建。奮揚還沒有到城父，就先派人通知太子建，讓他逃走。三月，太子建逃到宋國。楚平王召回奮揚，奮揚讓城父大夫把自己抓起來押送到國都。楚平王說：「話出自我的口，進入你的耳朵，是誰告訴了太子建？」奮揚回答說：「是臣下告訴他的。君王命令臣下說：『侍奉太子建要如同侍奉我一樣。』臣下不才，不能苟且有二心。照頭一次的命令對待太子，不忍心照後來的命令做，所以讓太子逃走了。不久臣下後悔，已來不及了。」楚平王說：「你還敢來見我，為甚麼？」奮揚回答說：「接受命令而沒有完成，召見又不回來，就是再次犯錯。臣下就是逃走也無處會接納我。」楚平王說：「回去吧，還像從前一樣處理政事。」

無極曰：「奢之子材，若在吳，必憂楚國，盍以免其父召之[1]。彼仁，必來。不然，將為患。」王使召之，曰：「來，吾免而父。」棠君尚謂其弟員曰[2]：「爾適吳，我將歸死。吾知不逮[3]，我能死，爾能報[4]。聞免父之命，不可以莫之奔也；親戚為戮[5]，不可以莫之報也。奔死免父，孝也；度功而行[6]，仁也；擇任而往[7]，知也；知死不辟[8]，勇也。父不可棄[9]，名不可廢[10]，爾其勉之！相從為愈[11]。」伍尚歸。奢聞員不來，曰：「楚君、大夫其旰食乎[12]！」楚人皆殺之[13]。

注釋

1 盍：兼詞，何不。2 棠：楚國地名，在河南遂平西北百里。尚：伍尚，時任棠邑大夫。員（粵：雲；普：yún）：伍員。3 知：同「智」。不逮：不及。4 報：報殺父之仇。5 親戚：至親，指其父。6 度功：指衡量得失利弊。7 擇任：指選擇復仇的重任。8 辟：同「避」，躲避。9 父不可棄：兄弟二人一起逃走就是棄父。10 名不可廢：兄弟一起殉父，無人報仇，就是廢名。11 從：讀為「縱」，各不勉強。愈：勝過，更好。12 旰（粵：幹；普：gàn）食：晚食。指楚國君臣將有吳國來攻之憂患，不得早食。13 之：指伍尚及其父伍奢。

譯文

費無極說：「伍奢的兒子很有才幹，如果他們到了吳國，必定會使楚國擔憂，何不以赦免他們父親為由召見他們呢？他們仁孝，一定會來。不然的話，將成為禍患。」楚平王派人召見他們，說：「來，我就赦免你們的父親。」棠邑大夫伍尚對弟弟伍員說：「你去吳國，我打算回去送死。我的才智比不上你，我能為父親而死，你能為父親報仇。聽到可以赦免父親的命令，不可以不趕快回去；父親要被殺戮，不可以沒有人報仇。赴死而使父親得到赦免，這是孝順；估量得失而行動，這是仁；選擇自己能完成的任務而前往，這是智；明知必死而不逃避，這是勇。父親不可以丟棄，名譽不可以廢掉，你還是努力吧！各人不要勉強為好。」伍尚回去。伍奢聽說伍員沒有回來，說：「楚國國君和大夫恐怕不能按時吃飯了！」楚平王把伍奢和伍尚都殺了。

員如吳，言伐楚之利於州于[1]。公子光曰[2]：「是宗為戮，而欲反其讎[3]，不可從也。」員曰：「彼將有他志[4]，余姑為之求士，而鄙以待之[5]。」乃見鱄設諸焉[6]，而耕於鄙。

注釋

1 州于：吳王僚。吳、越之君無謚而有號。2 公子光：即闔廬，吳王諸樊之子。3 反其讎：報其仇。4 他志：別有用心，指想殺僚奪位。5 鄙：野，郊外。這裏做狀語，隱處於郊野。6見：引見。鱄（粵：專；普：zhuān）設諸：吳國勇士。設為語詞。

譯文

伍員到了吳國，向州于陳說攻打楚國的好處。公子光說：「這是他的家族被殺戮而想報私仇，不能聽信他的話。」伍員說：「他是別有用心的，我姑且為他尋求勇士，在郊野住下等待機會。」於是，他把鱄設諸引見給公子光，自己在郊外種田度日。

三十三　晏嬰論和與同　魯昭公二十年（前五二二年）

齊崔杼弒齊莊公後，景公繼立，相繼誅滅崔杼、慶封，以晏嬰為相。《傳》文記齊景公打獵返回國都，梁丘據駕車疾馳往候，景公見之，得意地說只有梁丘據和他和協。晏嬰說，梁丘據是同而不是和，景公詫異，因問和與同是否不同。由此引出晏嬰辨析和同的一段話。晏嬰的答辭，先斷言和同有異，然後娓娓道出兩者何以不同。辭中將和譬喻為五味、五聲，藉以辨明和同之道。羹由調和五味而成，使味道適中，恰到好處。君子食羹，內心和平。君臣相處，道理相同。國君以為可（對的、行的，下同）而其中實有否（不可，指不對的、不行的，下同），臣下指出其中的否，反之亦然。唯其如此，可的更完備，否的都被棄掉，政事平和而百姓互不侵犯。《詩》中詠歎的就是先王時政事平和的情況。再以聲、味同理為引子，轉入五聲之喻。五聲結聚，調節合度，始成和樂。君子聽樂，心平德和。《詩》文頌揚的就是心平而德音無瑕。最後才回到說梁丘據是同而不是和的題上。國君以為可的否的，梁丘據無不應聲附和、一意詭隨。同不能為人接受，就像味、聲那樣，調味者以水和水，人不願意吃，和聲者只用單音，人也不願意聽。晏嬰論和同之辨，譬喻精切，語調溫婉，使人聽來心氣平和，義理自得。

齊侯至自田[1]，晏子侍于遄臺[2]，子猶馳而造焉[3]。公曰：「唯據與我和夫！」晏子對曰：「據亦同也，焉得為和？」公曰：「和與同異乎？」對曰：「異。和如羹焉[4]，水、火、醯、醢、鹽、梅[5]，以烹魚肉，燀之以薪[6]，宰夫和之[7]，齊之以味[8]，濟其不及[9]，以洩其過[10]。君子食之，以平其心。君臣亦然。君所謂可而有否焉[11]，臣獻其否以成其可[12]；君所謂否而有可焉，臣獻其可以去其否。是以政平而不干[13]，民無爭心。故《詩》曰：『亦有和羹，既戒既平。鬷嘏無言，時靡有爭。』[14]先王之濟五味，和五聲也，[15]以平其心[16]，成其政也。聲亦如味，一氣，二體，三類，四物，五聲，六律，七音，八風，九歌[17]，以相成也；清濁、小大、短長、疾徐、哀樂、剛柔、遲速、高下、出入、周疏，以相濟也。君子聽之，以平其心。心平，德和。故《詩》曰：『德音不瑕[18]。』今據不然。君所謂可，據亦曰可；君所謂否，據亦曰否。若以水濟水，誰能食之？若琴瑟之專壹，誰能聽之？同之不可也如是。」

注釋

1齊侯：指齊景公。至：至國都。田：同「畋」，打獵。2遄（粵：全；普：chuán）臺：齊國臺名，當在齊都（今山東臨淄）附近。3子猶：齊國大夫梁丘據的字。馳：指駕車疾馳。造：到，往。4羹：調和五味（醋、醬、鹽、梅、菜）做成的帶汁的肉。5醯（粵：希；普：xī）：醋。醢（粵：海；普：hǎi）：肉醬。梅：梅子。梅味酸，古人調味亦用梅醢。6燀（粵：淺；普：chǎn）：炊，燒煮。7宰夫：廚師。和：調和。8齊：通「劑」。增益，使酸鹹適中。9濟：增益，添加。不及：指酸鹹不足，則加梅鹽。10洩：減少。過：指太酸太鹹，則加水以減之。11可：表示肯定，對、行。否：不可，不對、不行。12獻：進言指出。13干：犯，違背。14「亦有」四句：出自《詩經·商頌·烈祖》。和羹，調和之羹。戒，戒宰夫，指五味全。平，其味適中。鬷（粵：中；普：zōng），通「奏」。嘏（粵：假；普：jiǎ），通「假」。鬷嘏即奏格，奏，獻羹；格，神至。無言，無所指摘。15「先王」二句：濟，相輔相成。五味，指甘（甜）、酸、苦、辛（辣）、鹹五種味道。五聲，指宮、商、角、徵、羽五個音階。以五味、五聲喻政。16平其心：平心則不致意氣用事，而從事宜。17一氣：空氣，指聲音要用氣來發動。二體：文、武二舞，古代奏樂多配以舞，文舞執羽籥，武舞執干戚。三類：指《詩經》中的《風》、《雅》、《頌》。四物：四方之物，指樂器用四方之物做成。五聲：即五音。六律：指用來確定聲音高低清濁的六個陽聲，即黃鐘、太蔟（粵：臭；普：

còu）、姑洗（粵：廨；普：xiǎn）、蕤（粵：jeoi^{4}；普：ruí）賓、夷則、無射（粵：翼；普：yì）。七音：指宮、商、角、徵、羽、變宮、變徵七種音階。八風：八方之風。九歌：可以歌唱的九功之德，即水、火、木、金、土、穀、正德、利用、厚生。18 德音不瑕：出自《詩經・豳風・狼跋》。德音，本指美德。這裏借指美好的音樂。瑕，玉上的斑點。這裏指缺陷。

譯文

齊景公從打獵的地方回來，晏子在遄臺侍立，梁丘據也驅車前來。齊景公說：「只有梁丘據同我和協啊！」晏子回答說：「梁丘據也不過相同而已，哪裏說得上和協？」齊景公說：「和協與相同不一樣嗎？」晏子回答說：「不一樣。和協就像做肉羹，用水、火、醋、醬、鹽、梅來烹調魚和肉，用柴草燒煮，廚師調和味道，使味道適中；味道太淡就增加調料，味道太濃就減少調料。君子吃了這種肉羹，內心平靜。君臣之間也是這樣。國君認為行而其中實有不可行的，臣下進言指出其中的不可行，使行的更加完備；國君認為不可行的而其中實有行的，臣下進言指出其中的行，而去掉不可行，政事因此平和而不違背禮義，百姓沒有爭鬥之心。所以，《詩》說：『有着調和的羹湯，已告誡廚師調和味道。進獻神明，神明無所指摘，上下和睦不爭鬥。』先王使五味相輔相成，使五聲和諧動聽，用來平靜內心完成政事。音樂的道理也同味道一樣，是由一氣、二體、三類、四物、五聲、六律、七音、八風、九歌相配而成，是由清濁、大小、短長、疾徐、哀樂、剛柔、快慢、高低、出入、疏密調節而成。君子聽了，內心平靜。內心平靜，德行就和協。所以《詩》說：『美妙的音樂沒有缺陷。』現在梁丘據不是這樣。國君認為行的，他也說行；國君認為不行的，他也說不行。如果用清水調劑清水，誰願意吃下去？如果用琴瑟老彈一個音調，誰願意聽下去？不應當相同的道理，就像這樣。」

三十四　鱄設諸刺吳王僚　昭公二十七年（前五一五年）

楚平王去世，吳王僚想乘機侵楚，派兵圍困潛邑，又派延陵季子到晉觀察中原各國的動靜。楚軍救潛，前後夾擊，吳大軍無法退回。吳公子光以為機不可失，於是說服鱄設諸行刺吳王僚。公子光一開口就引用中原話語「不索求，就無法獲得王位」，更表明自己身為王位的繼承人，奪取王位，理所當然。吳王壽夢有四子：諸樊、餘祭、夷眛、季札。諸樊知季札賢明，欲傳位給他，故不立子而立弟。餘祭、夷眛先後為王。夷眛死後，季札不肯受國，隱匿而去，吳人於是擁立夷眛之子僚為王。公子光為吳王諸樊之子，若能取得王位，即使季札返國，也不能廢掉他。公子光隻字不提弒字，反而由他的話引出鱄設諸說「王可弒也」，作為下文刺殺吳王僚的引子。鱄設諸說這話時，果敢堅決，有十足的把握。但他細想一下，此去成事與否都無法脫身，自己母老子幼，又有所顧慮。公子光立即說自己就是鱄設諸，表示鱄設諸可把母、子交託給他，以此消除其後顧之憂。鱄設諸由是義無反顧，甘效死力。公子光在地下室宴請吳王僚，事先埋伏甲士。吳王僚為自身安全計，派遣大量親兵，在宴會場地及周圍，設下嚴密的護衞。而且，進獻食物的人都要先在門外更衣，然後膝行進去，再在親兵鈹尖的挾持下把食物遞給上菜的人。《傳》文描寫此等場景，劍拔弩張，殺氣騰騰，令人屏息。鱄設諸置劍（《越絕書》稱為「魚腸劍」）於魚肚，在上菜時抽劍刺殺吳王僚，兩旁親兵的劍尖同時刺進了鱄設諸的胸部。公子光自立為國君，是為吳王闔廬。鱄設諸成為後世具俠義精神的刺客的典範。

吳子欲因楚喪而伐之[1]，使公子掩餘、公子燭庸帥師圍潛[2]，使延州來季子聘于上國[3]，遂聘于晉，以觀諸侯。

注釋

[1]吳子：指吳王僚。因：乘機。楚喪：指去年楚平王之死。[2]公子掩餘、公子燭庸：吳王僚的同母兄弟。潛：楚國地名，在今安徽霍山東北三十里。[3]延州來季子：即吳公子季札，本封延陵，後復封州來，故稱「延州來」。上國：吳稱呼中原各國。

譯文

吳王僚想乘楚國有國喪的機會去攻打它，派公子掩餘和公子燭庸率領軍隊包圍潛邑，又派季札到中原各國訪問。季子就到晉國訪問，以觀察諸侯的態度。

吳公子光曰：「此時也，弗可失也。」告鱄設諸曰[1]：「上國有言曰：『不索[2]，何獲？』我，王嗣也[3]，吾欲求之。事若克，季子雖至，不吾廢也。」鱄設諸曰：「王可弒也。母老、子弱，是無若我何？[4]」光曰：「我，爾身也[5]。」

注釋

1鱄設諸：《史記．刺客列傳》作「專諸」。「設」，蓋語詞。2索：求。指不索求，就無從獲王位。索、鐸押韻。3王嗣：王位的繼承人。4「母老」二句：為倒裝句，猶言「無若我之母老、子弱何」。弱，幼小。5身：自己。

譯文

公子光說：「這正是殺吳王僚的時機，不要錯過了。」他告訴鱄設諸說：「中原各國有這樣的話：『不去索求，怎有收穫？』我是王位的繼承人，我想得到王位。如果事情成功了，季子即使回來了，也不能廢掉我。」鱄設諸說：「君王是可以殺掉的，只是我母親老了，兒子還年幼，我該怎麼辦才好呢？」公子光說：「我就是你。」

夏四月，光伏甲於堀室而享王[1]。王使甲坐於道，及其門。門、階、戶、席，皆王親也[2]，夾之以鈹[3]。羞者獻體改服於門外[4]。執羞者坐行而入[5]，執鈹者夾承之，及體[6]，以相授也。光偽足疾，入于堀室。鱄設諸寘劍於魚中以進，抽劍刺王，鈹交於胸，遂弒王。

注釋

1 堀（粵：忽；普：kū）室：地下室。堀，通「窟」。享：宴請。2 王親：君王的親兵。3 鈹（粵：披；普：pī）：裝上長柄的短劍，形如矛。4 羞者：進獻食品的人。獻體：呈露其形體。改服：改換服裝。5 羞：食品。坐行：用雙膝着地而行，即膝行而前。6 及體：指劍尖挨着了身體。

譯文

夏四月，公子光在地下室裏埋伏甲士宴請吳王僚。吳王僚派甲士坐在道路兩旁，一直到大門口。大門、臺階、裏門和坐席上全是吳王僚的親兵，手持長劍在吳王兩旁護衞。進獻食物的人在門外呈露其形體，換上別的服裝，再雙膝着地膝行進去。拿劍的人在兩邊夾着進獻食物的人，劍尖幾乎碰到獻食者的身體，這樣才把食物遞給上菜的人。公子光假裝腳痛發作，躲進地下室。鱄設諸把劍放在魚肚子裏端進去，抽出劍來刺殺吳王僚，自己也被兩旁親兵的劍同時交叉刺進胸部，就這樣殺死了吳王僚。

闔廬以其子為卿[1]。

注釋

1 闔廬：即公子光。

譯文

闔廬即位後任命鱄設諸的兒子為卿。

三十五　申包胥如秦乞師

定公四年（前五〇六年）

吳敗楚於柏舉，遂破郢都，楚昭王輾轉避難於隨。楚昭王為秦女所生，為秦之外甥，故派申包胥到秦去討救兵。《傳》文在吳入郢後，先追敍前事，記伍員逃亡到吳國時，與申包胥曾有「復楚」與「興楚」之約，交代申包胥求秦出兵復楚的因由。申包胥求秦復楚，說之以利害、動之以情義。先言吳滅楚對秦的害處，指吳貪得無厭，猶如豕蛇，得楚之後，必會侵蝕秦的邊界。再就局勢的可能發展，陳說秦出兵助楚無往而不利，一則秦乘吳未定楚，出兵可取楚一分土地；再則如楚亡，楚土便成秦土；三則如秦恤楚，則楚當世世服事秦。此番說辭，本意在於復楚，卻不言明，處處只為秦利益着想。秦哀公尚未拿定主意，申包胥於是動之以情義，痛言楚君失國，顛沛流離，自己不忍偷安，以示感念君國之義。申包胥求救心切，立於庭牆之下，日夜慟哭不絕聲，連續七日滴水不飲。秦哀公深為感動，慨然而賦〈無衣〉之詩，表示願意出兵復楚，申包胥為表感謝，向哀公行九頓首之禮。

伍子胥與申包胥原為友人，相知相交，而各行其志。伍子胥為復父兄之仇而伐楚，而申包胥既勉勵其友，又為存君興楚竭盡忠誠，兩人得遂其志，各自實踐了「復楚」與「興楚」的誓言。這段可歌可泣的故事，一直為後人所傳頌和改編，更將之搬上舞臺，如唐變文中的《伍子胥變文》、京劇的《哭秦庭》等。

初，伍員與申包胥友[1]。其亡也[2]，謂申包胥曰：「我必復楚國[3]。」申包胥曰：「勉之！子能復之，我必能興之。」及昭王在隨[4]，申包胥如秦乞師，曰：「吳為封豕、長蛇[5]，以荐食上國[6]，虐始於楚[7]。寡君失守社稷，越在草莽[8]，使下臣告急，曰：『夷德無厭[9]，若鄰於君[10]，疆埸之患也[11]。逮吳之未定[12]，君其取分焉[13]。若楚之遂亡，君之土也。若以君靈撫之，世以事君。』」秦伯使辭焉，曰：「寡人聞命矣。子姑就館，將圖而告[14]。」對曰：「寡君越在草莽，未獲所伏[15]，下臣何敢即安[16]？」立，依於庭牆而哭，日夜不絕聲，勺飲不入口七日。秦哀公為之賦〈無衣〉[17]。九頓首而坐[18]。秦師乃出。

注釋

1 伍員：字子胥，伍奢之子。原是楚人，因其父兄為楚平王所殺，為復仇，遂奔吳。

事見本書〈伍員奔吳〉。申包胥：楚大夫，蓋食邑於申，因以為氏，包胥為其字。2亡：指伍員出奔吳，事見昭公二十年（前五二二年）。3復：借為「覆」，傾覆。4昭王：楚平王之子，名壬。隨：諸侯國名。5封：大。豕：野豬。6荐：數，接連。食：侵食。上國：指中原諸國。當時中原諸國鄙吳為夷狄，下文即稱吳為「夷」。而吳人稱中原諸國為「上國」。7虐：侵害，殘害。8越：流亡。9德：本性。厭：同「饜」，滿足。10鄰：接鄰。11疆埸（粵：亦；普：yì）：邊境。12逮：及，趁。未定：這裏省略了賓語「楚國」。13取分焉：取於楚一分土地。焉，兼詞，於此（指楚）。14圖：慮。而：對稱，汝。15所伏：未獲休息之所、安身之地。伏，作「休」解。16即安：到安逸的地方去，指「就館」。17賦：誦。〈無衣〉：《詩經・秦風》中的一篇。詩云：「修我戈矛，與子同仇」，「修我矛戟，與子偕作」，「修我甲兵，與子偕行」。哀公賦此，蓋已同意出兵救楚。18九頓首：古無九頓首之禮，申包胥求救心切，秦哀公肯出師，故九頓首，以表特別感激之情。

譯文

起初，伍員和申包胥交好。伍員出逃時，對申包胥說：「我一定要顛覆楚國。」申包胥說：「努力吧！您能顛覆它，我一定能復興它。」到了楚昭王在隨國避難時，申包胥到秦國請求救兵，說：「吳國就是大豬、長蛇，多次侵害中原各國，最先受到侵害的是楚國。我們國君失守社稷，流亡在荒草野林之中，使下臣前來告急求救，說：『夷人的本性是無法滿足的，要是吳國成為您的鄰國，就成為您邊界的禍患了。趁吳國還沒有平定楚國，您可以平分楚國的土地。如果楚國就此滅亡，那便是君王的土地。如果以您的福祐鎮撫楚國，楚國將世世代代侍奉您。』」秦哀公派人婉言謝絕說：「我聽到您的命令了。您暫且住在客館休息，我們商量一下再告訴您。」申包胥回答說：「我們國君還流亡在荒草野林之中，沒有得到安身之所，下臣哪裏敢到安逸的地方去呢？」申包胥站起來，靠着庭院的牆痛哭，哭聲日夜不斷，連續七天沒有喝過一勺水。秦哀公為申包胥賦〈無衣〉這首詩。申包胥連叩九個頭，然後坐下。秦國於是出兵。

三十六　齊魯夾谷之會　定公十年（前五〇〇年）

夾谷之會這段紀事，着重描寫孔子既知禮又有勇。全文以犂彌評説孔子「知禮而無勇」領起，然後以孔子的實際言行駁斥犂彌之説，凸顯其愚昧。齊景公指使萊人以武器脅迫魯定公，孔子機智果敢，一面護送魯定公退出，以備不虞；一面命令軍士進擊萊人，再申明華夷之辨、盟好之義，嚴斥齊君若不明此義，便是違德失禮。聽罷此番大義，齊君震懼，只得急忙命令萊人退避。齊人恃強凌弱，妄想欺壓魯人，在盟書中加入不合理的條文，言明若齊軍出征，魯人必須追隨，否則便要遭受詛誓所言的災害。孔子不為齊人氣焰所懾，寸步不讓，指出若要魯出兵車，齊人必須先歸還侵奪魯人的汶陽之田，否則就如詛誓所言般受禍。夫子自道：「勇者不懼。」（《論語・子罕》）信哉斯言。對於齊景公在夾谷饗宴魯定公的要求，孔子也嚴辭以對。「犧象不出門，嘉樂不野合」，申明了饗禮只當於宗廟舉行，不合行於原野。若饗而禮樂俱備，則是棄宗廟之禮於原野；若饗不具禮，則穢薄如秕稗。齊君執意行饗，只會落得「君辱」、「名惡」的後果，有違饗禮所以宣揚德行的本意。此番說禮，淋漓盡致，在在顯示孔子深知禮義。齊君只好打消念頭。孔子堅執禮義，凜然無懼，齊人自知失禮而畏縮惶恐，兩者對比強烈。《傳》文最後以齊人歸還魯國鄆、讙和龜陰之田收結，進一步交代孔子相禮的成果。

春，及齊平。

夏，公會齊侯于祝其[1]，實夾谷[2]。孔丘相[3]，犁彌言於齊侯曰[4]：「孔丘知禮而無勇，若使萊人以兵劫魯侯[5]，必得志焉[6]。」齊侯從之。孔丘以公退[7]，曰：「士兵之[8]！兩君合好，而裔夷之俘以兵亂之[9]，非齊君所以命諸侯也。裔不謀夏，夷不亂華，俘不干盟[10]，兵不偪好[11]——於神為不祥，於德為愆義[12]，於人為失禮，君必不然。」齊侯聞之，遽辟之[13]。

將盟，齊人加於載書曰：「齊師出竟而不以甲車三百乘從我者，有如此盟！」孔丘使茲無還揖對，曰：「而不反我汶陽之田，吾以共命者，亦如之！」

注釋

1公：指魯定公。齊侯：指齊景公。祝其：即夾谷。2實：動詞，即是。3相：擔任擯相，襄助行禮。魯禮，以卿為上擯，孔子既相定公，則當時擔任卿的職位。一說，孔子時為司寇，為下大夫，以有德之故，君命使攝上擯。4 **犁彌**：齊國大夫。5 **萊**：諸侯國名，姜姓，故城在今山東黃縣東南萊子城，後被齊國滅掉。**劫**：威逼，脅迫。6 **得志**：可公諸於眾的意願。7 **以**：與。8 **士兵之**：命令戰士拿起兵器攻擊他們。兵，作動詞用。9 **裔夷**：華夏以外邊遠地區的民族，指萊夷。裔，遠。**兵**：這裏指武力。10 **俘**：萊人本齊國戰俘，故稱。11 **偪好**：逼迫盟好。偪，同「逼」。12 **愆**：喪失。13 **遽**（粵：巨；普：jù）：迅速，緊急。**辟**：使之避。**之**：指代萊人。辟之，命萊人撤走，以避魯君。

譯文

（魯定公十年）春，魯國同齊國媾和。

夏，魯定公和齊景公在祝其會盟，祝其也就是夾谷。孔子相禮。犁彌對齊景公說：「孔丘懂得禮儀，但是沒有勇氣，如果派萊人用武力挾持魯侯，一定能夠如願。」齊景公聽從了犁彌的話。孔子帶着魯定公退出，說：「戰士們拿起武器攻擊他們！兩君友好會見，而華夏地域以外的夷人俘虜卻拿着武器來搗亂，這不是齊君命令諸侯盟會的本意。外族不得圖謀中原，夷狄不得擾亂華人，俘虜不得干犯盟誓，武器不得用來逼迫盟好——這樣做，干犯神靈，不吉祥，對德行而言是有害於義，對人事而言是丟棄禮儀，國君一定不會同意這樣做。」齊景公聽了這番話後，急忙叫萊人撤走。

即將舉行盟誓時，齊國人在盟書上加上了這樣的話：「一旦齊國軍隊出境作戰，魯國如果不派三百輛兵車跟隨我們，就按此盟誓懲罰。」孔子讓茲作揖回答說：「如果你們不歸還我們汶水北岸的土地，卻要讓我們供給齊國的所需，也要按盟約懲罰。」

齊侯將享公[1]。孔丘謂梁丘據曰[2]：「齊、魯之故[3]，吾子何不聞焉？事既成矣，而又享之，是勤執事也[4]。且犧、象不出門[5]，嘉樂不野合[6]。饗而既具[7]，是棄禮也；若其不具，用秕稗也[8]。用秕稗，君辱；棄禮，名惡。子盍圖之！夫享，所以昭德也。不昭，不如其已也[9]。」乃不果享[10]。

齊人來歸鄆、讙、龜陰之田[11]。

注釋

1享：本作「亯」，本義為祭祀，此借為燕饗。諸侯相為賓主之禮，有饗（或作享）、食、燕（或作宴），以饗禮最隆重，在廟中舉行。2梁丘據：齊景公寵臣。3故：舊典。4勤：使動用法，使……辛勞。5犧、象：即犧尊、象尊，都是古時的酒器，外形像獸形。不出門：指只在朝會和廟堂使用。6嘉樂：指鐘、磬等樂器。野合：在野外合奏。[7]饗（粵：享；普：xiǎng）：行饗禮。既：盡。具：齊備。[8]秕（粵：比；普：bǐ）：不飽滿的穀物。稗（粵：敗；普：bài）：像穀的雜草。指享不具禮，穢薄若秕稗。[9]已：止。[10]果：實現。[11]鄆（粵：運；普：yùn）、讙（粵：寬；普：huān）、龜陰：皆魯國邑名，全在汶水北岸，即「汶陽之田」。

譯文

齊景公打算設饗禮款待魯定公。孔子對梁丘據說：「齊、魯兩國舊典，您怎麼沒有聽説呢？盟會已經結束，而又設饗禮，這是讓執事者辛勞。犧尊和象尊不出國門，鐘磬不在野外合奏。如果設饗禮而全部具備這些東西，這是拋棄了禮法；如果這些東西不齊備，那就像用秕稗一樣輕微而不鄭重。用秕稗，是國君的恥辱；拋棄禮儀，則名聲不好。您何不考慮一下呢？饗禮，是用來宣揚德行的。不能宣揚，還不如不舉行。」齊景公終於沒有舉行饗禮。

齊國人歸還了魯國的鄆邑、讙邑和龜陰的土地。

三十七　伍員諫許越平

魯哀公元年（前四九四年）

春秋後期，南方吳、越兩國崛興，鋭氣盛極一時，與楚國形成三足鼎立之勢。魯定公十四年（前四九六年），越王句踐繼位，吳王闔廬乘機伐越，句踐興兵抵禦，戰於檇（粵：最；普：zuì）李。句踐終以計謀取勝，闔廬受傷而死。夫差繼位為吳王，籌備三年，一心為報父仇。魯哀公元年（前四九四年），吳王舉兵伐越，敗越於夫椒，乘勢攻入越都。越王帶五千甲楯之士退守會稽山，派文種利用吳太宰嚭的關係向吳王請和。吳王將要答應，伍員諫止。伍員的諫辭首先援引古訓，説明除去疾患必使淨盡，然後借古喻今，歷敍夏代中興君主少康誅滅過國、恢復禹績的艱辛歷程，指出如今吳不如過，但越卻大於少康，加以句踐博施濟眾，人民親附，伺機再起，當為易事。吳與越國土相接，世為仇敵，如今不趁戰勝之機消滅其國，反而答應和議，是違背天意。越若坐大，必成大患，將來後悔莫及。伍員更從大處著眼，指出姬姓衰亡，可以時日計量。吳為姬姓遺裔，逼處於越等蠻夷之間，若錯判形勢，滿足於一時的勝利，而違天縱敵，必致霸業不成，興周無望。吳王不聽，答應越人的和議。《傳》文敘寫吳、越之爭，記吳敗越之後，侵略中原，攻打陳國，忽然闖入楚人為此惶懼，因而誘發楚執政者子西對夫差的一段議論。子西所言，比併吳前後二君，前君（闔廬）起居儉樸，懂得自我約束，以民生為首務；後君（夫差）生活奢靡，縱欲不忍，一正一反，形成強烈的對比，道出興亡所繫。《傳》文無非是藉子西之口論定夫差的為人，說明夫差敗亡，理固宜然。

吳王夫差敗越于夫椒[1]，報檇李也[2]。遂入越。越子以甲楯五千保于會稽[3]，使大夫種因吳太宰嚭以行成[4]。吳子將許之。伍員曰：「不可。臣聞之：『樹德莫如滋，去疾莫如盡。』[5]昔有過澆殺斟灌以伐斟鄩[6]，滅夏后相[7]。后緡方娠[8]，逃出自竇[9]，歸于有仍[10]，生少康焉[11]。為仍牧正[12]，惎澆能戒之[13]。澆使椒求之，逃奔有虞，為之庖正[14]，以除其害[15]。虞思於是妻之以二姚[16]，而邑諸綸[17]。有田一成[18]，有眾一旅[19]，能布其德，而兆其謀[20]，以收夏眾，撫其官職；使女艾諜澆[21]，使季杼誘豷[22]，遂滅過、戈，復禹之績，祀夏配天[23]，不失舊物[24]。今吳不如過，而越大於少康，或將豐之[25]，不亦難乎！句踐能親而務施，施不失人，親不棄勞。與我同壤[26]，而世為仇讎。於是乎克而弗取，將又存之，

違天而長寇讎，後雖悔之，不可食已[27]。姬之衰也[28]，日可俟也。介在蠻夷[29]，而長寇讎，以是求伯[30]，必不行矣。」弗聽。退而告人曰：「越十年生聚[31]，而十年教訓[32]，二十年之外，吳其為沼乎[33]！」三月，越及吳平。

注釋

1 夫差：吳王闔廬之子。越：諸侯國名，姒姓，國都在會稽，即今浙江紹興。夫椒：山名，即今江蘇吳縣西太湖中的西洞庭山。2 檇李：越國地名，在今浙江紹興北。吳王闔廬在這裏被越國打敗，受傷而死。3 越子：越國國君句踐。甲楯：指全副武裝的士兵。楯，同「盾」。會稽：會稽山，在今浙江紹興東南十二里。4 種：文種，氏文，名種，字禽，本楚國南郢人，為越國大夫。楚平王時曾為楚之宛令。嚭（粵：鄙；普：pǐ）：伯嚭，伯州犁之孫，吳國太宰，楚國人。行成：求和。5「樹德」兩句：這兩句話後來被收入偽古文《尚書．泰誓》。滋，長，多。盡，徹底。6 過（粵：戈；普：guō）：古代國名，在今山東掖縣北。澆（粵：傲；普：ào）：過國國君。斟灌、斟鄩（粵：尋；普：xún）：夏的同姓諸侯。7 夏后相：夏朝國君，夏朝第五代君主。后，國君。后相失國，依於二斟，復為澆所滅。8 后緡（粵：文；普：mín）：相的妻子。娠：懷孕。9 竇：洞，孔。10 有仍：古代諸侯國名，后緡娘家，在今山東濟寧。11 少康：后緡遺腹子。12 牧正：牧官之長。13 惎（粵：技；普：jì）：毒，忌恨。戒：備，提防。14庖正：掌管膳食的官員。15除：避免。其：指少康。16思：有虞酋長之名。二姚：指有虞國君虞思的兩個女兒，虞是姚姓國，故稱。17邑諸綸：把綸邑封給他。綸，在今河南虞城東南三十里。18成：方十里為一成。19旅：五百人為一旅。20兆：開始。21女艾：少康之臣。22豷（粵：ei^{3} / ngei^{3}；普：yì）：澆之弟，戈國國君。23祀夏配天：祭祀上帝而配以夏先祖。24不失舊物：不失先人舊職。25豐：壯大。26同壤：國土相連，指吳、越共五湖三江。27不可食：猶今言吃不消。28姬：指吳國。吳國為姬姓國。29介：處在……之間。蠻夷：指楚國和越國。30伯：同「霸」。31生聚：生育蕃衍。32教訓：教育訓練。33為沼：變為荒沼，指國家滅亡。

譯文

吳王夫差在夫椒山打敗了越軍，報了檇李一戰之仇。接着，吳軍乘勢攻入越國。越王句踐率領五千名全副武裝的士兵守住會稽山，派大夫種通過吳國太宰嚭去請求媾和。吳王夫差打算答應。伍員說：「不行。下臣聽說：『樹立德行越增加越好，去除毒害越徹底越好。』從前有過國國君澆殺了斟灌而攻打斟鄩，消滅了夏后相。他的妻子后緡正懷孕，從牆洞裏逃走，回到娘家有仍國，生下少康。少康長大後當了有仍國的牧正，忌恨澆而時刻戒備。澆派大臣椒尋找少康，少康逃到有虞國，在那裏當了庖正，避過了澆的傷害。虞思因此把兩個女兒嫁給少康，並把綸邑封給他。少康有方十里的土地和五百個人，能廣施恩德，並開始謀劃復國計劃，收撫夏朝的餘部，安撫屬下的官員。他派女艾到澆那裏做間諜，派季杼去引誘澆的弟弟豷，於是滅掉了過國和戈國，復興了夏禹的功績，奉祀夏朝的祖先同時祭祀上帝，不失先人舊職。現在吳國比不上過國的強大，而越國卻比少康強大，如果允許講和而讓越國再壯大起來，不是對吳國的災難嗎？句踐能夠親近人民而致力施捨，對應該施捨的人就加以施捨，對有功勞的人從不疏遠。越國同我們國土相連，又世世代代是仇敵。在我們戰勝時不把它滅掉，卻要保留它，這就違背了天意，而滋長了仇敵，日後即使後悔，也補救不了。姬姓的衰亡，為期不遠了。吳國處在蠻夷之間而使仇敵壯大，用這種辦法來謀求霸業，一定不行。」吳王不聽。伍員退出後對別人說：「越國用十年的時間繁衍積聚，用十年的時間教育訓練，二十年後，吳國恐怕要變成荒沼了！」三月，越國和吳國媾和。

名句索引

一至三畫

四畫

夫兵，猶火也；弗戢，將自焚也。 ○五四

夫唯善，故能舉其類。 二六九

夫戰，勇氣也。一鼓作氣，再而衰，三而竭。彼竭我盈，故克之。夫大國，難測也，懼有伏焉。吾視其轍亂，望其旗靡，故逐之。 ○七一

夫寵而不驕，驕而能降，降而不憾，憾而能眕者，鮮矣。且夫賤妨貴，少陵長，遠間親，新間舊，小加大，淫破義，所謂六逆也。君義，臣行，父慈，子孝，兄愛，弟敬，所謂六順也。去順效逆，所以速禍也。 ○四九

今兩國治戎，行人不使，不可謂整。臨事而食言，不可謂暇。 二六二

天將興之，誰能廢之？違天，必有大咎。 一一六

五至六畫

以此眾戰，誰能禦之？以此攻城，何城不克？ ○七八

外舉不棄讎，內舉不失親，其獨遺我乎？ 二七四

因人之力而敝之，不仁；失其所與，不知；以亂易整，不武。 一六九

多行不義，必自斃，子姑待之！ ○三一

臣不任受怨，君亦不任受德，無怨無德，不知所報。 二二九
臣聞愛子，教之以義方，弗納於邪，驕、奢、淫、泆，所自邪也。四者之來，寵祿過也。 ○四九

七畫

余姑翦滅此而朝食。 二一八
君，將納民於軌、物者也。故講事以度軌量，謂之軌；取材以章物采，謂之物；不軌不物，謂之亂政。亂政亟行，所以敗也。 ○六二
君子不重傷，不禽二毛。古之為軍也，不以阻隘也。 一○三
君子長國家者，非無賄之患，而無令名之難。 二八○
君民者，豈以陵民？社稷是主。臣君者，豈為其口實？社稷是養。 二八七
君若以德綏諸侯，誰敢不服？君若以力，楚國方城以為城，漢水以為池，雖眾，無所用之。 ○七八
君處北海，寡人處南海，唯是風馬牛不相及也。 ○七四
吾不以一眚掩大德。 一八三
我無爾詐，爾無我虞。 二一二
我聞忠善以損怨，不聞作威以防怨。 三二○

八至十畫

奉不可失，敵不可縱。縱敵，患生；違天，不祥。 一七九

奔死免父，孝也；度功而行，仁也；擇任而往，知也；知死不辟，勇也。父不可棄，名不可廢，爾其勉之！ 三四三

於神為不祥，於德為愆義，於人為失禮。 三六四

狐裘尨茸，一國三公，吾誰適從？ ○九七

信不由中，質無益也。明恕而行，要之以禮，雖無有質，誰能間之？ ○四四

甚囂，且塵上矣。 二五二

畏首畏尾，身其餘幾？ 一八七

鬼神非人實親，惟德是依。 ○八六

十一至十三畫

唯聖人能外內無患。自非聖人，外寧必有內憂。 二四八

國君而讎匹夫，懼者甚眾矣。 一二六

善為國者，賞不僭而刑不濫。賞僭，則懼及淫人；刑濫，則懼及善人。若不幸而過，寧僭，無

十四畫

十五畫以上

樹德莫如滋，去疾莫如盡。 三七〇

雖鞭之長，不及馬腹。 二〇九

懷與安，實敗名。 一一二

竊人之財，猶謂之盜，況貪天之功以為己力乎？下義其罪，上賞其姦；上下相蒙，難與處矣。 一二八